编委会

主　编：卢　波
副主编：崔光军　何　敏　冯　波　朱　磊
编　委：胡　敏　丁　琳

新时代 新视域 新探索

——2023全国外语外贸院校学生工作理论与实践

卢波 编著

四川大学出版社
SICHUAN UNIVERSITY PRESS

图书在版编目（CIP）数据

新时代 新视域 新探索：2023全国外语外贸院校学生工作理论与实践 / 卢波编著. -- 成都：四川大学出版社，2024.8. -- ISBN 978-7-5690-7222-8

Ⅰ.G645.5

中国国家版本馆CIP数据核字第2024ZK9293号

书　　　名：	新时代 新视域 新探索——2023全国外语外贸院校学生工作理论与实践
	Xinshidai Xinshiyu Xintansuo——2023 Quanguo Waiyu Waimao Yuanxiao Xuesheng Gongzuo Lilun yu Shijian
编　　著：	卢　波
选题策划：	刘一畅
责任编辑：	刘一畅
责任校对：	庄　溢
装帧设计：	墨创文化
责任印制：	李金兰
出版发行：	四川大学出版社有限责任公司
地　　址：	成都市一环路南一段24号（610065）
电　　话：	（028）85408311（发行部）、85400276（总编室）
电子邮箱：	scupress@vip.163.com
网　　址：	https://press.scu.edu.cn
印前制作：	四川胜翔数码印务设计有限公司
印刷装订：	成都市新都华兴印务有限公司
成品尺寸：	148mm×210mm
印　　张：	10.75
插　　页：	2
字　　数：	293千字
版　　次：	2024年8月 第1版
印　　次：	2024年8月 第1次印刷
定　　价：	68.00元

本社图书如有印装质量问题，请联系发行部调换

版权所有 ◆ 侵权必究

扫码获取数字资源

四川大学出版社
微信公众号

目 录

思政教育

"Z世代"国际传播人才实践教育研究
——以北京外国语大学国际新闻与传播学院人才培养
为例 ········· 张 昭 李朝伟 / 3
外语类高校学生家国情怀培育探析 ········· 蒋金蒙 / 12
高校突发网络舆情中的意见引领者：功能、识别与培养
········· 孙运增 / 21
跨文化交际视角下提升高校外语人才培育实效的途径探赜
········· 孙祎阳 / 29
人工智能背景下高校辅导员人机协作能力结构研究
········· 赵 伟 / 37
铸魂与赋能：中华优秀传统文化融入高校文化育人实践探索
——以"凤鸣云山"中华优秀传统文化传承发展工程
为例 ········· 杨 韬 陆哲毅 / 45
批判性思维培养融入高校思政教育的思考 ········· 曹文潇 / 53
新时代大学生劳动教育与思政教育协同育人机制研究
········· 史嘉钰 / 62

校史文化融入高校思想政治教育的价值功效和实现路径
………………………………………………………………………梁文屹 / 69
新时代大学生社会态度实证研究……………………………陶 诚 / 76
新文科背景下外语院校学习共同体建设的实践路向
……………………………………………………………胡 敏 朱 磊 / 85
新时代背景下外语专业学生讲好中国故事的实施路径探究
……………………………………………………………冯迪南 魏少娟 / 93
大学生理想信念教育常态化制度化研究…………………任新雨 / 100
基于"讲好中国故事"的外语类高校思政教育创新路径探究
………………………………………………………………………王卫萍 / 108
科学家精神培育：新文科人才培养的题中应有之义
………………………………………………………………………周 韡 / 116
基于场域视角的大学生网络社交圈层化现象成因与对策分析
………………………………………………………………………王世伟 / 124
红色基因融入外语类高校学生思想政治教育路径研究
………………………………………………………………………白 鸽 / 132
运用百年党史资源促进外语类高校学生日常思政教育工作
的创新发展………………………………………………………李 璇 / 139
党的二十大背景下外语类高校学生理想信念培育路径研究
………………………………………………………………………任欣妮 / 146
高校基层党组织建设对大学生思想政治教育的作用研究
——基于学习宣传贯彻党的二十大精神和习近平新时代
中国特色社会主义思想主题教育的实践……………侯颖茜 / 154
中华优秀传统文化融入大学生思想政治教育的研究
………………………………………………………………………周 礼 / 162
红色文化资源融入大学生思想政治教育的路径探究
——以重庆红色文化资源为例………………………………任晓丽 / 170

管理服务

少数民族大学生帮扶育人路径研究
——以西安外国语大学"一站式"学生社区综合管理
模式为例……………… 依斯坎达尔·艾买尔　王晓青 / 181
让育人种子落地生根:"一站式"学生社区综合管理模式
育人路径探究………………………………… 张　鑫 / 188
"一融双高"理念下"一站式"学生社区综合管理模式探究
…………………………………………… 黄新智 / 197
浅析《大学》对提升高校辅导员与学生谈心谈话效果的积极
作用………………………………………… 季金珂 / 203
新时代外语人才使命视角下的辅导员谈心谈话工作对策研究
…………………………………………… 商雨晴 / 212

五育并举

基于 CIPP 模型的高校劳动教育课程评价研究……… 马　捷 / 223
劳动教育促进大学生全面发展的内在依据与策略分析
——基于"时代新人"育人目标……………… 韩　丹 / 237
新时代外语院校实践育人新路径
——以北京外国语大学为例…………………… 窦一鸣 / 246
国际中文教育专业劳动教育课程设置路径探索
………………………………………… 宋　文　王丽平 / 254
整合资源构建高校实践育人共同体研究…………… 张　荷 / 262
"五育并举"视域下大学生生命教育有效路径探究
…………………………………………… 刘申琦 / 270

心理健康

高校研究生心理健康教育现状与对策研究
　　——以西安某高校为例………………………… 刘一静/ 279
大学生心理健康素养的现状分析及提升策略……… 柴佳琪/ 290
大学生积极心理品质对心理健康的影响：心理韧性的中介
　　作用…………………………… 张桂馨　陈志森/ 301
积极心理学视角下高校二级心理健康辅导站心理育人机制
　　研究……………………………………… 宋　璐/ 311

就业创业

生涯教育融入思政教育一体化建设的思考
　　………………………………… 岑盈盈　张志华/ 321

党团建设

新时代高校基层"党建+就业"的"五维一体"模式构建
　　与探索…………………………… 潘　庆　邵子怡/ 331

思政教育

SIZHENG JIAOYU

"Z世代"国际传播人才实践教育研究

——以北京外国语大学国际新闻与传播学院人才培养为例[*]

张 昭 李朝伟

（北京外国语大学）

【摘 要】 实践教育是有效促进思想政治意识形成的教育方式。思想政治教育要培养的思想政治意识包括对习近平新时代中国特色社会主义思想、社会主义核心价值观等的认同，目的是培养德智体美劳全面发展的社会主义建设者、接班人以及担当民族复兴大任的"时代新人"。北京外国语大学国际新闻与传播学院以习近平总书记在全国宣传思想工作会议上提出的"四力"（脚力、眼力、脑力、笔力）为基础，构筑"四力驱动实践教育模型"，开展实践教育，培养和提升"Z世代"国际传播人才的思想政治意识和专业能力。在当前国际国内环境愈加复杂的背景下，提升人才培养质量还需要全社会合力，让思想政治教育更富感染力，厚植家国情怀，激发学生担当使命，助力其成长，为实现中华民族伟大复兴的中国梦贡献力量。

【关键词】 实践教育；"Z世代"；国际传播人才培养；思想政治意识

---

[*] 本文为国家社会科学基金重大招标项目"百年未有之大变局下中国共产党形象全球传播与认同研究"（项目号：21&ZD314）和国家社会科学基金项目重点项目"百年大变局下中国共产党形象全球传播研究"（项目号：21AXW005）资助的阶段性成果。

现今，面对百年未有之大变局，高校思想政治工作面临着巨大挑战。2016年，习近平总书记在全国高校思想政治工作会议上指出，要坚持把立德树人作为中心环节，把思想政治工作贯穿教育教学全过程，实现全程育人、全方位育人，努力开创我国高等教育事业发展新局面。① 实践教育是"三全育人"中"全方位育人"的重要组成部分，国际传播作为当前党和国家重点关注的领域，其人才培养高度重视实践教育，同时，受国际国内环境影响，该学科领域人才思想政治意识的培养任务更加艰巨。本文以北京外国语大学（简称"北外"）国际新闻与传播学院"Z世代"国际传播人才培养为例，探索实践教育在"Z世代"人才培养过程中发挥的重要作用。

一、实践教育的历史及内涵

实践教育，最早可以追溯至教育起源说。目前，学界关于教育的起源主要有三种主张，分别是生物起源说、心理模仿起源说和劳动起源说②，其中，劳动起源说体现了教育和实践相生相伴的关系。实践教育古今皆有，其理念和做法则各具特色。

在先秦时期，以孔子、荀子等为代表的思想家、教育家提出了"行"的主张，强调"行"的重要性（这里的"行"指的便是实践）。孔子提出："诵《诗》三百，授之以政，不达；使于四方，不能专对；虽多，亦奚以为？"（《论语·子路》）同样，荀子认为，通过"行"可以达到学习的目标，《荀子·儒效》有言："不闻不若闻之，闻之不若见之，见之不若知之，知之不若行之，

---

① 张烁. 习近平在全国高校思想政治工作会议上强调：把思想政治工作贯穿教育教学全过程 开创我国高等教育事业发展新局面［N］. 人民日报，2016－12－09(01).

② 周采. 外国教育史（第二版）［M］. 上海：华东师范大学出版社，2020.

学至于行之而止矣。"《礼记·中庸》中论述得更为明确:"博学之,审问之,慎思之,明辨之,笃行之。"这里的"笃行"即实践。

鸦片战争后,清政府新办了大量新式学堂,主要分为外国语学堂、军事学堂、技术学堂三个类型[①],其中外国语学堂如京师同文馆、广州同文馆等,军事学堂譬如福州船政学堂、天津水师学堂等,技术学堂如福州电报学堂等。这些学堂的开设虽然始于对西器西学的模仿学习,但客观上在操作层面践行了中国传统教育中的"行"的理念。

20世纪以来,实践教育的理念在世界各地广泛流行,中国出现了工读教育思潮、职业教育思潮、乡村教育运动等多种教育思潮和教育运动,将实践教育引向深入。其中,被毛泽东称为"伟大的人民教育家"的陶行知就曾提出"教学做合一"的教学理论;他强调"行"是知的来源,由"行"中得来的知识是一切知识的根本。[②]

中华人民共和国成立以后,实践教育与劳动的联系日益紧密,我国的实践教育方针经历了"教育与生产劳动相结合""上山下乡""将劳动教育融入素质教育""坚持教育为社会主义现代化服务,为人民服务,必须与生产劳动和社会实践相结合""要在学生中弘扬劳动精神,教育引导学生崇尚劳动、尊重劳动,懂得劳动最光荣、劳动最崇高、劳动最伟大、劳动最美丽"等阶段[③],在践行上述方针的过程中,劳动教育的意涵不断丰富和拓展,甚至升华为一种具有开拓创新意义的方法论,与之紧密相关

---

① 吴艳茹,杜海燕. 中外教育史[M]. 北京:北京师范大学出版社,2015.
② 胡金平. 中外教育史纲(第三版)[M]. 南京:南京师范大学出版社,2019.
③ 李小尉. 中国共产党与新中国劳动教育的理论与实践考察[J]. 北京科技大学学报(社会科学版). 2021(04):383—388.

的实践教育也因此有了更为丰富的内涵。

二、"Z世代"国际传播人才培养中开展实践教育的必要性

习近平总书记曾指出,广大青年要如饥似渴、孜孜不倦学习,既多读有字之书,也多读无字之书,注重学习人生经验和社会知识。① 2017年,中共中央、国务院印发了《关于加强和改进新形势下高校思想政治工作的意见》,提出要形成实践育人长效机制。同年,中共教育部党组印发《高校思想政治工作质量提升工程实施纲要》,强调"坚持以习近平新时代中国特色社会主义思想为指导""立德树人""理想信念教育""社会主义核心价值观""培养德智体美全面发展的社会主义建设者和接班人""着力培养担当民族复兴大任的时代新人"。由上述文件可知,加强对"Z世代"的实践教育是时代所需。

"Z世代国际传播人才"这一术语有两个关键词:"Z世代"和"国际传播人才"。其中"Z世代"强调的是在互联网环境下成长起来的一代,目前高校的本科生和硕士研究生基本属于"Z世代",大部分在1995年至2009年间出生。根据笔者的高校工作经验,"Z世代"发展诉求强烈,他们的学习、生活、工作已经和互联网高度链接,但由于网络环境复杂,加之大部分"Z世代"物质条件较为优越,生活经历相对简单,他们心思普遍较为单纯,辨别能力普遍较弱,独立处理问题的意识较强。大部分"Z世代"较少或者从不主动参加团体活动和社会实践,团队意

---

① 新华社. 习近平:在知识分子、劳动模范、青年代表座谈会上的讲话[EB/OL]. (2016-4-26)[2023-4-30]. http://www.xinhuanet.com/politics/2016-04/30/c_1118776008.htm.

识较弱。而从国际传播人才培养方面来看，该学科要求学生注重实践锻炼，接受实践教育。一方面，国际传播人才需要熟练掌握传播手段，以便开展工作，如采、写、编、评、摄等；另一方面，国际传播鲜活的素材均来源于社会，这要求国际传播学子走进时代、认识时代，发掘时代精神内涵，传播时代价值。因此，对"Z世代"国际传播人才来说，实践教育是不可或缺的。

三、实践教育提升"Z世代"国际传播人才思想政治意识的路径方法

中共教育部党组印发的《高校思想政治工作质量提升工程实施纲要》中提出，要切实构建"十大"育人体系，其中便包括"实践育人"。"实践育人"强调要"教育引导师生在亲身参与中增强实践能力、树立家国情怀"。可见，实践教育能够促进学生思想政治意识的形成和增强。北外国际新闻与传播学院以习近平总书记在全国宣传思想工作会上提出的"四力"（脚力、眼力、脑力、笔力）为基础[1]，构筑"四力驱动实践教育模型"（图1），开展实践教育，旨在培养和加强"Z世代"国际传播人才的思想政治意识。

---

[1] 中国政府网. 习近平出席全国宣传思想工作会议并发表重要讲话[EB/OL]. (2018-08-23)[2023-5-30]. https://www.gov.cn/xinwen/2018-08/22/content_5315723.htm

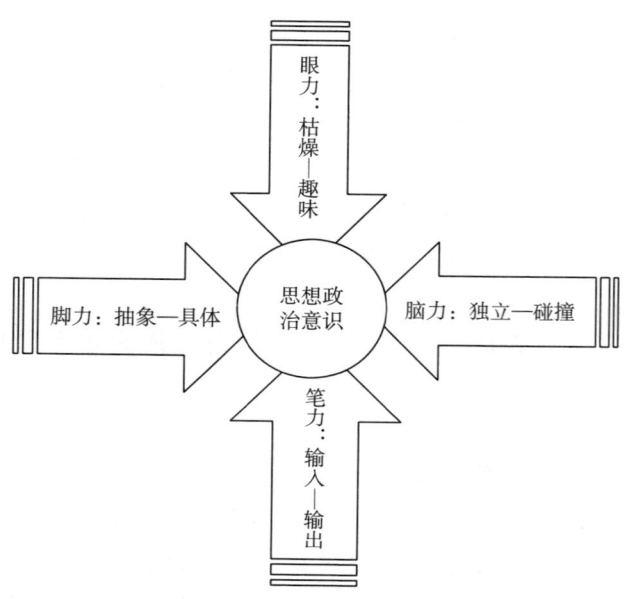

图 1　四力驱动实践教育模型

首先，通过基层实践落实党和国家的政策传导。要培养加强"Z世代"国际传播人才的思想政治意识，应让其认识到党和国家的最新理论及具体实践，以生动的案例激发其家国情怀。北外国际新闻与传播学院依托中宣部、教育部大力支持的国际新闻传播硕士培养项目，带领学生赴山西省、新疆维吾尔自治区等地开展国情调研。学院教师带领学生在大同考察黄花产业链，关注石窟文物保护；在吕梁聚焦"护工扶贫""电商扶贫""生态扶贫"等三大脱贫项目；在太原调研"三网"融合和融媒体中心建设；参访乌鲁木齐国际陆港区、新疆软件园，了解新疆在丝绸之路经济带核心区建设中的贡献；行走在新疆国际大巴扎，考察"旅游＋文创"是如何擦亮这一新疆旅游"金名片"的；在"火洲"吐鲁番，用文字和镜头记录电网一线巡线工在高温环境下作业的艰辛与坚守；走进新疆兵团军垦博物馆，聆听一代代兵团人开发建设新疆的感人故事。在假期，学院党团组织亦积极策划实践活动，鼓励学生行走于家乡的街巷，用心感受家乡的变化，深刻体会全面建成小康社会的成果。上述实践教育，让学生切身体会到了党和国家的最新理论在基层的落实情况，帮助学生把抽象的理论认识转化为具体的实践经验，从而提升了学生的思想政治意识。

其次，用镜头和画笔定格历史瞬间，记录党领导中华民族实现的伟大飞跃。镜头和画笔能传递拍摄者和绘画者对时代的思考以及对美的认识。北外国际新闻与传播学院结合学院学生的专业特长，鼓励学生用镜头语言和绘画语言记录"红色中国"。在中国共产党建党一百周年之际，学院举办了"永远跟党走"主题教育之"忆光辉历程·展时代风采"新媒体创意大赛，组织了"党员手账""校庆接力海报""拍拍新起点＆在京报社"等三个板块的活动，在线上、线下同步展示优秀作品70余份。其中，"党员手账"活动以"庆祝建党一百周年"为主题，采用剪贴、绘画、书法、手抄报、电子手账等形式展示了专题党史、红色经典理论、基层党员事迹等一系列内容，以此表达对党蓬勃发展、对祖国繁荣昌盛的由衷祝福，展现了学生积极学习党史、认真领悟党的精神的面貌；"拍拍新起点＆在京报社"活动则以记者的角度记录了在京报社的现状，体现了"Z世代"国际传播学子的独特视角和专业敏感性。以镜头和画笔记录历史瞬间的做法，让学生从刻板的认识中脱离出来，潜移默化地强化了自身思想政治意识。

再次，同台竞技，睿智对决，思辨交锋，使马克思主义新闻观彰显光彩。竞赛是高校学生培养的常用方式，竞赛开始前，学生充分搜集信息，进行赛事准备；竞赛过程中，学生通过与其他选手"比拼"，激发潜能；竞赛后，学生查漏补缺，弥补不足，获得提升。除将竞赛与专业结合之外，与思想政治教育的充分链接，将产生更深层次的思维碰撞。学院设计"全能新闻人大赛"，

通过考察选手的英语表达能力、新闻素养、信息整合能力、临场应变能力等评估选手的综合表现。在英文演讲环节，参赛选手结合主题进行演讲，观点鲜明，台风稳健，以流畅的口语，从个人、家庭、社会等角度表达对竞赛主题的理解。模拟新闻发布会上，选手们分别代表记者方和发布方，结合如"第七次人口普查主要数据公布""北京广电局：网络综艺节目不得设置花钱买投票环节"等重大新闻事件进行模拟新闻发布。代表记者方的选手切中要害，针砭时弊，犀利发问，语言表达流畅而不失严密；代表发布方的选手在回答问题时语速适当，仪态得体，逻辑分明且立场明确，为观众带来一场"硝烟"四起、别开生面的新闻发布会。学生在挑战自己"脑力"的同时，还以马克思主义新闻观为指导，坚持正确舆论价值观，弘扬主旋律，与竞争对手进行深度的思维碰撞，进一步加强了其思想政治意识。

最后，用笔头记录、书写时代，传播时代强音。"Z世代"国际传播人才的笔头功力是其"脚力""眼力""脑力"的综合体现，是对某一特定事物思想认识的高度凝结。读书破万卷，下笔如有神。读书，不仅要读有字之书，还要读无字之书。北外国际新闻与传播学院搭建了院媒体影像工作室、大学生德育工作室、团总支学生会新闻中心、研究生会记者团等锻炼学生"笔力"的平台，鼓励学生开拓思路，坚持马克思主义新闻观，广泛开展采写活动，记录学院师生风采，弘扬时代精神。学生依托上述平台创作的媒体作品多次获得国内各级各类校园媒体大赛奖项。学院"国际新闻传播硕士班"赴全国各地开展调研，深入了解中国国情，挖掘并讲述中国故事，累计在新华社、《中国日报》等国家级主流媒体发表过英、法、德、俄等多语种作品百余篇。在针对家乡变迁的调研过程中，学院学生采写了数十篇稿件，用心用情书写家乡风貌的变迁，传递改革开放四十多年来家乡发生的巨大变化。在开展"读懂中国"活动过程中，学院国际传播学子采访了老一辈国际传播工作者，感受他们将个人理想与国家需求相结合的奋斗历程，同时激励自身厚植家国情怀。通过对笔头功力的锻炼，学院学生将党和国家最新理论的生动实践用语言和文字传递出来，进一步提高了学院学子的思想政治意识。

四、结语

当今，实践教育已成为一种世界各国广泛采用的教育方法。在新形势下，北外国际新闻与传播学院通过构建"四力驱动实践教育模型"开展实践教育，有效促进"Z世代"国际传播学子的思想政治意识的形成，培养德智体美劳全面发展的社会主义建设者、接班人，以及能够担当民族复兴大任的国际新闻传播人才。

在当下国际环境愈加复杂的背景下，国际传播人才培养还需要全社会合力，让思想政治教育更富感染力，厚植家国情怀，激发学生责任感，助力其成长，从而为实现中华民族伟大复兴的中国梦贡献力量。

作者简介：

张昭，北京外国语大学国际新闻与传播学院辅导员、讲师，研究方向为思想政治研究、国际传播、马克思主义新闻观研究、艺术传播。

李朝伟，北京外国语大学法语语言文化学院辅导员、副教授，研究方向为思想政治教育理论与实践。

外语类高校学生家国情怀培育探析

蒋金蒙

（上海外国语大学）

【摘　要】 外语类高校学生家国情怀的培育关乎民族复兴大任的实现和中国国际地位的提高，是落实立德树人、培养合格的社会主义建设者和接班人的重要途径。外语类高校要以习近平总书记关于青年工作的重要要求和培养时代新人的重要指示为根本遵循，从历史、时代和现实三个维度阐释家国情怀培育的重要意义，并剖析当前培育大学生家国情怀存在的困境。通过观照现实、对比分析、凝练创新，探析外语类高校学生家国情怀培育的新方法、新思路、新理念、新路径，为外语类高校培养堪当民族复兴大任、能够适应国际竞争的时代新人提供借鉴意义。

【关键词】 时代新人；外语类高校学生培养；家国情怀；人才培养路径

党的二十大报告明确指出，要"抓好后继有人这个根本大计"[①]，并对培养堪当民族复兴大任的时代新人提出了新要求和新课题。这一论述是自党的十九大报告首次提出"时代新人"概

---

① 习近平. 高举中国特色社会主义伟大旗帜为全面建设社会主义现代化国家而团结奋斗——在中国共产党第二十次全国代表大会上的报告[M]. 北京：人民出版社，2022：67.

念后对其意蕴内涵的深入阐释。家国情怀、国际视野、责任担当、创新意识等优秀品格是考察时代新人的核心指标。对于外语类高校而言，深刻把握立德树人之关键，厚植家国情怀，是新时代外语人才培养工作的重中之重。

一、培育家国情怀，铸就时代新人

2021年9月25日，习近平总书记在给北京外国语大学老教授的回信中强调，要"努力培养更多有家国情怀、有全球视野、有专业本领的复合型人才"①。习近平总书记的重要回信点明了家国情怀不仅是外语类高校学生应具备的重要品质，更是时代新人培育进程中重要的判断标准和价值取向。从历史维度、时代赓续和现实要求三重维度引导学生正确认识家国情怀，树立国际视野，理应成为每一位思想政治教育工作者的使命担当。

1. 历史维度：培养时代新人是对马克思主义的继承

马克思唯物史观认为，社会发展与人的发展并不是割裂的，而是以辩证统一的形式存在，两者息息相关。恩格斯认为"用整个社会的力量来共同经营生产和由此而引起的生产的新发展，也需要一种全新的人，并将创造出这种新人来"②。可见，培养时代新人是对马克思主义的历史传承。

---

① 王定华. 勇担新时代外语院校使命[N]. 中国教育报，2021-09-30.
② 马克思恩格斯选集：第1卷[M]. 北京：人民出版社，1995：222-223.

2. 时代赓续：培养时代新人是历代共产党人的共同目标

"时代新人"相关理论是历代共产党人人才培养工作经验的总结。我们党向来注重培养与社会发展建设目标相一致、相匹配的人才。新民主主义革命时期，人才培养以投身革命为目的；社会主义革命与建设时期，毛泽东提出要培养"有社会主义觉悟的有文化的劳动者"①，要培养"又红又专"的社会主义新人。这里的"红"，具体而言便是政治信仰坚定，有社会主义觉悟，有浓厚的家国情怀。改革开放以来，邓小平基于时代和国情的变化，提出了培养"有理想、有道德、有文化、有纪律"②的"四有"新人的目标。21世纪初，江泽民基于社会现实需要，将素质教育这一理念提升到国家战略层面，提出要培养"德育、智育、体育、美育等全面发展的社会主义事业建设者和接班人"③。胡锦涛提出"四个新一代"的培养理念，回答了21世纪需要培养什么样的人才这一问题。④ 历代共产党人对于"时代新人"培养目标的理解有着明显的阶段性和时代性，但都围绕服务国家建设与发展这一核心展开，有着浓厚的家国情怀。

---

① 建国以来重要文献选编：第10册［M］．北京：中央文献出版社，2011：76.
② 邓小平文选：第3卷［M］．北京：人民出版社，1993：205.
③ 江泽民文选：第2卷［M］．北京：人民出版社，2006：332.
④ 胡锦涛．致中国青年群英会的信［N/OL］．人民日报，2007－05－05［2023－8－17］．http://data.people.com.cn/rmrb/20070505/1.

3. 现实要求：培养时代新人是构建人类命运共同体的新要求

中国自古讲究"和合共生"，提倡"达则兼济天下"。当前，基于人类命运共同体理念和建成社会主义现代化强国的目标，习近平总书记进一步明确了时代新人的培养初心和使命、内涵与实质、途径与目标。当今社会要培养的时代新人应当是顺应人类命运共同体构建新要求并兼备家国情怀和世界眼光的人才。党的十九届六中全会提出要培养和造就大批"堪当时代重任的接班人"[①]：既要信念坚定，致力于国家富强和民族复兴，又有开阔的视野与格局，具有较强的分辨能力，能够灵活应对国际社会的机遇与挑战，进而为人类社会的可持续发展提供中国智慧和中国方案。

二、外语类高校学生家国情怀培育面临的困境

1. 个别外语类高校学生对家国情怀存在认知偏差

"家国情怀是根植于中华民族深层次的文化基因，对培养时代新人具有重要价值，能够为时代新人的成长、发展提供精神滋养。"[②] 家国情怀是厚植爱国主义的根基，也是坚定理想信念的基础。然而，涉世未深、处于拔节孕穗期的外语类高校学生由于面对的文化混杂性问题较多，在面对本民族的家国情怀、理想信

---

① 新华社. 中共中央关于党的百年奋斗重大成就和历史经验的决议[EB/OL]. (2021-11-16)[2023-8-17]. https://www.gov.cn/xinwen/2021/11/16/content_5651269.htm?eqid=d03d24590000037a00000006646de45b.

② 冯刚，王莹. 时代新人家国情怀的培育路径探析[J]. 南华大学学报（社会科学版），2022，23（05）：16-22.

念、优秀传统文化等内容时，个别学生因缺乏理性思考，产生了一些认知偏差。这些学生，不能很好地将个人发展与国家兴衰成败结合，缺乏对我党带领全国人民从一穷二白到打赢脱贫攻坚战的精神力量和信念的深刻理解，理想信念还不够坚定。

2. 个别外语类高校学生对复杂国际环境认识不够深入

当前世界正处于变化、交融与发展的高峰期，部分学生误将从网络上了解到的穿着美好"外衣"的国际环境等同于现实，缺乏清醒的认识与思考。其实，当前国际环境复杂多变，世界各国在政治、经济、军事等多方面仍面临着许多挑战与风险。

3. 个别外语类高校的家国情怀培养浮于浅表

个别外语类高校在家国情怀的培育方面尚未做到与时俱进，缺乏实效性。一方面，这些高校培育学生家国情怀时使用的素材不够与时俱进，且忽视了红色文化展馆、爱国主义教育基地、校园文化品牌等内容丰富、可知可感、符合当代青年学子成长特点和学习规律的教育资源，家国情怀的培育出现形式与内容"两张皮"的现象。另一方面，个别高校的家国情怀培育缺乏系统思考和统一布局，尚未形成"三全育人"新格局。思政课程与课程思政存在割裂，课堂教学、社会实践和素质拓展等多种教育渠道尚未打通，新兴网络媒体平台在育人过程中的正向价值尚未得到有效利用，教师难以真正以青年学生容易接受、乐于接受的形式将科学理论的价值意蕴讲透，并与家国情怀培育融合。

三、提升外语类高校学生家国情怀的有效路径

1. 强化思想引领和价值认同

坚定信仰不仅是强化外语类高校学生家国情怀的核心要求，也是提高高校学生素质的内在要求。社会主义国家高等教育培养人才的目标和核心是服务于社会主义国家的建设与发展，因此，在培育学生家国情怀时要融入时代新人的"内涵和标准"、培养的"方法和途径"以及"初心和使命"[①]，坚定不移地以科学思想和优秀传统文化为引领。

科学思想是时代新人担当民族复兴大任的重要"武器"，是外语类高校学生家国情怀培育的重要内容。外语类高校要将爱国主义教育、理想信念教育和家国情怀教育融为一体，引导学生在夯实专业基础的同时，明确自身对国家、民族的责任与担当，根植家国情怀于血脉之中。

外语类高校学生培育家国情怀的素材库由中华优秀传统文化和历代共产党人的优良传统等组成。源远流长的中华优秀传统文化是增强家国情怀的有力教育资源和精神养分。近年来，中华优秀传统文化与现代媒体技术的融合，对坚定学生的民族认同感与自信心，筑牢精神根基起到了积极的作用。历代共产党人在中华优秀传统文化的激励下，带领中华儿女取得了惊人的成就。有鉴于此，外语类高校在培育学生家国情怀时要从大历史观出发，从马克思主义思想、中华优秀传统文化以及历代共产党人的优良传统中汲取养分，不断强化学生的政治意识和责任担当，引导学生

---

① 李瑞德，潘玉腾. 习近平关于培养时代新人重要论述：生成逻辑、主要贡献和践行路径[J]. 思想教育研究，2022（05）：31—36.

厚植家国情怀，在国际竞争中展现不凡担当。

2. 拓宽国际视野，增强自身本领

外语类高校学生应具备世界眼光与国际视野。对于外语类高校来说，如何引导学生正确认识中国在国际上的地位，使其立足我国国情，向世界讲好中国故事尤为重要。时代新人作为被寄予厚望的群体，须保持清醒的头脑，拥有开阔的国际视野及较强的分辨能力。一方面，开阔的国际视野有助于学生将书本知识转化为实践，做到融会贯通；另一方面，外语类院校学生在跨文化交际的过程中，不仅可以更准确地定位自己，了解他国人民对我国的印象，也可以通过与他国优秀人才的交流，提升自身素质，拓宽视野。

外语类院校在培育具备家国情怀的时代新人的过程中，还需将学生专业能力培养作为关键一环。语言技能的提升、专业知识的夯实、对他国文化习惯的熟知等是外语类高校学生提升国际竞争力的基础。因此，学校应引导学生不断在实践锻炼中提升本领。一方面，学生应积极参与学校所提供的国际组织实习、国际课程、讲座等，不断夯实自身本领、提升跨文化交际能力；另一方面，学生应充分利用国家提供的平台与渠道，在实践中增强专业能力、熟悉国际规则、提升应对风险和挑战的能力，展现"时代新人"的国际担当。

3. 合力构建"大思政课"协同育人格局

外语类高校在培育学生家国情怀的过程中，应当落实好"三全育人"，多个育人主体、多种育人场域同时同向发力，构建"大思政课"协同育人格局，形成浓厚的教育氛围。一方面，专任教师、思政教师、行政教师等育人主体要合力做好语言类专业课程、思政"金课"以及实践性课程等多种类型课程的教学工

作，以接地气、有朝气的方式和让人喜闻乐见的形式将新时代的家国情怀植入学生心灵。另一方面，学校要打造专业化的家国情怀育人团队。团队教师要注重"以身示范"，不断强化自身的家国情怀，以之影响并塑造学生。在当好引路人的过程中，教师要将正确的价值观、人生观传达给学生，引导学生树立开阔的国际视野。

外语类高校在构建"大思政课"协同育人格局、强化学生家国情怀的过程中，还需构建多种形式的育人场域，打造有温度、有力度的育人平台。注重实践、坚持实践出真知，是马克思主义实践观的重要内容。因此，外语类高校要加倍注重通过社会实践、志愿服务、科创比赛等形式，引导学生在社会"大熔炉"中将满腔的家国情怀转化为服务社会、服务国家的行动。

当前，大学生是互联网技术发展的享用者，网络是当代青年学生成长的"第一环境"[1]。外语类高校要积极探索通过校园网站、微信公众号等新媒体平台，将家国情怀通过符合国情、把握时代脉搏、满足学生需求的作品表现出来，提升家国情怀培育的"代入感"和"即视感"。[2]

四、结语

当今国际竞争日益激烈，培养和夯实学生家国情怀对于外语类高校已是当务之急。在构建人类命运共同体和实现中华民族伟大复兴的路上，兼备国际视野、"又红又专"精神和家国情怀的时代新人是主力、先锋和建设者。外语类高校着眼于时代新人视

---

[1] 冯刚. 互联网思维与思想政治教育创新发展[J]. 学校党建与思想教育, 2018（03）：4-8.

[2] 钟秋华, 朱志明. 时代新人视域下大学生家国情怀培育探究[J]. 教育评论, 2020（08）：101-105.

角，凝聚多方力量，在理论和实践探索中不断丰富培养理念，不断探索学生家国情怀培育的有效路径，是新时代高等教育落实立德树人根本任务的必经之路。

作者简介：

蒋金蒙，上海外国语大学思政助教，国际金融贸易学院专职辅导员、党建组织员（兼职），研究方向为高校思想政治教育。

高校突发网络舆情中的意见引领者：
功能、识别与培养

孙运增

（西安外国语大学）

【摘　要】高校突发网络舆情是高校突发事件在网络场域的延续和升级，意见引领者在网络舆情中发挥着信息扩散、意见聚合和舆论引导等作用。从影响力、活跃度和话题参与度等方面对突发事件网络舆情中意见引领者进行识别，并构建积极的意见引领者培养机制，可以发挥意见引领者在高校突发网络舆情中的话题设置、舆论引导功能。

【关键词】突发事件；网络舆情；意见引领者；识别培养

近年来，高校突发事件引发的网络舆情（简称"高校突发网络舆情"）时常见诸网络"热搜榜"，呈现出数量不断增加、影响范围不断扩大的趋势，高校的正常教学和管理秩序受到不同程度影响[1]。党的二十大报告提出要健全网络综合治理体系，推动形成良好网络生态。在此背景下，构建高校突发网络舆情应对和管控的有效机制必要且重要。意见引领者作为信息扩散、意见聚合和舆论引导的关键人员，在高校突发网络舆情的应对过程中扮演

---

① 王凤仙，王志军，张润等. 高校突发事件网络舆情：舆论生态、传播规律与精准管控[J]. 高校辅导员，2019（06）：37－42.

特殊角色。如何正确认识网络舆情意见引领者的功能，识别分类和培养可靠的意见引领者，是本文探讨的主要内容。

一、突发网络舆情意见引领者的功能

高校突发网络舆情是高校网络传播主体、网络意见引领者和高校应对部门有机碰撞并共同推动网络事件演变的过程，其演变周期可分为发生期、高涨期和回落期[①]，意见引领者则在网络舆情演变的不同阶段发挥着信息扩散、意见聚合和舆论引导等重要功能。

1. 信息扩散

意见引领者因其对媒体和来自受众渠道的信息的高关注度和强敏感性，能够快速捕捉关键信息，当接收到来自以在校大学生和关心校园信息的社会人士为代表的传播主体"求助"信息时，意见引领者便会凭借自身影响力和"粉丝"优势对关键信息进行发布或转发，信息盲区受众即被纳入事件知晓圈。同时，意见引领者群体内部也存在信息交换，这样的网状传播，促使信息加速扩散。

2. 意见聚合

任何的网络信息都带有一定的诉求和观点主张，如果这些信息因无法得到释放而大量积累，便可能通过意见引领者向外发布。经过意见引领者聚合后的网络信息往往具有一定的舆论影响力，容易向更深层的网络环境和现实社会蔓延，因此高校和相关部门要积极采取措施，展开及时有效的回应。

---

① 焦阳. 5G 时代网络舆情处置浅议 [J]. 采写编. 2022（10）：67-68.

3. 舆论引导

高校突发网络舆情在经历了高涨期后便立即转入回落期，原因主要有两点：一是新的舆情事件出现，使意见引领者的信息传播聚焦点发生改变，受众关注点被转移；二是高校和相关部门的迅速应对和积极介入，使传播主体的"诉求"得到解决，不再继续发声。

二、高校突发网络舆情意见引领者的识别和分类

高校突发事件所引发的网络舆情除了具有紧迫性和复杂性等特点，还极易受到关注，且具有较强的感染性，而网络用户的匿名权限使得意见引领者身份更加嬗变和模糊。在国内，以微博为代表的网络平台已成为当下社会重要的公共意见舆论场，意见引领者在微博上的转发、评论对普通受众（即粉丝）的观点和行为具有重要影响，常常成为舆情事件网络传播的关键节点。下文将重点阐述如何正确识别意见引领者。

1. 网络舆情意见引领者识别标准

美国学者拉扎斯菲尔德等在调查中采用了"自我报告法"以识别意见引领者，后又加入了被影响者"提名"方法等[①]，国内传播学者多是根据个性、能力与社会地位等识别意见引领者，而其他学者多是从相关维度出发构建意见引领者识别模型和体系。不管从何种视角识别意见引领者，基于其自身定义的影响力和活

---

① 郭庆光. 传播学教程 [M]. 北京：中国人民大学出版社，2011：189-190.

跃度始终是绕不开的两个重要判断标准。[①] 同时，由于高校网络舆情事件涉及的主体和相关话题有其特殊性，话题参与度也应是高校网络舆情意见引领者的重要识别标准。因此，高校应从影响力、活跃度及话题参与度等三个维度出发，结合网络平台和自身网络舆情特点，建立高校突发事件网络舆情意见引领者识别体系。

（1）影响力。影响力是衡量意见引领者身份和作用的重要因素，在网络平台，体现意见引领者影响力的因素主要有粉丝人数、点赞数、评论数以及转发数。其中最能体现其影响力的是粉丝人数。粉丝越多，意见引领者所发布的信息就能传播得越广。意见引领者获得的点赞数、评论数和转发数则代表着粉丝对意见引领者的信任和受其影响的程度，点赞数表示粉丝对意见引领者意见或观点的赞同，对意见引领者所发布信息的积极评论与转发则代表着粉丝与意见引领者之间存在着更深层面的影响与被影响的关系。

（2）活跃度。网络活跃度是网络用户在一定时间内使用网络的频率和在线情况[②]，保持较高的网络活跃度既能够帮助意见引领者迅速获取事件信息并占据信息优势，又能持续不断地向粉丝传递信息和提供建议。粉丝也乐于在网络上遇到一个与自己互动频繁、表现活跃的意见领导者。意见引领者的网络活跃度主要体现在关注相关事件用户人数、在单位时间内发文数量、在线时间以及与粉丝的互动频率等。关注相关事件用户越多，意见引领者可获取的信息量越大、渠道越广。而在单位时间内的发文数量、在线时间以及与粉丝受众的互动频率既是意见引领者向粉丝施加影响的保证，也是其网络活跃度的证明。只有保持一定的网络活跃度，意见引领者才能持续不断地获取信息并及时对受众施加各

[①] 刘志明，刘鲁. 微博网络舆情中的意见引领者识别及分析［J］. 系统工程，2011（01）：8−16.

[②] 于晶，刘臣. 微博用户的信息发布行为模式实证研究［J］. 现代情报. 2015（10）：49−54.

种影响，强化其意见引领地位。

（3）话题参与度。意见引领者只有积极跟进网络热点事件并对此事件进行相关评论或者制造相关话题，才能不断突出其主导地位。意见引领者利用自身影响制造话题的能力和对关键内容的观点态度在突发事件网络传播中发挥着重要的作用，突发事件通过意见引领者对话题的有效设置提高影响力，意见引领者对某一突发事件的观点和评价也常常对舆论走向产生决定性影响。

2. 高校突发网络舆情中意见引领者的分类

高校突发网络舆情涉事主体以在校学生为主，他们的网络活跃度较高，网络表达和网络维权意识较强，同时对网络信息选择和网络发言常缺乏深入思考。不同的意见引领者在推动高校突发网络舆情演变中的影响力、活跃度和话题参与度不同，就算是同一个意见引领者，在舆情事件发展的不同时期，其发挥作用的大小也有所区别。根据意见引领者存在时效和能力的差别，可分为稳定型意见引领者、事件型意见引领者和即时型意见引领者。稳定型意见引领者依靠长期积累的信息资源和大量的粉丝，成为较为稳定和持久的意见引领者角色，他们长期关注高校动态，对涉及高校的话题普遍保持较高兴趣，并且乐于参与高校相关舆情事件；事件型意见引领者即在某个热点舆情事件中发挥重要作用的意见引领者，他们因事件而起，也因事件平息而回归常态，基于事件而形成的意见引领者大多是突发舆情事件的涉事主体或相关责任方；即时型意见引领者是在舆情事件的某一过程或某一节点发挥关键作用的意见引领者，他们既可能扩大网络舆情，也可能使网络舆情出现转折。

具体到高校相关群体的身份特征，高校网络意见引领者可分为传统意见引领者、新兴网络意见引领者和网络媒体意见引领者。校园传统意见引领者包括高校教师、学生骨干及高校相关管理者等，他们将现实中传统意见引领者所具有的优势转移到网络空间，利用线上线下相结合的形式继续发挥意见引领者的重要作用。新兴网络意见引领者自始至终都活跃在网络空间，他们多以匿名形式在网络上频繁与受众互动，并且对涉及高校话题的网络事件积极发声，以此积累和聚集起大批以高校学生和关心高校话题的网友作为自己的支持者。新兴网络意见引领者受网络约束性小，对高校相关话题有较强敏感性，所涉及的网络利益关系更加复杂，因此常成为高校突发网络舆情的重要参与者和推动者。网络媒体意见引领者包括校内媒体和校外媒体，他们一方面拥有组织赋予的身份角色，另一方面又拥有专业的知识储备和摄影摄像设备，在关键信息的获取和发布渠道上具有明显优势，因而成为高校突发网络舆情发展的关键。

三、高校网络意见引领者的培养

作为高校信息的传播者和在校生活意见的影响者，意见引领者在引导高校大学生发表理性观点和获取真实信息方面具有重要作用。对于高校来说，不同类型的意见引领者在舆情事件演变过程中的推动作用有正面和负面之分，需要培养能凸显舆论引导的正面功能、能把控话题设置且积极可靠的意见引领者。只有正确认识、培养和引导网络意见引领者，积极构建高校网络意见引领者培养机制，着重在日常管理和突发网络舆情事件处理中培养具有正面价值观的意见引领者，才能有效引导高校突发网络舆情，构建安全、稳定、和谐的校园环境。

1. 重视高校网络意见引领者的作用，健全意见引领者培育机制

在高校突发网络舆情频繁发生的当下，一批热衷校园相关话

题、关心大学生在校生活的网络博主成为舆情发展的重要推手。明确高校网络意见引领者重要作用，加强高校与网络意见引领者的互动，健全网络意见引领者培育机制，成为高校网络宣传和网络思想政治教育不可忽视的环节。一方面，高校相关管理者尤其是负责宣传工作和思想政治教育的人员应充分认识到高校网络意见引领者在信息收集、信息传播和舆论引导方面的重要作用[①]，将网络意见引领者培育工作纳入高校宣传工作重要内容，并在网络意见引领者培育、管理和信息反馈等环节进行顶层设计，对校内相关网络意见引领者进行摸排，出台校园网络意见引领者管理和培育制度；另一方面，高校管理者应具备网络思维，主动接纳校园网络意见引领者，以大学生能够接受的方式开展网络活动，可以根据大学生在校学习生活的不同需求，主动设置不同领域的网络意见引领者。在日常工作中针对校园信息开展座谈、培训和交流工作，发挥网络意见引领者内外联动、信息收集的作用，及时听取在校学生的意见反馈和诉求，合理控制网络舆情发展。

2. 有针对性地培养高校网络意见引领者

要依据高校网络意见引领者的不同类别，有针对性地培养高校网络意见引领者。首先，要提升高校传统意见引领者的网络引导能力。传统意见引领者与大多数人保持着良好的关系，他们在现实生活中拥有较高的权威性和较强的说服力，积极引导他们转型为网络意见引领者，可以发挥其优势，引导学生树立正确的价值观。其次，要挖掘和培育新兴网络意见引领者，新兴网络意见引领者常常存在于学生群体或者与学生相关的群体中，他们虽然可能在现实生活中默默无闻，却在网络上具有较大的影响力。高

---

① 张瑞雪. 大学生网络"意见引领者"的作用及培养路径研究[J]. 兰州教育学院学报. 2016 (11)：62—64.

校要及时摸排学生群体中的新兴网络意见引领者，并与之建立线上线下的密切沟通和联系，主动邀请他们参与高校网络活动，及时向他们传达或介绍与校园相关的信息，听取他们的意见和反馈。最后，要与网络媒体意见引领者建立良好的互动关系，双方建立信息发布和反馈渠道，当舆情事件处于萌芽状态时及时将官方信息告知网络媒体，实现传统意见引领者、新兴网络意见引领者和网络媒体意见引领者在信息发布上的同向同行。

3. 提升高校大学生群体意见引领者的网络素养

网络素养是媒介素养的组成部分，包括网络知识的获得、网络信息处理能力和网络参与行为等。[①] 相较于普通大学生，大学生群体的网络意见引领者使用网络的时间更多，参与网络事件的程度更高，不可避免地会在信息辨别方面产生失误，甚至采取一些网络非理性行动。针对高校大学生群体意见引领者和广大青年学生开设网络素养课程和文明上网、安全用网相关讲座和培训等，积极利用网络安全宣传活动和网络文化节，可以提升网络意见引领者引导舆论的能力。高校网络舆情事件的有效解决需要网络意见引领者与现实生活意见引领者、显性意见引领者与隐性意见引领者协同配合，因此，有效开展线下思想教育方式和宣传活动，实现线上线下相互配合，能够推动高校突发网络舆情更好更快解决。

作者简介：

孙运增，西安外国语大学亚非学院讲师、专职辅导员，研究方向为大学生思想政治教育。

---

① 王伟军，王玮，郝新秀等. 网络时代的核心素养：从信息素养到媒介素养[J]. 图书与情报，2020（04）：45—55.

跨文化交际视角下提升高校外语人才培育实效的途径探赜[*]

孙祎阳

（北京语言大学）

【摘　要】 外语人才是连接中国和世界的桥梁，对于展示中国形象，传播中国声音，讲好中国故事具有重要作用。跨文化交际能力作为外语人才核心素养之一，与思政育人有着密切联系。本文通过对跨文化交际能力和思政育人进行内涵阐释，从跨文化交际能力的意识、能力和评价入手，提出将跨文化交际能力培养与思政育人和价值引领相结合，有助于在提高专业知识技能的基础上以文育人、以文化人。在外语人才的具体培育过程中，可以通过树立正确的跨文化交际意识，创新教学内容和形式，构建规范科学的评价体系等具体措施来促进外语人才的全面发展，培养出具有文化自信和技能本领过硬的外语人才。

【关键词】 跨文化交际能力；外语人才；思政育人

新时代背景下，全球化程度越来越高，各国联系越来越密

---

[*] 本文为北京高校思想政治工作研究支持课题"跨文化视角下的文化育人路径探析"（课题编号：BJSZ2023ZC39）成果；本文受北京语言大学校级项目"'一融双高'视域下推动研究生党建高质量发展的对策研究——以'榜样语研'研究生样板党支部师范引领作用发挥为重点"资助（中央高校基本科研业务费专项资金）（项目编号：23SZ02）。

切，不同民族、不同国家、不同地域的文化在交流中碰撞发展。我国正处于高速发展期，对外语人才的需求方兴未艾，培养具有国际视野、世界格局和家国情怀的外语人才，外语院校大有可为。在外语人才的培养过程中，提高其跨文化交际能力水平，加深其对本民族文化认知，使其自觉形成文化自觉与文化自信则是育人的重要内容，外语院校应为其筑牢思想根基，引导其坚定理想信念，为其提供"精神之钙"。

一、跨文化交际与文化育人的基本内涵

文化属于人类创造的精神财富和物质财富，是人们所觉、所思、所言、所为的总和，在不同的生态环境下，不同的民族创造了自己特有的文化，也被自己的文化所塑造。[①] 每一种文化都有自身的特点和特征，在发展中形成自身独特的系统，其核心是价值观。因此，文化在人的内在价值观树立和外在行为表现中有着重要影响。跨文化交际是不同文化背景下成长起来的人们之间的交际，具有双向性的特征，外语人才在学习目的语和目的语文化的同时，需要与母语文化即中华优秀传统文化和习近平新时代中国特色社会主义文化进行对比联系，深入领会中华文化的核心价值观，强化文化自觉，加深文化记忆，提高文化自信。

党的二十大报告指出："全面建设社会主义现代化国家，必须坚持中国特色社会主义发展道路，增强文化自信，围绕举旗帜、聚民心、育新人、兴文化、展形象建设社会主义文化强国，发展面向现代化、面向世界、面向未来的，民族的科学的大众的社会主义文化，激发全民族文化创新创造活力，增强实现中华民

---

① 吴为善，严慧仙. 跨文化交际概论[M]. 北京：商务印书馆，2009：2.

族伟大复兴的精神力量。"① 无论是中华优秀传统文化还是习近平新时代中国特色社会主义文化，都蕴含着较高价值的精神财富，有着独特的文化核心和价值体系，为民族的发展繁荣提供了源源不断的精神动力和信念支撑。文化育人旨在借助文化的力量，达到春风化雨、润物无声的育人效果，促进人们文化素养和道德品质的提升②。跨文化交际能力涵盖了多语言能力和文化理解交流能力，是实现文化育人的重要能力和保障，在文化育人体系中占据重要地位和价值。文化育人指导着跨文化交际能力培养提升的具体开展，而跨文化交际能力的培养则彰显着文化育人的实效，二者相辅相成，具有价值导向和精神激励的作用。

二、跨文化交际视角下文化育人的意义

1. 引导学生坚定理想信念，筑牢信念根基

全球化背景下，文化多元性日益显现，外语人才培养之目的不仅是提高其对目的语的运用能力，更是引导其树立正确的价值观，使其成为具有国际视野和家国情怀的新时代青年。通过这种培养，外语人才在跨文化交际中能够更快适应文化多样性，深刻感受中华文化的魅力，提升文化素养和道德修养。跨文化交际视角可以成为文化育人的切入点和着力点，将其融入思想政治教育中，营造浓厚的文化育人环境和氛围，有利于外语人才继承和发

---

① 习近平. 高举中国特色社会主义伟大旗帜 为全面建设社会主义现代化国家而团结奋斗——在中国共产党第二十次全国代表大会上的报告[R/OL].（2022-10-16）.[2023.10.6] https://www.gov.cn/gongbao/content/2022/content_5722378.htm.

② 彭曦. 中华优秀传统文化与思政教育融合研究[J]. 中学政治教学参考. 2023（27）：110.

扬中华优秀传统文化，领悟新习近平时代中国特色社会主义文化的精神内核，抵御错误思潮和不良价值观的侵蚀。

外语人才是联系中国与世界的桥梁，肩负着展示国家形象、推动我国在世界格局中谋求高质量发展的重要使命，其世界观、人生观和价值观的培养尤为重要。因此，我国要培育专业本领过硬、政治立场坚定、思想品德高尚的外语人才。外语院校要在跨文化交际过程中加强对学生的思想引领和道德提升，培养出融通中外文化、具有坚定理想信念和正确价值追求的高素质外语人才，向世界讲好中国故事，向国际传播中国声音。

2. 创新育人渠道，实现育人目标

立德树人是教育的根本任务，在外语人才的培养过程中，除了要重视专业素养的提高，还要坚持立德树人、德育为先，将专业教学与育人导向相结合，依托专业课程开展德育培养和价值引领。跨文化能力的培养为实现立德树人这一目标提供了新的渠道，在实践性强、情境性真的过程中将外语人才的德育培养落到实处。

外语院校肩负着培养具有坚定的社会主义思想政治观念，国际视野和家国情怀兼备的社会主义接班人的使命，同时肩负着传播治国理政、弘扬发展先进文化的重要职责。[1] 跨文化交际能力的提升作为外语教育的重要一环，对于培养精通外语、通晓世界规则、善于沟通交流的新时代人才具有不可替代的作用，为从德智体美劳全面育人提供了立足点和着力点。因此，跨文化交际能力的培养既是一个渐进的过程，也是一个输入和输出的双向过程，还是一个将思政教育元素转化为价值信仰体系和知识结构系

---

[1] 李燕. 外语课程思政的时代意蕴与实践路径［N/OL］. 中国社会科学报. (2022－11－10)［2023－10－6］. https://epaper.csstoday.net/epaper/read.do?m=i&iid=6426&eid=45271&sid=209616&idate=12_2022－11－10

统的过程。它不仅是实现全员、全过程、全方位育人的创新途径，也在潜移默化中促进外语人才的全面成长，进而提升育人实效，实现育人目标。

三、跨文化交际视角下文化育人的实现路径

立足于跨文化交际视角进行文化育人是提高外语人才培养实效的创新途径，对于人才培养具有重要的理论意义和实践意义。外语院校在进行价值树立和思想引导时，可以从跨文化交际意识、跨文化交际能力和跨文化交际评价三个角度或方面入手，共同发力，将跨文化交际过程与思政教育过程紧密融合，开拓新途径，打造新平台。

1. 引导学生形成正确的跨文化交际意识

立足跨文化交际视角进行文化育人，外语院校首先要正确认识跨文化交际的内涵，树立跨文化意识，进而对学生进行正确的思想引导，促使其自觉将跨文化意识与价值观的树立相结合。跨文化交际意识的确立可以从教师和学生两个角度入手。

教师对学生有着示范引领作用，学校要做好顶层设计，加强对教师的培训，提高教师思想道德素质和育人能力，形成一支思想正、本领硬、知识丰的高素质育人队伍。教师自身要对跨文化交际有正确的理解和准确的定位，在此基础上树立跨文化交际意识，不断提高自己的专业能力和育人能力，为学生做示范。同时，教师要具备营造文化育人环境的意识和能力，在专业课教学中，一方面带动学生去理解和继承中华优秀传统文化，领会和建设习近平新时代中国特色社会主义文化；另一方面通过专业知识的讲授促进学生对中华文化的深入学习和探究，形成文化认同和价值认同。

学生是课堂的主体，应引导其有意识地学会客观认识中华传统文化，形成正确的跨文化交际意识。在正确的跨文化交际意识的指导下，主动自觉地对中华文化进行觉知、掌握、理解和接受，进一步形成对中华文化的全面客观认知，立下传播中华文化的伟大志向。在培养学生树立正确的跨文化交际意识时，外语院校要遵循其成才规律和认知规律，重视专业知识与精神内核的创新融合，加深对本民族文化的理解并汲取丰厚优质的精神养分，培根铸魂，启智润心，实现专业学习与思想提升的同向同行。

2. 创新内容形式，提高跨文化交际能力

当前我们既需要语言技能高超的外语人才在国际舞台上讲述中国故事，也需要文化素养高超、政治素养过硬的外语人才以客观思辨的角度与世界对话。在外语人才的培养中，要将技能教学、价值引领和文化培养有机融合，共同构建跨文化交际能力体系。提高外语人才的跨文化交际能力可以从内容和形式两个方面入手，实现理论内化和实践运用的结合。

一方面，要创新教学内容，确定培养目标，做好主题内容的教学选择、设计和实施。在内容教学上凸显文化育人的作用，寓思想提升于知识教学，在知识教学中感悟中华文化的独特魅力和深刻意蕴。语言技能的提升可以从"听说读写"四个板块入手，跨文化内容也可以在不同板块的教学中体现，如增加"中华美德的现代体现""不同文化下的交际行为准则"等内容，丰富教学案例实例，营造情境性强的场景，理解和掌握跨文化交际的理论知识内容，形成严谨的跨文化知识结构。开展不同主题的讲座、辩论或演讲等，让不同专业人士参与其中，紧紧围绕核心任务，形成文化育人主题链，各主体参与形成协同效应，实现"三全"育人，提升育人品质。

另一方面，要创新能力提升形式，积极探索适合外语人才的教学模式和实践形式，选择灵活多变的教学方法，组织形式多样的实践活动，激发外语人才主动提升跨文化交际能力的热情和动力。在牢牢把握第一课堂的基础上，积极应用第二课堂，开展参与感强的实践活动，真正提高跨文化交际的实践能力。在实现跨文化交际的过程中设定不同的任务目标，融合育人要素，学生通过实际操作，运用跨文化交际理论，顺利实现跨文化交际，获取跨文化感悟，提升文化认同，避免文化失语，增强民族情感。采用线上线下相结合的方式，充分利用学校学院网站，以及微信、微博、抖音等网络平台，让文化育人走进网络空间，形成文化育人传播矩阵。结合时代特点，选用实用内容，采用学习者喜闻乐见的方式呈现，吸引并感染学生，帮助学生形成真切的情感体验，升华文化认知。组织参与跨文化服务活动，深入社会，充分利用所学知识为社会服务，用自己的实际行动弘扬中华文化和主流知识。在实践过程中，学习者不仅能够反哺自身理论知识的学习，加强知识掌握和运用的能力，提升跨文化交际能力，还能亲触祖国大地，形成文化记忆，参与到新时代中国特色社会主义建设的伟大实践中。

3. 构建完整体系，重视跨文化交际评价

评价体系的设置旨在明确判断外语人才的跨文化交际能力水平，督促其主动反思、主动提升，为跨文化能力的提升提供一个较为具体的目标。跨文化交际能力的评价要合理客观，能够真实反映教学成效和育人成效。构建完整合理的评价体系可以从过程性评价和形成性评价入手，整合评价要素，鼓励学生自我成长、自我发展。

过程性评价主要是对事物发展的过程进行动态评价，是对学习动机、学习过程和学习效果三位一体的评价；形成性评价则旨在及时了解情况、发现问题，以便更有针对性地改进和完善。以培养外语人才跨文化交际能力为总的培育目标，并根据不同教学

阶段将其划分成不同的子目标，围绕理论认知、实践交流、复盘反馈形成三维、动态的考核评价体系。如引入具体实际案例，提出具体问题，让学生在问题分析、实践探究和成果反思中提高专业素养。教师既要鼓励学生运用跨文化交际理论不断提高独立思考和合作解决问题的能力，撰写心得，也要鼓励学生感受自身知识的提升、思想观念的变化和道德行为的改善。教师在评价过程中要将综合素质囊括入评价指标，重视学生综合素质的发展，引导学生养成良好的思想道德和行为习惯。

在完成不同阶段的子目标时，教师要及时发现跨文化交际能力培育过程中的问题，改进教学过程，调整教学方案。采用口头测试、课堂观察、活动记录、学生自评、同伴评价等评价方法，整合过程性评价和形成性评价的特点要素，健全评价体系，用科学化、体系化、规范化的评价体系巩固专业技能和思想政治育人成果。

四、结语

跨文化交际能力是外语人才培养的重要一环，将思想政治教育和主流价值观引领寓于跨文化交际能力的培养，有利于培养出尊重文化多样性、开放自信、有责任担当的合格外语人才。跨文化交际能力的培养要融合技能学习和育人要素，不断探索育人模式，构建科学合理的评价体系。从跨文化视角出发，围绕"立德树人"的根本任务切实提升育人实效，实现知识技能本领和思想素质提升的有机融合，真正回答好"培养什么人、怎样培养人、为谁培养人"这一教育的根本问题。

作者简介

孙祎阳，北京语言大学商学院助教、团委书记、研究生辅导员，研究方向为思想政治教育、国际中文教育。

人工智能背景下高校辅导员人机协作能力结构研究

赵 伟

(外交学院)

【摘 要】人工智能不断深入教育领域，为教师能否适应人工智能教育变革提出新的挑战，尤其是教师能否与人工智能合作，正成为教师专业发展的重要课题。面对新形势，高校辅导员作为大学生思想政治教育的骨干力量，亟须转变思路，学会与人工智能合作，以更好地开展高校学生工作。

【关键词】人工智能；高校辅导员；人机协作能力

一、高校辅导员的人机协作背景

自从人工智能走进教育，有一种观点被反复提及，即教师与人工智能可以相互助益、共同协作。国内有学者提出人机协作的新型关系，如教育学家顾明远认为，在人工智能时代，不是让机器替代教师，而是要让教师进行角色上的转型，即通过机器的协助，让教师从烦琐的案头工作中解放出来，有时间关注学生作为

"人"的精神构建和成长[①]；又如余胜泉认为，在未来教育中，教师与人工智能协作共存将成为一种趋势。[②] 总之，在人工智能的支持下，未来教师的角色将发生极大变化，许多工作都涉及发挥教师与人工智能各自的优势，教师与人工智能协作的趋势也日渐明朗。

作为教育改革的践行者，教师对人工智能教育的发展至关重要。[③] 国务院印发的《关于全面深化新时代教师队伍建设改革的意见》中提到新时代的教师队伍应主动适应新技术的变革，在信息化社会与人工智能化的背景下，积极开展教育教学。作为我国教师队伍的重要组成部分，高校辅导员同样面临着机遇与挑战。高校辅导员具有教师和干部的双重身份，其工作的主要内容是大学生思想政治教育和日常管理工作。辅导员被宽泛的事务性工作占用了大量的时间和精力，往往缺乏对学生工作的反思、总结和凝练。这严重制约了其专业化发展的进程。[④] 因此，辅导员应努力提升与人工智能协作的能力，提高工作效率，从烦琐的事务性工作中解脱出来，实现人机协作，促进自身专业能力发展。

二、高校辅导员的人机协作模式

高校辅导员与人工智能作为协作的两个主体，两者的互动模式是进一步了解人机协作的关键。有鉴于此，余胜泉提出了人机

---

① 顾明远. 立足教育本质看"人工智能+教育"[J]. 中小学数字化教学, 2019 (09): 1.
② 余胜泉. 人机协作：人工智能时代教师角色与思维的转变[J]. 中小学数字化教学, 2018 (03): 24-26.
③ 李世瑾, 顾小清. 中小学教师对人工智能教育接受度的影响因素研究[J]. 现代远距离教育, 2021 (04): 66-75.
④ 韩晶晶, 曹一鸣. 从经验化到专业化：高校辅导员专业化发展研究[J]. 中国成人教育, 2020 (14): 44-47.

协作的分析框架，该框架根据人机协作中人工智能由弱到强的智能性，将教师与人工智能的关系分为四个阶段：人工智能代理、人工智能助手、人工智能教师和人工智能伙伴。[①] 本文为了更加突出教师与人工智能的协作关系，在余胜泉提出的人机协作框架的基础上进行了总结归纳，并指出人机协作主要存在三种模式：代理模式、增强模式、互补模式。

代理模式是指人工智能代替辅导员完成机械性、重复性的教育管理工作，提升辅导员工作效率，让辅导员可以有更多的时间与精力完成人工智能暂时不能代替的工作。如人工智能可以协助辅导员完成信息收集和数据统计等机械性工作，而辅导员则可利用节省的时间和精力完成人工智能并不擅长的情感呵护、突发事件应对、学生心理疏导等工作。

增强模式是指人工智能在协助辅导员处理问题时所带来的某些增强性的功能，该模式可帮助辅导员利用人工智能处理复杂问题。如辅导员在面对学生沉迷网络游戏、学生在宿舍内发生矛盾等复杂的问题时，受制于自身专业知识的限制，解决起来常感觉到困难。而人工智能则可通过采集学生学习和生活过程中的多方位数据，根据相关科学模型，综合运用内置的人类优秀教师的经验知识库，向辅导员提供适应性的参考行为模式，这就在一定程度上增强了辅导员处理复杂问题的能力。

互补模式是指辅导员与人工智能在工作中互为补充，通过发挥各自优势，弥补各自不足。辅导员与人工智能虽各具所长，但也各有局限。如在分析学生行为数据方面，人工智能更擅长利用自身的计算机视觉，在采集学生行为数据方面做到全面、精准。而辅导员则更擅长利用与学生长时间接触、交流建立起来的认知

---

① 余胜泉，王琦. "AI+教师"的协作路径发展分析［J］. 电化教育研究，2019，40（04）：14-22+29.

来分析所采集数据背后的意义。因此，辅导员与人工智能在面对某一个具体问题时，往往需要各自发挥优势，并且相互补充，这便是辅导员与人工智能之间的互补模式。

三、高校辅导员的人机协作能力结构分析

在人机协作活动中，辅导员需要有效的能力支持。在参考相关文献并结合专家意见的基础上，本文认为辅导员人机协作能力是一种辅导员与人工智能协作从事教育管理活动、完成教育管理任务以促进学生成长的综合能力，包括人机协作认知能力、人机协作设计能力、人机协作操作能力、人机协作调控能力四项子能力。

1. 人机协作认知能力

人机协作认知能力是指辅导员对人工智能的认可度及获得与之协作的知识和技术的态度与行为。这一能力体现在辅导员对人工智能的感知情况、关注情况、接受情况、采用情况等。人机协作认知能力是辅导员人机协作能力的基础，是人机协作能力体现、发挥作用的先决条件和内在机制。人的知识、技术、技能的掌握，尤其是行为的体现，都建立在人们对事物的认可、认同与接受的基础上，如果不愿意感知此事，不愿意把注意力放在此处，有再好的人工智能都无济于事。如果辅导员不清楚、不理解人工智能协作的意义和价值，就无法把自己已有的知识、技能和经验与人工智能建立联系，甚至会对人工智能参与教育工作之事感到厌烦，认为其扰乱了正常的教学秩序。

"教育中的传统技术更多的是物化形态的技术，接近于自然意义上的器械，其所承载的知识量和理解难度并未给大脑的信息

加工造成过重负担，教师对技术的操作和经验的积累较为容易。"[1] 但人工智能与传统教育技术有本质的不同，人工智能是以人类的智能仿真为目的，是基于高度理论化的科学知识和科学技术的研究结果。所以人工智能所承载的理论和技术，以及向人们大脑传递的信息、方式、规律等都是巨量的、复杂的，人工智能作为一种客体展现出来的特质也与传统教育技术不同，所体现的价值也更大。把人工智能运用于教育管理时，辅导员不仅要掌握运用人工智能的知识与技术，还要对原有的教育管理知识与技术进行解构和再建构。因此，辅导员需要对人工智能协作有充分的心理准备，树立积极的接受态度和协作意识，这都要求辅导员具有人机协作认知能力。

2. 人机协作设计能力

人机协作设计能力是指辅导员在人机协作活动开始前，根据学生特点合理地安排与规划协作内容。例如，辅导员设计与人工智能合作时的教育管理目标、各自负责的主要工作内容、共同参与工作任务及有效形式、学生在人机协作中成长的路径等。

这一能力直接影响辅导员的工作准备水平，影响辅导员的工作计划与方案设计的质量，体现辅导员对人机协作这一活动的分析与创造。辅导员对于人机协作的操作与实施，需要建立在对人机协作合理的安排与规划的基础之上。因此，如果辅导员对于教育管理的活动设计仍然依靠个体经验，流于一种固定简单的程式，不考虑如何利用人工智能进行系统的、理性的、整体的活动设计并且合理安排与规划人工智能在活动中的具体应用方式，那么，学校人工智能技术的硬件配置再高也毫无意义。

---

[1] 杨绪辉，沈书生. 教师与人工智能技术关系的新释——基于技术现象学"人性结构"的视角 [J]. 电化教育研究，2019，40（05）：12-17.

"人工智能+教育"拥有大数据、云计算等核心驱动力与深度学习、机器学习等关键人工智能技术的保障。因此，人工智能相比传统教育技术在活动设计的各个环节更能实现多层次融合：辅助辅导员开展需求分析，依据需求制定有针对性的教育管理策略，选择适合的人工智能技术检测、追踪并优化辅导员与学生的互动过程。然而，这种"人工智能与活动设计体现出的高度融合关系"仍然是依据辅导员的目的性而构建的。也就是说，活动依然需要辅导员来设计，而不是人工智能替代辅导员完成活动设计。人工智能带来的这种"改变"意味着需要辅导员重新安排与规划原有的教育管理目标、内容、方式，换句话说，面对人工智能，辅导员要打破传统工作模式的思路与方法，设计人工智能加入教育活动的有效形式。

因此，辅导员需要在人机协作中具备设计能力，这需要辅导员在教育管理活动过程中，利用人工智能进行系统的、理性的、整体的活动设计，同时，要合理安排与规划人工智能在教育管理活动中的具体应用方式。

3. 人机协作操作能力

人机协作操作能力是指在辅导员与人工智能合作实施教育管理过程中有效运用人工智能所需要具备的个性心理特征，具体体现在以下几个方面：辅导员能否有效运用人工智能解决教育管理活动中的具体问题；辅导员运用人工智能时是否发挥了自身的主导作用与学生的主体作用；辅导员使用人工智能后是否提高了人才培养质量。

人工智能作为一种技术，它的工具属性使其在教育管理活动过程中可能会产生好的效果，也可能会产生坏的效果，但这不是人工智能所能决定的，而是作为人的辅导员在其中发挥着主导作用。人机协作能否实现，或者说能否取得良好的效果，关键在于辅导员对人工智能的运用。辅导员对人工智能的有效运用，有利于减轻辅导员工作负担，帮助辅导员全面了解与掌握学生情况。反之亦然，人工智能缺乏心理以及社会属性，它既不会开心也不会忧虑，并且在与人交流时所使用的都是事先准备好的虚拟答案。而这种在教育管理过程中程式化的理性交往，容易引发学生的心理问题。此种情况极大地考验着辅导员能否有效运用人工智能。如果辅导员在人机协作中积极发挥自身的主导作用，在综合考量相关情况后恰当地使用人工智能，可能会起到良好的效果。但辅导员如果盲目地使用人工智能，或对人工智能过于依赖，不考虑效果，那么人工智能的不成熟之处可能会被放大，从而导致学生产生心理问题。

因此，辅导员需要在人机协作实施的过程中具备操作能力，结合学生思维发展与教学活动内容的特点，在运用人工智能时发挥自身的主导作用与学生的主体作用，解决教育管理中的具体问题，提高教育管理质量。

4. 人机协作调控能力

人机协作调控能力是指辅导员对人机协作的整个过程和结果的调节和控制的能力。调控由监督、检测、纠偏与总结（反思）等环节组成：首先，辅导员要对人机协作的过程和结果进行监督；其次，基于人机协作的目标，辅导员要检测合作的实施状况、实施结果等；再次，辅导员要根据检测情况对偏离教育管理目标的行为进行纠正，使之回到既定轨道；最后，辅导员要反思人机协作中的问题，积累经验，为后续协作打下良好的基础。总之，辅导员要不断对人机协作的过程进行调节与控制，使其始终沿着既定目标进行。

要提高人机协作调控能力，辅导员须认识到以下四点：其一，人机协作的目的是与人工智能一起更有效地实现教育管理目标，人机协作始终要沿着这个目标方向前进，不得偏离；其二，人机协作是为了更出色地完成教育管理任务，要始终监督教育管理质量状况，要不断进行评估，根据评估情况不断进行调节，要控制双方协作的各种活动的实施，使之围绕质量的标准进行；其三，要坚持对人工智能工作进行监控，使人工智能的工作不出错；其四，要对人机协作过程中的三对关系进行调控，包括辅导员与人工智能关系、学生与人工智能关系、人工智能介入后的师生关系。

人工智能之所以智能，是因为其具备较强的数据处理能力和编程能力。如果提供的数据出了问题，或应用程序出了问题，人工智能的结果就会出问题，产生智能风险、智能偏见。人工智能虽然智能，但是目前的人工智能产品并非法律上的主体，不能对其造成的损失承担责任，因此，辅导员对人工智能有监督的责任。辅导员要学会监督人工智能，防止其在教育管理中出现错误，从而给学生带来不利影响。

作者简介：

赵伟，外交学院讲师，研究生部辅导员，研究方向为教育管理与人力资源开发。

铸魂与赋能：中华优秀传统文化融入高校文化育人实践探索

——以"凤鸣云山"中华优秀传统文化传承发展工程为例

杨韬　陆哲毅

(广东外语外贸大学)

【摘　要】 中华优秀传统文化是我们的精神宝藏，其蕴含的深厚人文思想、民族精神和价值内核，对于高校开展新时代文化育人工作具有重要意义。广东外语外贸大学"凤鸣云山"中华优秀传统文化传承发展工程通过充分挖掘中华优秀传统文化中的育人资源，完善高校文化育人体系，以"铸魂"和"赋能"为双轮驱动，绘制文化育人蓝图，以文化立德为本，以文化铸魂为心，以文化育才为器，推动中华优秀传统文化深度融入高校文化育人工作，践行新时代赋予中华优秀传统文化的价值与使命，培育有文化自信心、自豪感、自主性且兼具家国情怀和国际视野的"时代新人"。

【关键词】 中华优秀传统文化；文化育人；文化自信

文化育人是高校落实立德树人根本任务，实现为党育人、为国育才根本目标的重要内容。中华优秀传统文化是中华民族的精神命脉，是涵养社会主义核心价值观的重要源泉。2023年6月，习近平总书记在文化传承发展座谈会上阐明："只有全面深入了解中华文明的历史，才能更有效地推动中华优秀传统文化创造性转化、创新性发展，更有力地推进中国特色社会主义文化建设，建设中华民族现代文明。"高校应自觉担负起新时代文化育人使命，将中华优秀传统文化融入育人全过程，引导学生增强文化自觉，坚定文化自信，培养其成为立大志、明大德、成大才、担大任的"时代新人"。

一、价值链接：中华优秀传统文化融入高校文化育人的深远意义

1. 中华优秀传统文化的"第二个结合"和"双创"是文化育人的根基渊源

文化兴国运兴，文化强民族强。习近平总书记在庆祝中国共产党成立100周年大会的讲话中提出要坚持"两个结合"，并在阐述第二个"结合"时明确指出，要坚持将马克思主义基本原理与中华优秀传统文化相结合。这就要求我们用马克思主义的立场观点对中华传统文化进行批判性继承，不可简单地实施"拿来主义"，而应采取具有主动性、创造性的态度与立场，取其精华、去其糟粕，进而推动中华优秀传统文化实现创造性转化与创新性发展。[①] 中国特色社会主义文化源自中华民族五千多年文明历史所孕育的中华优秀传统文化，其具备某些不因时代变迁而丧失精神价值的永恒性的内容与形式，通过将中华优秀传统文化与高校文化育人相结合，能够将中华优秀传统文化蕴含的哲学思想、人文精神、道德理念，转化为教育学生认识世界、改造世界和道德建设的"精华"内容。一方面，中华优秀传统文化是涵养学生社会主义核心价值观的重要源泉；另一方面，中华优秀传统文化也

---

① 樊志辉，马文惠."两创"与"两个结合"的理论意蕴及实践连接——融贯马克思主义与中华优秀传统文化的两个向度［J］.理论探讨，2023（05）：96-104.

是学生在世界文化激荡中站稳脚跟的坚实根基。

2. 培育"时代新人"的重要任务是文化育人的动力导向

党的二十大报告指出要"着力培养担当民族复兴大任的时代新人",习近平总书记寄语广大青年"立志做有理想、敢担当、能吃苦、肯奋斗的新时代好青年"。在改造旧世界、建设新社会的历史进程中,我们党始终把培养一代新人作为重要任务。[①] 在百年未有之大变局背景下,日益复杂的国际局势和竞争激烈的社会现实对高校人才培养提出了新的要求。《中共中央关于党的百年奋斗重大成就和历史经验的决议》指出:"中华优秀传统文化是中华民族的突出优势,是我们在世界文化激荡中站稳脚跟的根基。"这就要求高校应重视"文化"这一要素在育人中的突出作用,在向第二个百年奋斗目标进军的过程中,"时代新人"肩负着中华民族伟大复兴的光荣使命,也承担着继承和发扬中华优秀传统文化的重要责任。讲好中国故事,发出中国声音,新时代要求高校培养更多具有高度文化自信和文化自觉,有社会责任感并能直接参与国际合作与竞争的"时代新人"。[②]

二、逻辑构建:以"铸魂"和"赋能"为双轮驱动,绘制文化育人蓝图

1. 以守正铸魂、文化立德为本,牢牢构筑文化育人的思想意识形态主根基

习近平总书记指出:"只有立足波澜壮阔的中华五千多年文

---

① 葛士新. 思想资源、本质特征与推进原则——学习习近平关于培养时代新人的重要论述 [J/OL]. 海南大学学报(人文社会科学版),2024(03):1-9.
② 林雅华. 在新的历史起点担负起新的文化使命 [J]. 理论导报,2023(06):9-12.

明史，才能真正理解中国道路的历史必然、文化内涵与独特优势。"中华优秀传统文化中蕴含着丰富的哲学思想与治国理政智慧[1]，是高校"育德"的重要利器，高校教师应发掘其中具有借鉴价值的内容用于教学，促进学生习悟价值理念，提高道德规范、公共意识、君子品格和人文修养，在"根"上深深地打上"中国人"的烙印，涵养浓厚的家国情怀，从而培养出"根"植祖国大地、"枝叶"繁茂于世界的国际化人才。"凤鸣云山"中华优秀传统文化传承发展工程强调融入习近平新时代中国特色社会主义思想的重要内容，将社会主义核心价值观与中华优秀传统文化融合创新[2]，将文化立德作为人才培养的根本，促使学生在深入了解中华优秀文化精髓的基础上，汲取中国智慧，弘扬中国精神，传播中国价值，增强爱国主义情怀，强文化同时强信念，在以文化人、以德育人的过程中筑牢学生思想意识形态的根基。

2. 以创新赋能、文化育才为器，着力构建文化传承、交流、发展和高水平人才培养的创新平台

中国悠久的历史为人才创新培养提供了丰富的可供研究开发的蓝本，文化育人就是要通过创新赋能，通过对中华优秀传统文化创造性发展，提高学生的创新意识和创新能力，从育人主体、育人资源、育人平台和育人方法等诸多方面探索新时代国际化创新人才培养新模式，在国际舞台上提供更多的"中国方案"。[3]"凤鸣云山"中华优秀传统文化传承发展工程重视传统文化的创

---

[1] 赵存东，樊志远，张二星. 文化育人视域下大学生家国情怀培育研究 [J]. 教育理论与实践，2022，42（27）：32-34.
[2] 肖望兵. 中华优秀传统文化融入高校思想政治教育的价值意蕴及路径选择 [J]. 当代教育论坛，2023（04）：55-62.
[3] 胡正荣，王天瑞. 能力与价值：新时代国际传播人才队伍培养的关键 [J]. 中国编辑，2022（08）：45-51.

新性发展，通过多元化的文化传承、交流、发展平台的创新构建，建设"思政＋专业＋社会"的协同培育机制，打造校园文化育人品牌项目，探索"学、研、创、践"的创新实践育人模式，致力培养思想素质高、专业水平高（"双高"）与跨文化交际能力强、实践创新能力强（"两强"）的国际化创新型人才。

三、实践路径：构建"文化＋"多维度的文化育人模式

1. 以文化立德、文化铸魂、文化育才为核心，发挥中华优秀传统文化教育与思想政治教育的协同效应

高校在文化育人时要始终紧扣"立德树人"的根本任务，强化人才培养的社会责任和使命担当，将中华优秀传统文化根植学生思想政治教育，坚持以习近平新时代中国特色社会主义思想传播和优秀传统文化教育为主线，统筹文化育人、思政教育、专业研究，合力搭建协同育人机制，讲好家国情怀、社会关爱、人格修养等重点内容，并将优秀传统文化融入课程，抓实课程思政，帮助学生在掌握马克思主义基本理论和方法的同时，继承中华优秀传统文化的血脉，将中华传统美德的核心理念和人文精神内化于心、外化于行。"凤鸣云山"中华优秀传统文化传承发展工程以"立德树人"为工作导向，深挖中华优秀传统文化在"立德树人"中的原生动力，构建文化与思政的协同育人机制。在传承和发展中华优秀传统文化的同时，坚持社会主义核心价值观的思想引领，结合党建、思政、专业建设工作目标，践行"三全育人"的理念，以学生的需求为出发点，结合其兴趣点、关注点，在活动理念、活动框架、活动项目和活动形式等方面精心设计，让学生在系列活动中，深入了解中华优秀文化，强化民族自豪感和文化自信心，弘扬社会主义核心价值观。

2. 以聚焦服务国家发展战略和地方文化建设为机遇，打造特色鲜明的文化育人平台

2020年9月，习近平总书记主持召开教育文化卫生体育领域专家代表座谈会时强调："我国高校要勇挑重担，聚焦国家战略需要，瞄准关键核心技术加快技术攻关。"新时代高校要以服务国家发展战略为契机，不仅要适应、满足国家经济社会发展的要求，更要引领、促进国家经济社会发展。青年大学生是祖国未来的有力担当者，肩负着重要的社会与历史责任，高校育人工作应当紧跟党和国家、地方的重大政策、方针、战略方向，围绕社会发展中存在的热点、痛点和难点问题，通过搭建学术研究平台、校企政合作平台、创新创业平台等，实现文化育人、专业育人与实践育人相结合，更好地让学生在服务社会和国家战略中实现人生价值。在建设"凤鸣云山"中华优秀传统文化传承发展工程的过程中，广东外语外贸大学充分利用地处粤港澳大湾区的地理位置优势，充分挖掘极具特色的岭南文化资源。紧扣"中华优秀传统文化传承发展"工程、"一带一路"倡议、粤港澳大湾区建设等国家发展整体布局，将文化育人与创新创业、学术竞赛、社会实践相结合，依托阅文粤港澳创意写作基地、学校创意写作中心，开展中国文化故事创作活动，并通过"学习强国""喜马拉雅"等新媒体平台传播中华优秀传统文化，孵化多个国家级创新创业项目，其中最具知名度的"小鹿萌妈"团队被授予"岭南文化推广大使"称号。带领学生深入岭南各地，以服务地方文化建设、促进文化发展为目标，开展文化保育调查实践研究，深入乡村振兴一线，服务地方文化建设，开展"推普助力乡村振兴"活动等。通过服务国家发展战略、聚焦地方文化保育、赋能乡村文化振兴、研究式开展文化传播活动等，打造多层级、覆盖面广的文化育人特色平台，发挥师生共研项目、社会创作服务、项目

竞赛等的推动作用，更好地助力中华优秀传统文化"动起来""热起来""走出去"，引导学生通过特色育人平台提高自身综合素质。

3. 以繁荣校园文化主阵地为抓手，打造多样性、持续性、全平台的校园文化品牌活动

校园是文化育人的主阵地，高校应当以丰富多彩的第二课堂校园文化活动为载体，积极开展中华优秀传统文化、革命文化、社会主义先进文化教育，践行和弘扬社会主义核心价值观，传承中华文化基因，帮助学生汲取中国智慧、弘扬中国精神、传播中国价值。"凤鸣云山"中华优秀传统文化传承发展工程秉承"绽放中华色彩，惊艳世界舞台"的总基调，坚持层次性、多样性、参与性，注重教育性、专业性、趣味性，把握知识性、实用性、针对性，通过贴近实际、贴近生活、贴近学生的方式开展"朗朗新声"——中华文化经典诵读比赛、经典与原创"中文话剧"、"中国文化节"、中国经典文学名著鉴赏大赛、"中文大讲坛"、"国学"系列专题讲座、文学创作大赛、文学脱口秀大赛等活动，不仅让学生深入感受和体验了博大精深、源远流长的中华优秀传统文化，促进中华优秀传统文化在高校的传播，也为学生提供了文艺创作、才艺表演和深入体验中华优秀传统文化的平台，繁荣了校园文化，提高了学生的人文素养，激发了学生的爱国情感。

4. 以新时代中文国际传播为契机，培育国际视野与家国情怀兼备的汉语国际教育人才，讲好中国故事

党的二十大报告指出：要"增强中华文明传播力影响力"，"坚守中华文化立场，提炼展示中华文明的精神标识和文化精髓，加快构建中国话语和中国叙事体系，讲好中国故事、传播好中国声音，展现可信、可爱、可敬的中国形象"。当前的中文国际传

播面临着前所未有的机遇和挑战。中文要实现国际传播，语言是基础，文化是根本，只有提升学生对中华优秀传统文化、革命文化、社会主义先进文化的认同感，促使学生自觉践行社会主义核心价值观，不断增强文化自信心和民族自豪感，才能使他们在国际交流中自觉传播民族精神，传承红色基因，介绍中华优秀传统文化。"凤鸣云山"中华优秀传统文化传承发展工程聚焦"一带一路"倡议、构建人类命运共同体、加强国际传播能力建设等国家重大发展规划，依托学校汉语言文学、汉语国际教育、中华文化国际传播等专业，通过举办"文心杯"汉语国际教育技能大赛，提高该专业学生文化素养，打造中华文化国际传播志愿服务团队，形成具有一定影响力、引领力、辐射力的中华文化国际传播特色品牌，培养具有爱国主义情怀和文化自信的汉语国际教育人才，培育中华优秀传统文化的传承者、建设者、实践者和传播者，以实际行动在世界舞台传播中国文化、发出中国声音。

作者简介：

　　杨韬，广东外语外贸大学中国语言文化学院讲师、辅导员，研究方向为大学生思想政治教育。

　　陆哲毅，广东外语外贸大学中国语言文化学院助教、辅导员，研究方向为大学生思想政治教育。

批判性思维培养融入高校思政教育的思考[*]

曹文潇

(北京语言大学)

【摘　要】 高校思政教育肩负着培养"时代新人"的重任,需随着人才培养质量要求的提升而创新发展。批判性思维作为教育改革的关键力量之一,与思政教育在育人目标与逻辑内核上具有内在同一性,可作为高校思政教育应对新挑战的有力武器。将批判性思维融入高校思政教育虽然是人才培养与工作创新的重要方案,但在当前的实践中仍存在融入意识较为薄弱、融入渠道相对单一、融入成效尚不显著等不足,还需进一步探索两者在目标体系、内容要素与教育方法等方面的融入策略。

【关键词】 思政教育;批判性思维;高校

随着我国高等教育规模的逐步扩大,高等教育的发展转向教育质量的提升。党的二十大报告提出统筹推进教育、科技、人才三大战略,对提升人才培养质量做出新的部署,充分强调创新驱动本质上是人才驱动的内在要求。高校思政教育担负着培养能担当民族复兴大任的时代新人的重任,是提高人才培养质量的重要

---

[*] 本文系北京高校思想政治工作研究支持课题"大学生网络圈层认同机制及思政教育引导策略研究"(项目号:BJSZ2021ZC47)、北京语言大学院级项目"批判性思维培养与高校思政教育的融合研究"(中央高校基本科研业务费专项资金)(项目号:23YJ040001)的阶段性成果。

一环，其作为党和国家开展思政工作的基本单元，也应"推进理念创新、手段创新、基层工作创新"①。由此可见，一方面，新时代与新使命赋予了高校思政教育培养创新型人才的任务；另一方面，高校思政教育也应与时俱进、创新发展。批判性思维作为推动创新的思维方法与工具，既是重要的教育目的，也是良好的教育手段。因此，将批判性思维融入高校思政教育，推动大学生批判性思维能力提升与民族自豪感的增强，是一项顺应大势、颇有可为的工作。

一、批判性思维融入高校思政教育的原因

1. 批判性思维是教育改革的重要力量

罗伯特·恩尼斯（1987）将批判性思维定义为"合理的、反思性的思维，目的在于决定我们的信念和行动"，其以"理性"为基础，以"批判"与"反思"为核心内涵，包含批判性思维精神与批判性思维技能两部分。批判性思维在价值方面可帮助人们分辨信息真实性，把握论证充足性，避免做出轻信与不理智的决定；实现真正的独立思考，在寻找和发现问题、探究和解决问题的过程中充分发挥理性自主，也包括突破自身成见的自我反思；启发和引导创造性思维，改善思维的广度与深度，进而促进严谨与高质量创新。②

批判性思维在中国学术传统中的地位相对边缘：过去的宗法

---

① 中共中央、国务院印发《关于新时代加强和改进思想政治工作的意见》[N]. 人民日报，2021-07-13（001）.
② 董毓. 批判性思维原理和方法：走向新的认知和实践（第二版）[M]. 北京：高等教育出版社，2017.

社会常常强调"适应",遵循"亲亲"的原则解释真理与公正[1],"尊师重道"的道德规范塑造了有序的师生关系与礼仪美名,却在一定程度上遏制了学生对所谓权威的大胆质疑,使个体思想走向单一与封闭。[2] 长此以往,这种过分强调知识权威性、完整性与广泛性的知识观,让"强大记忆"被标榜,却部分忽视了创造新知对个人发展及社会文化进步的重要推动作用。

如今越来越多的人意识到教育的意义应在于启发与唤醒,但部分教育者和教育对象还存在一定的心理障碍。高校教育虽在环境方面相对自由开放,学生探索求知的主动性也有所凸显,但时常保持"听众"姿态的人并不在少数,怀疑精神及对思想判断、推理、扩展的能力仍未得到较好普及。一些教育者对教学法的认知尚停留在较浅层次,传统教育方式与师生关系刻板印象一时也难以摆脱。从该意义上讲,批判性思维应成为当下教育的解放力量之一,为高校思政教育的改革发展提供新契机。

2. 批判性思维与高校思政教育逻辑契合

批判性思维内涵与高校思政教育总体目标、运行规律等具有内在同一性,二者相辅相成,共同服务于立德树人根本任务,是实现高素质人才培养与教育强国目标的重要保障。高校思政教育在于通过思政知识学习,引导学生树立正确三观,坚定理想信念,掌握道德形成与变化规律,以科学的方法与发展的眼光客观看待社会现实问题,理性思考与抉择,最终实现自我建构与终身自我教育,成长为自由而全面发展的人。而批判性思维能对学生的思维素养、问题探索策略、世界认知方法、信念行动抉择等产

---

[1] 董毓. 批判性思维原理和方法:走向新的认知和实践(第二版)[M]. 北京:高等教育出版社,2017.

[2] 张瑾帆. 批判性思维融入高校思想政治教育的研究[D]. 南京:南京师范大学硕士学位论文,2020.

生深刻影响，进而关系到理想信念的构建，这也就促进了思政教育目标的达成。

我国高校思政教育始终坚持以马克思主义理论为指导思想与行动指南，而马克思主义理论本身就以强烈的批判性为逻辑内核，批判继承人类社会优秀成果，这也是其发展至今仍极富生命力的原因之一。历代中国共产党人以科学的态度推进马克思主义中国化，不断进行理论探索与创新，在党的二十大报告中又体现了马克思主义中国化时代化的新飞跃。

因此，高校思政教育是培养学生批判性思维的重要阵地，其教育内容能为批判性思维培养提供丰富的教学资源，建立正确的意识形态基础。而批判性思维本身也具有天然的思政育人基因，是深入理解、把握和实践马克思主义理论的必要条件，从而推动思政教育走向深入。同时，二者在协同过程中也能够促进学科理论的交叉融合与实践经验的丰富发展，保障科学性与先进性。

3. 批判性思维是应对高校思政教育新挑战的有力武器

大学生处于成长成才的关键时期，具有极强的可塑性与自我成就意愿，他们往往基于个人与家庭条件、教育经历及社会成长环境等综合因素形成了一定的思维方式、情商特质与独立的思想观点，但同时又具有相当的不确定性与不稳定性。随着网络与各类传媒发展的日新月异，信息爆炸成为常态，社会思潮更加多元，网络虚拟化与去中心化等特点让大学生面临的问题更为复杂多样，其中所隐含的如何归因、怎样解决问题等思维逻辑与价值取向也在一定程度上塑造着他们的认知与行为方式，呈现出个体与群体的诸多新变化，给高校思政教育带来新挑战。

如果一味强调理论灌输与记忆教条，以提供认知结论为重点，而忽视理性思考、论点产出分析及认知能力培养，就容易让学生对思政教育的内容与方式产生偏见，降低参与热情。更有甚者可能会偏听偏信、摇摆不定，做出错误的价值判断与选择，进而冲击教育成果。只有帮助学生提升理性分析与辨识能力，掌握去粗取精、去伪存真的方法，成长为有判断力与价值衡量标准的人，才能从容不迫地应对环境挑战，实现有效的自我管理。

由此可见，批判性思维是大学生抵制社会生活与网络中错误思潮与理念的有力武器，应成为高校思政教育的有力抓手。

二、批判性思维融入高校思政教育的不足

1. 融入意识较为薄弱

当前教育学界对批判性思维与思政教育的关联仍存在一定的认知偏差。部分人不了解批判性思维的概念内涵，望文生义，认为它就是全盘否定和负面批评，或为了批判而批判，从而陷入因误解而更不愿了解和接受该概念的恶性循环；部分人对思政教育认知存在一定局限，因此在开展相关工作时敷衍了事。基于此，本文认为，当今教育学界将批判性思维融入高校思政教育的意识还较为薄弱。在宏观层面，批判性思维系统性课程设置不足，教育者和教育对象对其理念与方法不熟悉，加之对思政教育的固化思维，限制了其形式与内容的创新。高校思政教育并未很好地将批判性思维融入目标体系，工作方向与重点未能有效凸显，各方面教育力量未能有效形成合力。在微观层面，一些教育者对创新型人才需求的迫切性认识不够，培养创新型人才的责任感不强，认为学生的批判性思维应通过专门课程与练习，而非通过自己所开展的思政教育习得；也有教育者因自身缺乏批判性思维能力与品质，没有意识或难以将其应用至教学工作中。于教育对象而言，因对相关内容缺乏接触，所以难以形成将二者融合应用的自主意识。

2. 融入渠道相对单一

现今批判性思维融入高校思政教育的渠道主要集中于自上而下的思政理论课或课程思政建设，教师虽然在改革创新课程内容与方法上提高了重视度，但在日常思政教育中对批判性思维的关注度稍显不足，思政教育的丰富性和层次性还不够强。有学者经研究发现，各类主题教育、党团班级与社团活动，以及职业发展、心理健康与网络思政教育等，因更加注重日常性与生活化内容，开展形式灵活多样，往往会忽视对批判性思维有意识、系统性的融入。① 实际上，在日常思政教育中，批判性思维的应用场景与载体将更为多元、更具吸引力，也更利于潜移默化地促进学生素质养成。因此，教师在融入渠道方面应联通多个"课堂"，把握更大的话语权，夯实工作体系，以确保思政教育体系完备，实现更加理想的教育效果。

3. 融入成效尚不显著

我国高校对批判性思维的重视度已有所提升，但将其融入思政教育的成效尚不显著。首先，将批判性思维融入思政教育未形成较为体系化、可供推广的教学模式；甚至在部分高校，批判性思维未被纳入思政教育，尚处于边缘地位，思政教育的方式方法也有待进一步拓展创新。其次，教育者和教育对象尚未具备良好的批判性思维素养。② 一些教育者既不能充分做到教授批判性思维理论，也不能应用批判性思维开展思政教育、反思教学不足；一些教育对象未能获得批判性思维品质与技能，不擅长独立思考

---

① 张瑾帆. 批判性思维融入高校思想政治教育的研究 [D]. 南京：南京师范大学硕士学位论文，2020.

② 张瑾帆. 批判性思维融入高校思想政治教育的研究 [D]. 南京：南京师范大学硕士学位论文，2020.

与判断，不能做出合理的决策与行动，自我意识的觉醒缺乏主动性。

三、批判性思维融入高校思政教育的策略

1. 融入目标体系，明确培养导向

高校应重新设计思政教育的顶层架构，将批判性思维培养融入高校思政教育目标体系，形成可供操作的系统性融合教育模式，营造全学段、全过程培养批判性思维的氛围。教师可以在思政课中设置专门培养批判性思维的环节，厘清学生对批判性思维的误解与偏见，为学生讲透理论与方法，引导学生展开理性思考的实践；也可以在日常思政教育中增添批判性思维元素，以日常技能应用与练习促进内化与吸收。

高校思政教师应掌握批判性思维。教师及其采用的教学法不仅会对教育对象（即学生）产生直接影响，也事关各教学环节的成效。只有教师本身具备了更强的批判性思维能力，才能有意识地将其引入教学活动。高校可针对教师开展各类批判性思维培训，促进其理论素养与专业实力的提升。教师也应在自我审视、自我人格建构及教育工作中主动学习、勤加应用批判性思维。[1]

融合性应用批判性思维应以系统性基础教学为前提，开设专门的高质量批判性思维课程。让学生系统学习批判性思维的一般原理，掌握一定的批判性思维能力，再与融合性教学相互支撑，这将更有利于引导和调动学生应用批判性思维能力的积极性与主动性。

---

① 张瑾帆. 批判性思维融入高校思想政治教育的研究 [D]. 南京：南京师范大学硕士学位论文，2020.

向，自主分析与思考，并对论证的有效性、观点的优劣性进行评估，力求获得新视角、新论证与新观点，并有选择地采纳；不随意否定学生思路，而是鼓励学生持续对自己与他人的发言内容进行理据充分的批判，保护学生思考积极性的同时促使朋辈间开展能动性与研究性学习，重视开拓创新与过程反思。

在具体方法上，教师可在课堂教学中采用案例研讨式教学、演讲辩论式教学，指导学生针对预设命题充分准备，自主选择信息、组织推理，开展批判性阅读与写作，在合理质疑中得出恰当结论，发现思维漏洞与不足；也可在日常思政教育中注意将批判性思维与学生学术科研项目、党团班级活动、职业发展规划等内容相结合，增强学生的参与感与获得感。

此外，教师还要优化和创新评价体系，对教学过程中学生的互动表现、思路与观点贡献情况、自主学习与探索成效、批判性写作成果等开展综合评价，推动批判性思维在高校思政教育中的融入走深走实。

作者简介：

曹文潇，北京语言大学教师教育学院讲师、专职辅导员、团委副书记，研究方向为思想政治教育。

新时代大学生劳动教育与思政教育协同育人机制研究

史嘉钰

(四川外国语大学)

【摘　要】大学生劳动教育的改革与发展是新时代高校教育改革的重要内容之一。挖掘其深层次意蕴，将劳动教育与思政教育有机结合，构建协同育人机制，对于大学生德智体美劳的全面发展具有重要的意义。本文将从劳动教育与思政教育协同育人的时代内涵、价值意蕴、实践路径三个维度进行分析，旨在提升高校的育人效果。

【关键词】劳动教育；思政教育；时代内涵；实践途径

习近平总书记在2018年全国教育大会上强调："要在学生中弘扬劳动精神，教育引导学生崇尚劳动、尊重劳动，懂得劳动最光荣、劳动最崇高、劳动最伟大、劳动最美丽的道理，长大后能够辛勤劳动、诚实劳动、创造性劳动。"[1] 劳动教育，作为德智体美劳"五育"并举中的重要一环，对新时代大学生的培养与教育提出了更为全面的要求。开展劳动教育对于大学生的成长成才、全面发展具有非常重要的推动作用。高校的思政教育是围绕大学生开展的，旨在培育大学生坚定理想信念，塑造正确的世界

---

[1] 教育部. 在学生中弘扬劳动精神[EB/OL]. （2020－04－02）[2023－08－07]. http://www.moe.gov.cn/jyb_xwfb/s5148/t202004_437461.html.

观、价值观、人生观。无论是劳动教育还是思政教育，其最终目的都是落实立德树人根本任务，培育合格的社会主义建设者和接班人。将两者有机结合，使其相互协同，对新时代大学生的成长成才将会大有助益。

一、新时代大学生劳动教育与思政教育协同育人的时代内涵

2020年3月，中共中央、国务院印发《关于全面加强新时代大中小学劳动教育的意见》（以下简称《意见》），强调劳动教育是中国特色社会主义教育制度的重要组成部分，是影响社会主义建设者和接班人劳动精神面貌、劳动价值取向和劳动技能水平的重要因素。[①]《意见》对我国大中小学的劳动教育提出了更全面的部署和更高的要求，各地方、各层级的学校也基于此制定了详细的执行文件，让劳动教育在方向层面和执行层面都更为明晰。在针对大学生的劳动教育过程中，教师必须让学生理解习近平新时代中国特色社会主义背后的深刻意义，从精神层面上培育学生崇尚劳动、尊动劳动的思维方式，从实践层面上培育学生奉献社会、报效祖国的价值观。

青年兴则国兴，青年强则国强。思政教育的根本任务是用马克思主义理论武装人民群众，不断提高人们认识世界、改造世界的能力。[②] 面对国内外政治、经济、文化等形势的复杂化，当代青年大学生的思维多元化，如何培养担当民族复兴大任的时代新人，是当前高校教师开展思政教育必须思考的问题。

[①] 王东盈，伍梓瑜. 新时代大学生劳动教育的问题及其路径研究[J]. 公关世界，2023（02）：99-101.

[②] 郑永延. 思想政治教育学原理[M]. 北京：高等教育出版社，2018：166.

从长远目标来看，劳动教育是高校思政教育的重要一环，因此，将劳动教育的思政教育元素进行充分挖掘，对新时代思政教育的发展与落实具有重要推动作用。同时，思政教育在推进劳动教育的发展方面也具有比较重要的作用。两者在教育内容、教育目标、教育模式等方面具有一定的共通性，如果能将两者有机结合，也是对"实践决定认知，认知反作用于实践"原理的体现。

二、新时代大学生劳动教育与思政教育协同育人的价值意蕴

1. 宏观层面：助推中国梦的实现

中国梦的本质是国家富强、民族振兴、人民幸福。如何实现中国梦，可以从三个方面进行思考：一是寻梦，即感知中国梦；二是筑梦，即担当中国梦；三是圆梦，即实现中国梦。在针对大学生开展思政教育和劳动教育的过程中，要注意做到以下四点：一是要让学生理解中国梦是什么，了解近代以来中华民族最伟大的梦想，理解中国梦的本质。二是要让学生明白实现中国梦靠什么，理解伟大梦想、伟大斗争、伟大工程、伟大事业的深刻内涵。三是要让学生明白怎样实现中国梦，了解新中国成立以来，中国共产党建设社会主义现代化国家的目标和步骤，明确全面建设社会主义现代化国家新征程，理解为实现新时代、新征程、新目标，党和国家当前的工作重点是什么。四是要让学生明白如何实现中国梦，助力青年学生树立实现中国梦的生动实践，放飞青春梦想的远大志向。思政教育是覆盖面广、内容多样、形式丰富的教育；劳动教育则具有明确的针对性和目的性。两者如果能相互协作、相互交融，就能更好地引导大学生树立正确的价值观和远大的理想抱负，为实现第二个百年奋斗目标的新征程贡献更大的智慧和力量。

2. 中观层面：助力高校培育堪当民族复兴大任的时代新人

立德树人是我国高等教育的根本任务、教育的中心环节、教育方针的核心内容、教育工作的永恒主题。根据培养社会主义建设者和接班人的需要，培育能担当民族复兴大任的时代新人是各高校的职责和使命所在。何为时代新人？就其基本内涵而言，"一是着眼于其应具备的基本素质，包括坚定的理想信念、深厚的爱国情怀、高尚的道德品质、过硬的知识见识、昂扬的奋斗精神、良好的综合素质等；二是着眼于其应具有的精神状态，包括坚定、自信、奋进、担当等；三是着眼于其所担当起在新时代实现中华民族伟大复兴的历史重任"[①]。由此可见，立足于新时代开展大学生劳动教育与思政教育是极其有必要的。大学是连接校园和社会的重要桥梁，大学生进入社会以后，个人的职业定位和发展无疑与其在学校时接受过的教育相关。加强大学生的劳动教育和思政教育，可使大学生树立坚定中国特色社会主义道路的信念，深刻认识与中国实际相结合、与时代同进步、与人民共命运的中国化、时代化、大众化的马克思主义思想，成长为能担当民族复兴大任的时代新人。

3. 微观层面：指引大学生实现个人价值和人生幸福

劳动教育主要着眼于以价值导向体现其宏观层面的社会性功能。[②] 因此，高校劳动教育和思政教育应着重培育学生的家国情怀，指引学生把个人理想融入国家发展，树立为实现中国梦而不

---

① 刘建军. 论"时代新人"的科学内涵 [J]. 思想理论教育, 2019, (02): 4—9.

② 刘向兵等. 新时代高校劳动教育论纲 [M]. 北京：社会科学文献出版社, 2019：150.

懈奋斗的理想信念。将思政教育与劳动教育相结合，既可以帮助学生树立正确的职业生涯理想，又可以激发学生建立报效祖国、造福人民的志向。

纵观中国共产党的发展史，是一代又一代共产党人通过艰苦努力，不断拼搏而获得伟大成就的奋斗史。国家的发展需要人民，人民的发展离不开国家，实现人的全面发展靠的是不断的劳动和不懈的努力。当前，大部分高校的劳动教育和思政教育力度不够，导致部分大学生对国家指引的劳动导向有一定的认知偏差。高校应通过了解大学生学习需求、就业需求以及职业人才培养需求，制定科学的劳动教育和思政教育策略，并围绕未来阶段劳动教育与思政教育的稳步开展，做好多个方面的协调与引导，帮助大学生正确认识个人的劳动价值对于国家、社会、个人的深刻内涵，引导大学生树立正确的爱国之志、践爱国之行，最终实现个人价值和人生幸福。

三、新时代大学生劳动教育与思政教育协同育人的实践路径

1. 打造课程体系，提高育人实效

课程体系的建构在大学生劳动教育和思政教育协同育人的过程中具有非常重要的作用，但是，在针对劳动教育课程体系发布的问卷调查中可以发现：大部分课程为网络课程，授课方式偏向理论讲解，授课内容较为枯燥无聊等。所以，劳动教育的课程体系应该发挥主渠道、主阵地的作用，利用形式多样、内容丰富的活动，采用"课内+课外"的授课形式，让学生在课程中学、在实践中悟，从而树立正确的劳动价值观，养成自觉劳动的意识，真正地将劳动教育和思政教育所传达的价值观内化于心、外化

于行。

同时，除劳动教育和思政教育主课程以外，高校需打造相应的课程群，学生的专业课程、必修课程、通识课程也需要体现劳动教育和思政教育的相关内容。比如大学生的职业生涯规划和就业指导课，该课程的教学目标是帮助大学生更清晰地认识自我、认识社会，最终实现更充分、更高质量的就业。那么，在课程中教师应帮助学生把握马克思主义劳动观的基本原理，树立教育与生产劳动相结合的观念，促进全面发展。

2. 完善顶层制度设计，优化育人结构

劳动教育和思政教育协同育人目标的达成，绝不是一个部门、一位教师能独自完成的，也绝不能只寄希望于社会、学校或学生本人。高校应完善劳动教育的顶层制度设计，打造"课上＋课外""线上＋线下""学校＋家庭"等更为完备的育人机制，发挥不同教育场域的育人功能，互相协作、有机融合，完成劳动教育和思政教育效果的发挥。

在现阶段开展大学生劳动教育的过程中，部分高校中出现了学校各部门"单打独斗"的现象，造成这种现象的主要原因是每个部门都有自己的教育目标、教育任务、教育方法。在这种背景下，各部门"各自为政"开展劳动育人，但是实际的育人效果却很难显现。相较于思政教育，劳动教育的顶层设计和各部门之间的协同配合还有待加强。在劳动教育的过程中，学校需在校级层面制定各部门所承担的主要职责，比如，教务部门承担劳动教育精品课程的打造、一流师资队伍的建设和推动相关教学改革的责任；学生工作部门负责对正确的劳动价值观、劳模精神、劳动品德等方面的主题思想教育进行宣讲并做系列活动；各学院负责结合本专业特色开展毕业实习、暑期"三下乡"社会实践等活动；宣传部则可以通过线上和线下对典型案例的宣传，打造良好的校园文化氛围等，为各部门的互相协作做好准备。

同时，作为学生教育的重要组成部分，家庭教育在劳动教育中同样发挥着重要作用。在学生实习和就业阶段，父母的观念对于大学生就业具有非常重要的影响，如果在学生入校、学习和毕业阶段，学校能与家庭之间形成有益的联动，与学生父母达成育人共识，加强家庭在劳动教育和思政教育方面的参与力度，那么不论是劳动教育还是思政教育，都能更好地发挥育人实效，提高人才培养质量。

3. 完善评价机制，达成育人目标

完善评价机制，有利于达成劳动教育的发展性目标。当前学生的综合素质评测已经覆盖了德智体美劳五个方面，但是在实际的操作过程中，很难体现出对"劳动"的具体评价。以四川外国语大学为例，学生可以接触到的劳动实践，一是专业相关的毕业实习，二是每年举行的暑期"三下乡"社会实践活动。这两种实践方式虽具有一定的劳动性质，但是更偏向于脑力劳动。在综合评测过程中，教师偏向于在"德育板块"加分，导致很难在综合素质评测的"劳动板块"建立明确的评判标准。所以，高校在针对劳动教育开展评价的过程中，应结合过程性评价和结果性评价两种评价方式，研究并且制定更为完善的评价标准、程序和方法，借助大数据、互联网等信息技术手段，逐渐完善劳动教育和思政教育过程中的监测机制、评价机制和反馈机制，使劳动教育和思政教育的目标进一步达成，发挥劳动教育和思政教育协同育人的深层次价值。

作者介绍：

史嘉钰，四川外国语大学日语学院辅导员、助教，研究方向为思想政治教育。

校史文化融入高校思想政治教育的价值功效和实现路径*

梁文屹

(四川外国语大学)

【摘　要】 校史文化是大学校园文化的根基，拥有深厚的历史底蕴和丰富的精神内涵，承载着大学独有的气质。将校史文化融入高校思想政治教育，是进一步落实立德树人根本任务的集中体现，也是挖掘学校红色历史、构建特色校园文化的有效路径。

【关键词】 校史文化；思想政治教育；价值；功能；路径

校史文化是高等学校在历史发展过程中所形成的一种特有文化属性，它罗列了一个学校多年的发展探索，承载着历代师生的精神追求。2016年12月，习近平总书记在全国高校思想政治工作会议中指出："要更加注重以文化人、以文育人，广泛开展文明校园创建，开展形式多样、健康向上、格调高雅的校园文化活动，广泛开展各类社会实践。"[1] 运用校史丰富大学校园文化，引导学生树立正确的道德理念和思想观念，补足青年学子的"精神之钙"，对高校思想政治教育有着重要的意义和价值，是高校

---

* 本文系重庆市2022年高等教育教学改革研究项目（项目编号：223242）成果。
[1] 央视网. 习近平谈全国高校思想政治工作要点[EB/OL]. (2016－12－09)[2023－08－07]. http://news.cctv.com/2016/12/09/ARTIpLqQSZCLXX17PuXFYw3J161209.shtml

全面开展"三全育人"工作的助推器。

一、校史文化融入思想政治教育的内涵价值

校史文化是一所学校精神的凝练，是校风学风的体现。校史记载着一所大学自创建起所发生的重要事件，能直观地展现一所大学的文化积淀与气质内涵。校史在溯源、记录、编纂过程中，逐渐形成一种以大学精神为内在，治学理念、校训校风为表现的文化传播形态，这种文化传播形态不仅使校史具有文化传承价值，而且让校史具体化、形象化、可视化地展现在学生面前。正如学者方牧所言，历史是文化的历史，文化是历史的文化，历史建立文化的结构，文化充实历史的内涵。[①] 可以说，校史文化融入高校思想政治教育工作，既提升了思想政治教育的价值意义，也丰富了思想政治教育的内涵寓意。

1. 校史是校情风貌的见证者和记录者，校史文化是历代师生理想信念和家国情怀的载体

中国大部分高校发展于新中国成立之后，特别是中西部地区的高校，他们与新中国建设同频共振，其所孕育出的精神内涵与文化气质构成了一幅幅动人的时代画卷。一方面，通过学习校史，学生可以深入了解学校的发展脉络，从历史节点窥见中国的发展壮大，基于时代背景感悟中国共产党领导的伟大复兴；可以快速融入学校浓厚的文化氛围，增强身份认同感，树立家国情怀，奋发图强，塑造优良品格。另一方面，通过结合校史，思想政治教育可以潜移默化地影响和改变学生，学生自己也可以主动

---

① 方牧：《舟山群岛半千荷——舟山的历史与文化简论》[J]. 浙江海洋学院学报（人文科学版），2008（02）：60—61.

加入校史的编纂和挖掘工作中，自觉成为校史文化和大学精神的传播者。

2. 校史是思想政治教育的资源宝库，校史文化是学校物质文化、精神文化、制度文化的集中体现

校史记录着学校自成立以来的主要事件，集中体现着设施的升级、环境的改善、精神的升华、制度的优化。其一，物质文化是校史最直观的体现，也是思想政治教育有力的依据。学校的设施见证了学校的发展，尤其是学校的前辈赋予建筑物、道路的名称，不仅承载着几代师生的记忆，而且镌刻着师生拼搏进取、敢为人先的情怀与担当。其二，校史体现着学校的精神文化，是学校育人过程中的经验升华。例如，校训校风和办学理念既是学校立德树人成效的展示，也是未来培育人才的宗旨。这些精神财富是长时间积累下来的，是在历史中沉淀下来的，是学校开拓创新、锐意进取的不竭动力，是学生爱党爱国、荣校爱校的精神动力。同时，精神文化在无形间规范着学生的行为，塑造着学生的品德和人格。其三，校史蕴含着丰富的制度文化资源，凸显了学校思想政治教育的深度。学校的发展和进步需要制度的保障，在学校的发展历程中，制度是随着时代进程不断优化的。校史对于制度变迁的记载，不仅可以加深学生对学校的认同度和信任感，感受学校民生福祉的改善，而且可以通过公开透明的呈现保证学生的正当权益，规范教学秩序，限制不良文化、约束不良行为，从而实现思想政治教育的效果和目的。

二、校史文化融入思想政治教育的功能价值

习近平总书记强调："我国高等教育要紧紧围绕实现'两个一百年'奋斗目标、实现中华民族伟大复兴的中国梦，源源不断

培养大批德才兼备的优秀人才。"① 高校既是知识与技术的汇集地,也是思想与理念的发源地,其功能集储备知识、培养人才、文化科技创新于一体。因此,高校教师在开展教学工作时要先明白"培养什么人""为谁培养人"这两个问题。在高校思想政治教育中,校史作为一所学校的独有资源,除了能展现该校特有的深刻内涵,还能展现该校思想政治教育的功能和特点。

1. 价值导向功能

中国高校的历史就是中华民族伟大复兴、国家繁荣、时代进步的缩影。了解高校艰难创业的曲折过程和改革创新的发展过程对引导当代大学生树立正确的人生观、价值观和世界观有着积极的作用。此外,校史中的重大节点能间接地反映我国高等教育的发展历程,一些顶尖学科的发展史还能直观地反映出我国社会和科技的发展进程。学生在接受校史的熏陶和洗礼后,不仅能加深对党、国家和学校的认同,还能正确认识自身所在的学科专业和行业领域,为大学四年的学习和生活制定积极向上的目标。

2. 激励教育功能

校史体现了学校的育人实践,记录了学校的光辉时刻和重大改变,以及众多无私奉献的教职工、优秀杰出校友的光荣事迹。学生通过对校史的学习,可以提高对学校的认同感,获得感召力,并将其转变成一种内驱力,激励自身不断进取、奋发向上。特别是优秀校友回校交流、优秀教职员工分享过往经历等活动,往往能够在线上和线下吸引学生展开积极的互动。这些人物事迹

---

① 中华人民共和国教育部官方网站. 推动高等教育高质量发展[EB/OL]. (2022-06-07)[2023-08-07]. http://www.moe.gov.cn/jyb_xwfb/s5148/202206/t20220607_635277.html.

在精神上激励学生,在言行处事中教育学生,促使学生群体形成一种自我管理、自我服务、自我监督的良性管理生态。

3. 涵养品德功能

高等教育的根本任务是立德树人,立德树人既需要制度的规范,同样也需要文化的渲染。将校史融入思想政治教育,一方面可以潜移默化地影响学生的言行举止,以"润物细无声"的方式浸润其思想并约束其不良行为,提升其认知水平,规范其行为准则;另一方面,可以实现以文化人、以文育人,增强学生在校史文化传播中的参与感,提升其自我反思能力,增加思想政治教育的趣味性。

三、校史文化融入思想政治教育的实现路径

校史文化在传承和发扬过程中需要依托传播载体,也需要融入思想政治教育的诸多元素。前文探讨过,校史文化与思想政治教育融合有价值导向、激励教育、涵养品德的功能。将这些功能落到实处,形成长效的育人模式和机制,则更能体现立德树人成效,使高校思想政治教育发挥出更大价值。

1. 整合学校资源,健全文化育人体制机制

很多地方高校并没有专门的校史研究人员,校史的搜集整理工作大多由行政人员、专业课教师兼职开展,史料管理混乱,遇到重要活动如校庆、更换校址、召开全国或国际会议时,往往临时搭建专班,各部门自行搜集资料。除此之外,部分地方高校在校史文化与精神的传承上也有待提高,大部分学生对校训、校史只有初步的了解,并没有真正融入学校的文化脉络,部分学生即使参与过有关校史的活动,也很难深刻理解学校重大事件背后的

意义。因此，笔者认为整合学校资源、集中优势、优化校史文化育人的体制机制，对开展思想政治教育来说尤为重要。高校要搭建校史编研专班，集中力量整理校史。同时应注意，既要修正史也要修口述史。正史可作为官方对外宣传的载体，口述史可作为师生、校友的独特回忆。高校要开展校史文化活动，如校史摄影比赛、校史演讲比赛、校史知识竞赛等，将校史文化纳入高校日常思想政治教育中，不断发挥其价值导向作用。高校要激发学生的主观能动性，组建学生宣讲团和记者团。让学生主动挖掘感人故事、精彩瞬间，利用影音、图像、文字等多种形式再现校史；鼓励学生积极参与创作，与学校前辈进行深入交流，发挥实践育人功效，传承校史文化。

2. 加大校史文化工作投入，创新校史展现形式

校史文化是校园文化中极其重要的一部分，加大对校史文化工作的投入，不仅要体现在资金上，还要体现在人力物力上。面对新媒体时代的青年群体，校史文化的传播、大学精神的传承要转换思路、转变方式。笔者认为，校史文化繁荣离不开校园文化繁荣，校史文化传播离不开形式的创新。首先，要及时完善校史馆的更新改造。校史馆是校史形象化、具体化、可视化的展现，是师生校友心中非常向往的地方，其所呈现的景象直接影响参观者的感受。因此，学校对校史馆的改造也是学校形象打造工程的一部分。其次，要打造校史人文景观或校史铭牌。本校师生对校园内景物有着独特的情感，这些景物承载着许多回忆，无声地记录着学校的过往。学校可以将人物雕像、校训元素融入其中，彰显学校历史底蕴。再次，可借助网络新媒体，打造文化传播新媒体矩阵。21世纪是互联网的时代，学校运用互联网传播校史故事，结合新兴技术及手段展现校史，让大学生群体参与到校史文化传播中，可以达到更好的传播效果和育人效果。

综上所述，校史是文化传播的载体，也是精神传承的载体。高校通过校史丰富思想政治教育内涵、产生深远影响；运用校史文化使思想政治教育更加鲜活，达到事半功倍的效果。大学是人才和思想的孕育地，通过校史的熏陶、思想政治教育的影响，大学生会受到激励，自发走在时代的前列，走向国家和民族最需要的地方。

作者简介：

梁文屹，四川外国语大学国际学院辅导员、助教，研究方向为思想政治教育。

新时代大学生社会态度实证研究

陶 诚

(浙江外国语学院)

【摘 要】中国社会的快速发展,不仅带来了经济层面的巨大变革,也推动了社会层面的快速进步。大学生作为青年的代表和社会新兴力量,他们的社会态度直接影响整个社会的发展与稳定。本文从社会信任感、社会公平感、社会幸福感三个维度对当前大学生群体的社会态度现状进行探究,重点探讨了主观社会地位、闲暇时间与身心健康对大学生社会态度的影响。

【关键词】大学生;社会态度;社会信任感;社会公平感;社会幸福感

改革开放以来,个体与社会历经多层面的转变,此种转变不仅是经济、政治与社会领域的调整,更包括思想观念、道德标准、行为价值等微观层面的转向。从社会心理学角度看,社会态度是个体对社会整体或社会某一对象所持有的评价与行为倾向。[1] 党的二十大报告指出:"青年强,则国家强。要把青年工作作为战略性工作来抓。"大学生作为青年的代表,是社会新兴力量,他们的社会态度直接影响到整个社会的发展与稳定。因

---

[1] 唐魁玉. 理工科大学生的社会态度调查[J]. 社会杂志. 2000 (04):25-26.

此，大学生群体的社会态度尤其值得关注。

一、文献综述

社会态度作为个体对社会事物、社会环境等长期稳定的心理状态或某种行为倾向，最早受西方学者关注。近年来，社会态度逐渐进入国内学者视野，学者们不仅从概念范畴、发生机制、形成途径等维度对社会态度进行了深入探究，还对不同群体的社会态度进行了较为详尽的研究。[①] 例如，苏丽锋对少数民族群体的社会态度开展研究。[②] 张世颖基于 2018 年中国综合社会调查的数据，通过社会信任、社会公平、主观幸福感三个维度测量社会态度，并对贫困人群开展了社会态度的研究。[③] 李培林等对农民工的社会态度展开研究，发现农民工在工资待遇及社会保障等方面同城镇居民具有较大差距，但其社会态度仍较为积极。[④]

但总的来说，学者们对大学生社会态度的研究较少。范雷从代际比较的视角入手，分析了"80 后"的政治态度及其影响因素，认为特定的年龄对个体的经历起决定作用。[⑤] 秦广强发现青年群体的态度认知有明显的激进性特征，而其社会经济地位、地

[①] 刘宗粤. 论社会态度的发生机制架构 [J]. 浙江社会科学，2003（05）：98−101；李路路，王鹏. 转型中国的社会态度变迁（2005—2015）[J]. 中国社会科学，2018（03）：83−101.

[②] 苏丽锋. 少数民族职业地位与社会态度研究——基于 2011 年中国社会状况综合调查数据的分析 [J]. 民族研究，2016（02）：42−54.

[③] 张世颖. 社会广角：贫困人口的社会态度 [J]. 中国统计，2018（05）：30−31.

[④] 李培林，李炜. 农民工在中国转型中的经济地位和社会态度 [J]. 社会学研究，2007（03）：1−17.

[⑤] 范雷. 80 后的政治态度——目前中国人政治态度的代际比较 [J]. 江苏社会科学，2012（03）：54−62.

位上升预期、不平等认知与归因等主客观因素影响了他们的公平感。① 王沛沛基于中国社会状况综合调查的数据，发现当代青年群体对社会的态度比较积极，但不同代际青年的社会态度存在差异，其中"90后"青年的社会冲突感更加强烈。② 陈晓蓉等则从流动感知的视角对青年群体的态度进行研究分析，发现预期向上流动的青年往往具有更积极的社会态度。③

借鉴当前对青年社会态度的相关研究，本研究期望从社会信任感、社会公平感、社会幸福感三个维度对当前大学生群体的社会态度进行测量，并探究影响大学生社会态度的影响因素，为新时代赢得大学生、赢得未来做足准备。

二、新时代大学生社会态度研究的研究设计

1. 数据来源

本文数据来源于笔者2020年7月至2020年12月在杭州10所高校进行的关于"大学生社会态度调查"的问卷。本次调查采用受访者推动（RDS）抽样方法，共发放3785份问卷，其中有效问卷3656份，回收率为96.59%。

2. 研究假设

有研究指出，自我认知阶层较低的群体，其社会认同感也较

---

① 秦广强. 当代青年的社会不平等认知与社会冲突意识——基于历年"中国综合社会调查"数据分析[J]. 中国青年研究，2014（06）：62-66.
② 王沛沛. 当代青年群体的社会态度及影响因素[J]. 青年研究，2016（05）：47-56+95.
③ 陈晓蓉，张昆贤，张汝立等. 流动感知对青年社会态度的影响——生活质量的双中介效应[J]. 西北人口，2022，43（02）：89-101.

低，对社会问题与社会矛盾持有更为尖锐的态度①。换言之，社会态度与自我认知水平相关。本研究通过大学生的社会信任感、社会公平感、社会幸福感来测量社会态度。

有学者提出，社会阶层是界定社会群体的重要维度，个体所处的阶层不同，其社会态度、行为模式便存在差异性②，对于社会阶层的界定，学界常常使用社会地位来测量。还有学者提出，社会地位的上升预期等因素影响着青年群体的公平感和冲突感的产生。本研究就此提出第一个假设：

假设1：大学生的社会地位对个体的社会态度有一定的影响作用。

有学者认为，生活水平的提高，使得休闲时间越来越被人重视，其带来的工作效率提升等实际的好处，也被更多的学者证实。本研究就此提出第二个假设：

假设2：大学生的休闲时间分布情况对大学生的社会态度有一定的影响作用。

"十四五"规划将保障人民健康放在优先发展的战略位置，党的二十大报告更是指出人民健康是民族昌盛和国家富强的重要标志。个体的身心健康不仅关系到国家的长治久安，更关系到其对社会的态度。本研究就此提出第三个假设：

假设3：大学生的身心健康对大学生的社会态度有一定的影响作用。

---

① 谢颖. 阶层认同、地位变化和机会公平意识 [J]. 广州大学学报（社会科学版），2010（06）：29—33.

② Miething A. The Relevance of Objective and Subjective Social Position for Self-Rated Health: A Combined Approach for the Swedish Context [J]. Social Indicators Research, 2013, 111 (1): 161—173; Choi Y, Kim J H, Park E C. The impact of differences between subjective and objective social class on life satisfaction among the Korean population in early old age: Analysis of Korean longitudinal study on aging [J]. Archives of Gerontology and Geriatrics, 2016 (67): 98—105.

3. 数据变量

关于社会态度的测量，本研究借鉴王沛沛[①]、陈晓蓉等[②]对青年群体社会态度的测量思路，综合考虑了数据的可获得性，构建了由社会信任感、社会公平感、社会幸福感三个维度所组成的测量模型（图1）。在问卷中，笔者将涉及题项设置为1—5分量表，换言之，社会态度越正向，其分值越高。

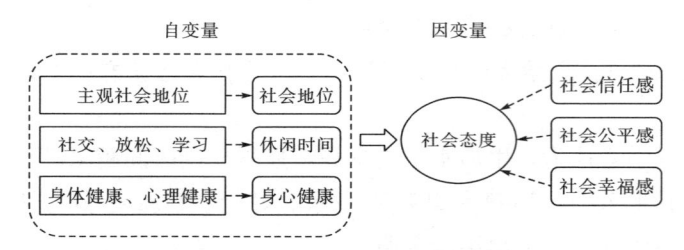

图1 大学生社会态度测量模型

三、大学生社会态度调查结果分析

从性别来看，本次调查问卷回收的女性样本量为1922，男性样本量为1734，比例相对持平；从户籍来看，农村户籍的样本量为2237，非农村户籍的样本量为1419，也符合当前中国的基本国情；从受调查者所在年级来看，大一学生样本量为876，大二学生样本量为988，大三学生样本量为1031，大四学生样本量为761。

---

① 王沛沛. 当代青年群体的社会态度及影响因素［J］. 青年研究，2016（05）：47—56+95.

② 陈晓蓉，张昆贤，张汝立等. 流动感知对青年社会态度的影响——生活质量的双中介效应［J］. 西北人口，2022，43（02）：89—101.

1. 大学生社会态度现状

如前所述，大学生社会态度包含了社会信任感、社会公平感、社会幸福感三个维度，在实际操作过程中，本研究将三个维度相加，再通过标准化，形成了大学生社会态度 0—100 的标准化得分。通过计算得知，大学生社会态度平均得分为 60.69 分，标准差为 15.11。

从总体上来说，当前大学生社会态度较为正向，其中社会幸福感在三个维度中得分最高，也就是说，当代大学生从总体上认为自身是较为幸福的。另外，值得我们反思的是，社会公平感在三个维度中得分最低，也就是说，大学生对社会公平感的感知相对较低（表1）。

表1 大学生社会态度现状统计

维度	样本量	平均值	标准差	最小值	最大值
社会信任感	3656	3.40	1.016	1	5
社会公平感	3656	3.15	0.983	1	5
社会幸福感	3656	3.93	0.747	1	5

2. 社会态度的影响因素探究

根据前期文献梳理情况，笔者从社会地位、休闲时间、身心状况三个方面对大学生社会态度的影响因素进行探究，得出了大学生社会态度影响因素 OLS 分析模型（表2）。

（1）社会地位

表2显示，本文的第一个假设成立且大学生的社会地位对个体的社会态度有正向的相关作用。换言之，大学生主观认定的社会地位越高，其社会态度越积极。有学者提出社会地位与家庭经济地位、教育程度、就业情况显著相关。也就是说，大学生的家

庭经济情况、家庭氛围、父母的受教育程度及就业情况越好，其社会态度也就越正向。

（2）休闲时间

表2显示，本文的第二个研究假设成立且休闲时间与大学生社会态度呈现正向的相关作用。换言之，大学生如果有更多的"充电"时间，如社交时间和休息时间，其社会态度也就越趋于正向。

（3）身心健康

表2显示，本文的第三个研究假设成立且身心健康与大学生社会态度呈现正向的相关作用。换言之，大学生的身心越健康，其社会态度越趋于正向。

表2　大学生社会态度影响因素 OLS 分析模型

变量名	模型一	模型二	模型三	模型四
控制变量				
性别[a]	－0.9	－0.59	－0.82	－1.23**
	－0.49	－0.49	－0.49	－0.47
户口[b]	2.92***	1.85***	2.48***	2.88***
	－0.51	－0.5	－0.51	－0.49
自变量				
社会地位		1.94***		
		－0.16		
休闲时间			1.50***	
			－0.25	
抑郁状态				3.70***

续表

变量名	模型一	模型二	模型三	模型四
				−0.28
健康状态				2.53***
				−0.28
常数项	60.97***	52.67***	61.10***	35.94***
	−0.41	−0.78	−0.41	−1.42
样本量	3,656	3,656	3,656	3,656
R^2	0.01	0.05	0.02	0.09

注：*** $p<0.001$，** $p<0.01$，* $p<0.05$；参照组：a 女性，b 农业户口。

四、改善大学生社会态度的意见与建议

随着知识经济时代的到来，大学生成为推动社会发展的重要力量。对大学生社会态度的认识与了解，不仅有助于我们掌握该群体的思想动态，更有利于引导新时代大学生助力国家的繁荣富强。

首先，我们应从社会地位出发，加强大学生的教育与自我认知，促使其拥有更为积极的社会态度。

从个体的生命历程来看，大学阶段是个体生理发展的"黄金时期"，其人生观、道德观也相对稳定，因此，个体能否形成较为中肯的认知非常重要。从思政辅导员的角度，我们要加强对大学生的正向引导，树立其对自身的合理认知，不仅从教育背景、家庭环境，更从社会层面加强对大学生的重视程度，让其不断提

高对自我社会地位的认知，从而拥有更为稳定与积极的社会态度。

其次，我们应加强大学生对休闲时间的利用，培育其积极社会态度。

校园内应该添加更多的休闲设施，如一定数量的运动健身或艺术欣赏类休闲设施，以提高学生的休闲活动质量。从思政辅导员的角度，我们应该加强自身对休闲时间的利用，以自身的榜样作用引领学生，用自身的态度感化学生；引导学生更充分地利用休闲时间，提升他们的学习、生活质量，让其对社会充满感恩。

再次，我们应从身心健康出发，加强对学生的身心健康的重视程度，为其社会态度的转变保驾护航。

健康是个体福祉的集中反映，在现代社会，健康状况体现了个体对社会资源的获取与内化过程，若大学生无法拥有健康的身心，其社会态度又如何能得到保障与提升？因此，我们不仅要关注大学生的身体健康，也要关注大学生的心理健康，关注大学生所思所想，及时为大学生排忧解难。这才能使大学生这一群体对社会整体或某一对象持有较为中肯与稳定的判断。思政辅导员要关心学生身体健康，关切学生心理健康，从谈心谈话做起，为学生的身心健康保驾护航，引导其形成稳定健康的价值观。

大学生群体是社会群体的重要组成部分，其社会态度亦是社会转型中的灵敏探针。如何引导大学生树立正向的社会态度，是新时代的思政工作者需要做的重要之事。

作者简介：

陶诚，浙江外国语学院教育学院学工办主任、讲师，研究方向为大学生思想政治教育、大学生职业生涯规划。

新文科背景下外语院校学习共同体建设的实践路向[*]

胡 敏 朱 磊

(四川外国语大学)

【摘 要】 当前,"新文科"是我国高等教育领域的热门话题,外语院校在此指引下,正积极探索教育教学理论与实践改革。外语院校以学习共同体项目建设为切入点,为学生营造浓厚的学习氛围,促进学生全面发展。适应新文科融合创新发展趋势,外语院校通过坚持"新文科"育人理念、优化"三全育人"的育人机制,搭建"多元联动"的育人平台,切实促进学生学习共同体项目的建设,提高育人实效。

【关键词】 新文科;外语院校;学习共同体;实践路向

2020年11月,教育部发布的《新文科建设宣言》提出,新文科建设肩负着"大力培养具有国际视野和国际竞争力的时代新人","培养学生的跨领域知识融通能力和实践能力"。面对"构建人类命运共同体"等对外交流合作的国家战略需求,我国外语院校正面临着涉外人才培养的重大机遇和挑战。在新文科建设背

---

[*] 本文系四川外国语大学教学改革研究项目"三全育人背景下外语院校'学习共同体'项目育人模式探索与实践研究"(项目号:JY2296258)阶段性成果。

景下，四川外国语大学将学习共同体理论与大学生思想政治教育相结合，结合学生实际情况，注重巩固学生的主体地位，构建类型丰富的"学习共同体"项目，有机促进第一课堂和第二课堂相结合，营造良好的学习氛围和教育教学生态，实现跨专业、跨学院、跨学校的交叉融合、共生发展，切实提高外语院校大学生思想政治教育的针对性和实效性，进一步推动外语院校新文科建设，助力培养适应新时代国家与社会发展需要的涉外人才。

一、学习共同体的内涵

1887年，德国社会学家滕尼斯在《共同体与社会——纯粹社会学的基本概念》中提出"共同体"这一社会学概念。他将"共同体"视为一种生机勃勃的有机体，将其定义为在情绪或感情基础之上自然形成紧密内部联系的群体。[1] 自此，"共同体"这一概念在学界被广泛应用。1995年，美国教育学家博耶尔在《基础学校：学习的共同体》一文中，首次提出"学习共同体"概念，他认为，在学校建立真正意义上的学习共同体，才能开展有效的学校教育。[2]

学习共同体是"共同体"在教育学领域的具体体现，它虽然也被广泛使用，但学界对它的定义众说纷纭。通过梳理文献，不难发现，从宏观上来说，整个学校可被视为一个学习共同体，教师相互学习、学生共同成长、家长与社会参与教育实践。从中观层面出发，每个班级或者每个专业可被视为学习共同体，教师和学生共同参与，通过教育交互以促进学生全面成长。从微观层面

---

[1] 费迪南·滕尼斯. 共同体与社会——纯粹社会学的基本概念[M]. 林荣远，译. 北京：商务印书馆，1999：53.

[2] 潘洪建. 仇丽君. 学习共同体研究：成绩、问题与前瞻[J]. 当代教育与文化，2011（03）：56—61.

出发，由指导教师和 5~6 名学习者组成的学习小组，在团队共享成长目标的指引下，通过合作、对话和互助来促进学生建构知识和发展技能，也可被看作学习共同体。

四川外国语大学一直积极探索将学习共同体理念实体化，自 2018 年起，每年在全校范围内设置大学生"学习共同体"项目，引导学生跨专业、跨学院，围绕共同的学习目标形成团队，在导师指导下根据目标管理原则（SMART 原则），设立团队整体和个人学习成长目标，涵盖学习成绩量化指标、科研论文、考证考级、专业竞赛、实践运用等方面。

以学习共同体内涵为基础，结合西南地区的外语院校新文科建设的实际情况，笔者总结出了四川外国语大学"学习共同体"项目三大特征：一是交叉融合性，即参与主体的多样性。该项目团队由不同学科背景的学生组成，鼓励学生以扎实掌握本专业知识为基础，拓展跨学科知识内容，结合熟悉的生活场景，逐渐建立跨学科的知识体系。二是实践研究性，该项目活动更强调立足于社会、立足于时代，鼓励学生通过实践发现问题、研究问题和解决问题。三是全面发展性，该项目不仅通过目标导向关注学生当前的学习成果，还通过共同体的协作和支持，着眼于成员的学习能力、专业知识、创新实践等方面的提升，旨在帮助学生实现个人发展。

二、新文科背景下"学习共同体"项目建设的价值意蕴

为顺应时代发展的潮流，响应全球化背景下对高等教育的新要求，四川外国语大学积极探索构建"学习共同体"项目，推动教育理念的革新，营造浓厚的"跨界融合"的学习氛围，尊重学生的个性化、多元化和差异化，坚持因材施教，促进学生的全面发展。

1. 营造浓厚的学习氛围

"学习共同体"项目注重实现目标导向与过程管理相结合、个性发展与团队进步相结合、理论研究与实践研究相结合,希望在培育项目的过程中培养人才,提高学生综合素质,营造优良的学习氛围。四川外国语大学设立"学习共同体"项目后,通过"项目申报－项目评审－立项公示－项目开展－结项答辩－评选表彰－成果推广"系列活动,以及每一个"学习共同体"项目小团队的建立和推进,通过心灵对接、观点交换、思想碰撞及合作探究,在实现知识共享及共生过程中,促进了学生的个性发展,形成了优良学风。

在"学习共同体"项目基础上,学校开展了系列优秀项目团队经验分享会,邀请优秀学生代表加入校级朋辈导师团,为朋辈示范辐射教育注入了活力。

2. 促进学生全面发展

四川外国语大学"学习共同体"项目开展以后,学生不再是被动地"学会",而是在主动探究和解决实际问题中"会学"。也就是说,该项目激发了学生的主观能动性,引导学生实现德智体美劳全方面发展。首先,该项目可以强化学生的跨文化交流与国际视野。其次,可以强化学生的学科交叉与知识融合,引导学生不断尝试探索突破学科壁垒与传统限制,在创新创业类比赛或科研论文撰写中积极进行跨学科的创新探索,在实际情境中提升解决复杂问题的能力,培养跨学科思维,建立跨学科的知识结构。再次,可培养学生的创新能力与批判性思维。学习共同体项目通过鼓励学生与指导教师共享知识和经验,帮助学生在熟悉的生活情境中发现问题,培养学生的问题意识,提高其独立思考和解决问题的能力。

三、新文科背景下外语院校学习共同体建设的实践路向

新文科背景下,外语院校建设学习共同体是一个多维度、系统化的过程,涉及更新育人理念、优化育人机制、搭建育人平台等多方面。本文基于四川外国语大学"学习共同体"项目的实践经验,总结了外语院校建设学习共同体的实践路向。

1. 构建格局:坚持"新文科"的育人理念

外语院校应以"学习共同体"项目建设为切入点,积极践行"新文科"育人理念,增强大学生思想政治教育的亲和力和针对性,助力涉外人才培养。

首先,要坚持以学生为中心,尊重学生成长成才的规律。这是外语院校新文科建设发展的基本前提,也是建设"学习共同体"项目的根本指引。在"学习共同体"项目建设周期内,指导教师作为助学者,应深入了解学生,针对学生个性化发展需求因材施教,引导学生主动学习,激发学生"主人公"意识,建立"我是项目完成(学习任务)的首要责任人"的身份认同,引导学生自主将个人的情感、认知、行为辩证统一,指向目标完成。教师应引导学生及项目团队根据 SMART 原则设立适宜的学习目标,制定学业规划,科学合理地管理时间,共享学习内容及学习资源,有效地监控和调整学习过程。

其次,要坚持能力与素质并重的培养理念。外语院校要充分运用"学习共同体"项目这一载体,将第一课堂与第二课堂有机衔接,既注重学生语言技能的提升,也强调学生综合素质的培养,如引导学生考取技能证书、语言等级证书等;鼓励学生参与科研项目、社会调研、各类专业竞赛或创新创业类竞赛,促进学生在参与研究的过程中,强化问题意识、提升研究能力和创新能

力。鼓励学生参与实习实训、志愿服务和社会服务等社会实践活动，在实际工作场景中提升自身的专业知识储备和实践技能，提高社会责任感和团队合作能力。

再次，要坚持守正创新的培养理念。在新文科建设的过程中，外语院校应坚持"守正固本"与"开拓创新"的辩证统一。一方面，要引导学生立足于中国国情，积极从中华优秀传统文化中汲取力量，既要深入研读经典著作，也要利用语言优势，讲好中国故事，传播中国文化，结合外语学科特点，开展跨学科研究，积极探索中华优秀传统文化在现代社会的应用和发展。另一方面，要帮助学生适应时代的发展需要，关注大数据和人工智能时代最前沿知识，树立"跨界"思维，通过实践融通不同专业的理论知识，同时注重学习新的研究方式和技术方式，促进学生在专业学习等方面有所创新，能够解决新问题、满足新需求、适应新变化，获得持续学习的内生动力。

2. 构建管理：优化"三全育人"的育人机制

外语院校的"学习共同体"项目建设需要在实践中动态构建育人机制，这是其持续发展的重要保障。

首先，要坚持全员育人。外语院校"学习共同体"项目建设是一项需要多部门协同、跨专业融合、教师学生多元主体参与的系统工程。一方面，学校要加强顶层设计，重视新文科学习共同体项目的建设，共同营造浓厚的氛围，统筹推进项目建设，协调和解决出现的难点、痛点问题。另一方面，要强化不同专业的教师、行业导师、管理人员、学工队伍等多元主体协同育人，搭建人人有责、人人参与的工作机制，形成育人合力，促进教师、学生知识共通、资源共享。此外，要充分发挥学生的主体地位，调动学生的积极性、主动性、创造性，积极引导学生通过自主、有感地确定"小团队"学习目标，自发、有序地开展互助学习和项目研讨。

其次，要将育人贯穿于学生成长发展全过程。外语院校要发挥"学习共同体"项目的育人实效，将其贯穿于学生成长成才全过程。必须做到以下两点：一是关注学生成长不同阶段的诉求，引导学生注重德智体美劳全面发展，取长补短，结合自身实际，细分设立科研论文、考证考级、专业竞赛、实习实训、社会实践调研等学习目标。二是关注不同类别学生的成长诉求。如设立"追光计划"，专项面向上一学年度综合测评排名专业后50%的学生，激发学生学习内生动力，引导学生夯实专业知识、提升业务能力。

再次，要建立全方位评价机制。外语院校构建具有目标导向的全方位评价机制，有助于促进"学习共同体"项目的高质量发展。具有目标导向的全方位评价机制以学生"最近发展区"为起点，通过动态监控、全面反馈，促进学生在学习、工作等多个方面呈现螺旋上升的状态。其一，应注重开展多元评价，包括项目成员个人评价、学生互相评价、指导教师评价、学工部监控评价等，凸显评价的全面性。其二，应注重形成性动态评价和最终评价相结合，并贯穿立项申请、中期检查、结项申请、结项答辩等全过程，动态跟踪、及时反馈学生学习状态。其三，应注重评价结果的运用，根据结项、答辩情况评优评奖，引导学生正确对待，端正态度。

3. 构建载体：搭建"多元联动"的育人平台

外语院校应积极推进"学习共同体"项目，搭建"多元联动"育人平台，丰富和拓展学生的成长空间。

首先，要实现校内资源的有序联合，通过建立跨学科、跨领域的学习平台，鼓励不同学科之间的交流与合作，促进学生、教师、行业专家等深度合作与交流。开设交叉学科微专业，如语言与金融、金融与科技等，以及"大数据"等通识课程，发挥课堂的主渠道作用，引导学生以解决问题的目标为导向，学习跨学科知识及新技术、新方法，并加以应用。外语院校要发挥语言优势，融入国际化元素，通过引进国际合作项目、设立模拟联合国项目、设立模拟双语法庭等，鼓励学生根据目标导向，不断提升自身的国际视野和跨文化交流能力。构建线上线下相结合的学习平台，整合在线教育平台、开放模拟仿真实验室，技术赋能学生成长。

其次，要推动校地、校企深度联结。外语院校立足于区域经济发展的需求，紧密结合"外语+"复合型人才培养的特点，深化校地、校企在产学研等方面的合作，拓展资源共享的育人平台。深化外语院校与地方合作，立足于本土，建立文化交流平台、乡村振兴实践平台；深入推进产学研融合、校企合作。通过与企业共建实训基地，为学生提供实践平台；充分挖掘校友资源，在实训基地拓展、产学研深度融合等方面形成合力。总之，外语院校在新文科建设过程中要深化校地、校企合作，为学生实践和科学研究提供更广阔的空间，拓展"学习共同体"立项育人平台，让学生在实践中发现问题，提高学生创造性解决问题的能力。

作者简介：

胡敏，四川外国语大学助教，主要研究方向为大学生思想政治教育。

朱磊，四川外国语大学讲师，主要研究方向为大学生思想政治教育、高校管理。

新时代背景下外语专业学生讲好中国故事的实施路径探究

冯迪南　魏少娟

（广东外语外贸大学）

【摘　要】新时代的宣传工作，要向世界展现真实、立体、全面的中国，提高国家文化软实力和中华文化影响力[①]。党的二十大报告中指出"深入开展社会主义核心价值观宣传教育，深化爱国主义、集体主义、社会主义教育，着力培养担当民族复兴大任的时代新人"。外语专业学生作为新时代青年，应该深刻把握新时代伟大成就，自觉践行"两个维护"，在我国对外宣传工作上用好专业优势，让中国声音走向国际舞台。外语专业学生要讲好中国故事，必须以思想引领、平台搭建、宣传有力三方面为抓手。

【关键词】新时代；外语院校；外语专业；中国故事

在我国全面开启第二个百年奋斗目标新征程的过程中，教育现代化为全面推进中华民族伟大复兴提供了有力支撑，以教育之力厚植人民幸福之本，以教育之强夯实国家富强之基。高校作为我国哲学社会科学"五路大军"中的重要力量，应牢记"为党育

---

① 习近平. 决胜全面建成小康社会 夺取新时代中国特色社会主义伟大胜利[N]. 人民日报，2017-10-28（001）.

人、为国育才"使命，培养坚定不移听党话、跟党走，堪当民族复兴大任的"时代新人"。具有语言优势的外语专业学生，在讲好中国故事、发出时代强音的征途上大有可为。

一、外语专业学生讲好中国故事的必然性

随着我国经济社会发展日益繁荣，国家综合实力不断提高，讲好中国故事、传播中国文化、发出中国声音，是形成同我国综合国力相适应的国际话语权的有效途径。2016 年 2 月，习近平总书记在党的新闻舆论工作座谈会上指出"讲故事，是国际传播的最佳方式。要讲好中国特色社会主义的故事，讲好中国梦的故事，讲好中国人的故事，讲好中华优秀文化的故事，讲好中国和平发展的故事"。

在对外交流方面，外语院校具有一定的传统优势。习近平总书记在给北京外国语大学老教授的回信中提道："深化中外交流，增进各国人民友谊，推动构建人类命运共同体，讲好中国故事，需要大批外语人才，外语院校大有可为。"一直以来，外语院校致力培养具有家国情怀、国际化视野的外语人才，并为师生提供全方位、多形式的丰富外语专业学生对外发声的方式。

外语院校开设有英语、法语、西班牙语等专业。外语专业的学生能够充分运用所学语言，更广泛地讲好中国故事，更好地传达中国声音、讲述中国故事、传播中国文化。

因此，作为新时代外语人才，外语专业学生应积极响应祖国号召，肩负起对外讲述中国故事、促进中外文明互鉴的重要使命，充分学好专业知识，利用专业优势，提升我国在国际上的影响力和话语权。

二、外语专业学生讲好中国故事面临的困境

当前外语专业学生讲好中国故事的能力有待提高。外语专业学生虽然具备一定语言优势，但对中国故事、中国文化的理解和认知有待提高。具体而言，外语专业学生在讲好中国故事方面还存在以下困境。

1. 主动意识偏薄弱化

讲好中国故事是指讲好与中国特色社会主义文化相关的故事，包括中华优秀传统文化故事、革命故事和社会主义先进文化故事。[①] 目前部分外语专业学生在讲好中国故事、开展跨文化交流活动中的觉悟不够高，主动讲述中国故事的意识不强；同时，以学生为主体开展的文化活动内涵有待进一步挖掘，质量有待进一步提升。

2. 文化交流偏单向化

圣诞节、感恩节等国外节日在国内较为流行，部分青年喜欢接受国外文化而忽视了本国文化，文化交流偏单向化。重视文化双向交流十分重要，外语专业的学生应避免单方面接受他国文化，努力用所学语言积极主动宣传中国优秀文化。

3. 对语言功能的认识偏单一化

在人们的固有观念中，语言只是人与人之间实现交流和沟通的一种工具。其实，语言还是思维的载体，承担着文化传承的重

---

① 史敏，程海英. 高校学生用外语讲好中国故事的能力培养研究 [J]. 广东技术师范大学学报，2022，43（05）：94—99.

任。然而，部分外语专业学生仅将语言作为日常学习与未来就业的工具，忽视了语言的其他功能。

三、外语专业学生讲好中国故事的实施路径

要做好新形势下的思想宣传工作，必须自觉承担起举旗帜、聚民心、育新人、兴文化、展形象的使命任务。[①] 外语院校应牢记立德树人初心，肩负起为党育人、为国育才光荣使命，坚持用习近平新时代中国特色社会主义思想铸魂育人，着力加强社会主义核心价值观教育，引导学生树立坚定的理想信念，切实做好外语人才专业能力培养工作，抓好网络思想政治教育阵地，将外语专业学生培养成可担当民族复兴大任的时代新人，发挥专业优势，对外讲好中国故事，为国家和人民做贡献。

1. 增进文化自信，具备讲好中国故事的底气

外语院校应注重加强对学生世界观、人生观和价值观的教育，积极引导当代学生传承中华优秀传统文化，树立正确的国家观、民族观、历史观、文化观，为中国特色社会主义事业培养合格的建设者和可靠的接班人。

（1）发挥课程思政引领作用，提高外语专业学生思想觉悟

课程思政的主要形式是将思想政治教育元素融入各门课程，潜移默化地对学生的思想意识、行为举止产生影响。外语院校要积极发挥课程思政的引领作用，推进社会主义核心价值观"进教材、进课堂、进学生头脑"，提升外语专业学生的思想觉悟，培养具有家国情怀和国际视野的外语人才。

---

① 习近平关于讲好中国故事重要论述摘编［J］. 党的文献，2020，（01）：3－11.

（2）强化日常思政教育，树立外语专业学生勇担时代重任的意识

外语院校应始终重视对青年学生的思想引领工作，坚持以习近平新时代中国特色社会主义思想为指导，切实推进思政育人。可通过组织开展特色主题团日、主题摄影大赛、红歌合唱大赛、红色微电影大赛等紧扣时代主题的教育活动，感染、教育学生，加强学生文化自信、文化认同，引导学生树立文化传播意识，勇担时代重任。

（3）建设"三支队伍"，润物无声地使传播中华文化的意识深入人心

"三支队伍"指专业教师队伍、辅导员队伍和朋辈队伍。外语院校首先要发挥专业教师的引领作用，通过传授专业知识、开展课程思政加强对学生的指导，夯实学生外语专业素养，提高学生专业运用能力及跨文化交流能力。其次，要利用辅导员的教育，通过党团学引领，鼓励学生积极打造文化交流品牌，丰富文化交流内容，深化文化交流意义。再次，要发挥朋辈之间的相互影响作用，通过宣传学生群体中的文化交流榜样事迹，以点带面地强化青年外语人才的文化自信和家国情怀。

2. 促进文化双向交流，搭建讲好中国故事的平台

讲好中国故事不仅要强化思想认同、了解我国优秀文化，更要学习语言对象国的文化特征，在双向了解的前提下更好地对外发出中国声音，因此，文化双向交流尤为重要。许多外语院校搭建了适用于自身专业学科、具有专业特色的文化交流平台，在保持原有办学特色的同时，勇于创新、积极探索，助力外语专业学生对外讲好中国故事。

首先，面向校内学生打造文化交流品牌活动，如美食嘉年华、多语种朗诵大赛、戏剧大赛和影视配音大赛，等等。通过上

2. 融入内容要素，调整教学结构

高校应将批判性思维融入思政教育的内容要素，并在各内容要素的选择与阐释中应用该思维方式。高校思政教育内容在理论与实践方面都应更强调与学科专业、社会发展、生活热点的结合。教师不仅可充分选择和利用相关素材，将学生的思维引向更广阔的空间，还应做到点面结合，在群体性教育基础上因材施教，关注不同学生对于同一教学内容的不同批判性思考并及时跟进，制定更为个性化的方案，让学生自己产出的思维内容成为训练其批判性思维能力的新素材，在多阶段的思考与优化中循序渐进地提升思维素养。

同时，教师也不能忽视思政教育内容里的"中国话语"建构。[①] 当前，对批判性思维的研究多以国外为主，更符合中国国情的教学内容与经典案例还需进一步挖掘和提炼。不论是在中国传统文化还是当今社会文化中，适用于开展批判性思维训练的思政教育内容都不少。如中国哲学思想及科学技术贡献等，都蕴含着中国式批判性思维的内涵。在树立民族与文化自信、加强爱国主义教育方面，这些素材都具有良好效果。因此，教师应深入挖掘、悉心总结更具中国式批判性思维特征的思政教育元素，建构更符合国情的中国学术话语体系。

3. 融入教育方法，提升思政工作亲和力

将批判性思维融入高校思政教育的工作方法，强调教育者与教育对象间的良性互动，能在一定程度上有效提升思政工作的亲和力。教师应以相互尊重为前提开展教学，引导学生坚持问题导

---

① 周海晏. 课程思政教育中的中国话语建构［J］. 思想政治课研究，2018（06）：74—77.

述活动营造文化交流氛围，充分展现外语院校文化互鉴特色。

其次，面向留学生开展文化交流活动。外语院校留学生人数较多，部分学校甚至单独设置了留学生院。外语院校可为留学生开设中华传统文化相关课程，开展书法、刺绣等中华优秀传统文化教学，介绍《论语》《诗经》等中华经典文学作品，宣扬博大精深的中华文化及其浓厚的文化底蕴。

再次，组织交换生项目。外语院校可定期将学生派到海外各地开展短期或长期的交换学习项目，鼓励其向外国友人介绍中华文化。

3. 扩大宣传力量，建设讲好中国故事的阵地

外语在对外讲好中国故事、促进文明交流互鉴过程中发挥着重要的作用。因此，外语院校要积极扭转大众对外语专业的固有认知，从宣传阵地管理、宣传方式创新、宣传平台打造三个层面发力，讲好中国故事。

（1）把握宣传阵地的科学管理

外语院校要规范宣传审核制度，严格把关宣传平台发布内容；突出宣传时效性，及时对各类文化交流活动进行预热宣传、对活动开展成效跟进报道；定期发布学生在中外文化交流中的所做、所见、所感。做到宣传阵地管理思想有高度、制度有保障、流程有规范、运营有架构，体现对文化宣传阵地的高度重视。

（2）积极探索多样的宣传方式

外语院校要积极探索融媒体话语环境下更为丰富的宣传方式，突出受众导向，明确传播对象。面向学生群体开展"最喜爱的网络宣传方式"相关调研，时刻关注各大宣传平台，增强新闻传播的敏感度与敏锐度，用青年学生群体喜闻乐见的方式开展宣传。

大学生理想信念教育常态化制度化研究

任新雨

（国际关系学院）

【摘　要】 理想信念作为一种精神力量，是大学生成长成才的精神支柱和强大动力，对其思想言行发挥着决定性的作用。党的十九大以来，我国进入新的历史方位，在新的时代背景下，高校培育符合时代需求的人才极为迫切。因此，剖析大学生理想信念培育的现状，探析理想信念教育常态化现实对策是很有必要且十分重要的。剖析学生层面和教育层面目前存在的问题，统筹党团组织、保障机制、团学组织及动态调研形成合力，能够有效实现理想信念教育的常态化。

【关键词】 时代新人；理想信念教育；制度化

一、引言

党的二十大报告中指出，要"着力培养担当民族复兴大任的时代新人"[1]，从十九大报告中的"着眼"到"着力"，"时代新

---

[1] 中国共产党第二十次全国代表大会文件汇编［M］. 北京：人民出版社，2022：37.

人"的内涵和实践不断丰富和发展，在新的历史方位和现实需求下为"培养什么人"这一教育的根本问题指明了方向，为人才培养目标提供了基本遵循。同时，党的二十大报告中对广大青年发出"立志做有理想、敢担当、能吃苦、肯奋斗的新时代好青年"①的号召。由此可以清晰地看到，对于青年学生而言，"有理想"是成为时代新人的首要条件，而新时代的大学生担负着民族振兴、国家富强的历史使命，因此，培养大学生的理想信念具有强烈的现实意义。

二、大学生理想信念教育的现实意义

1. 理想信念教育是新时代人才培养的首要要求

我国传统文化在评价人才时一直存在德才兼备、以德为先的价值尺度。新中国成立以来，经过 70 多年的发展变革，中国特色社会主义迈入了新时代的光辉大道，民族复兴的伟大梦想、强国战略的内在逻辑，都使得大学生培养过程中对理想信念教育的要求日趋强烈。大学生是青年群体中思想最活跃、创造最积极、参与社会最主动、传播信息最广泛、影响力最深远的群体，在很大程度上代表了祖国未来的发展方向，只有对这个群体进行正确而积极的政治引导和思想教育，才能确保党的事业后继有人，才能保证社会主义红色江山永不变色、革命精神不变质、革命文化不变味。中华民族伟大复兴的中国梦必须在一代代传承者的接续奋斗中变为现实。因此，要引导青年学生树立牢固的马克思主义立场，坚定中国特色社会主义理想，踊跃投身于民族复兴大业，

---

① 中国共产党第二十次全国代表大会文件汇编［M］.北京：人民出版社，2022：59.

成为担使命、干事业的时代新人，切实践行"请党放心、强国有我"的铮铮誓言，就必须把理想信念教育这门"必修课"的作用发挥好。

2. 理想信念教育是大学生成长成才的现实需要

实现中华民族伟大复兴中国梦，是长期而艰巨的伟大事业，唯有坚定的理想信念，才能补足"精神之钙"，引领时代青年接续奋斗，干事创业，成长成才。当代青年学生有热情、有学识、有眼界，但是，生长于和平年代和国富民强的新时代的他们，在生活中遭受磨难挫折、特别是政治和思想上淬炼的机会比较少，对革命文化和红色基因缺少直观切身的了解体会，在学习和弘扬革命文化时可能有难以衔接的空洞感，这极大地影响了青年学生的思想成熟和政治进步。时代新人既是当代的新人，更是一代代新青年精神的继承者和延续者，必须牢固树立共产主义远大理想和中国特色社会主义共同理想，以坚定的理想信念筑牢精神之基。这是历史的定位，也是现实的需要。在实现中华民族伟大复兴路上成长起来的时代新人，应该强化使命担当，增强奉献精神，带头在基层岗位、艰苦地区就业创业，将个人发展和国家前途命运紧密联系起来，担当起民族复兴大任。

3. 理想信念教育是高校立德树人的实践要求

立德树人是高校的根本任务。党的十八大以来，以习近平同志为核心的党中央明确了高校立德树人根本任务，要求各高校坚持全员育人、全过程育人、全方位育人（简称"三全育人"），切实担负起为党育人、为国育才的职责使命，经过10多年的系统推进，高校在践行党中央要求，常态化、制度化推进大学生理想信念教育上实现了创新发展。特别是近年来有针对性地加强在校学生的革命文化教育和党团教育，鼓励引导大学生在校期间参加党团活动，经受政治学习和时间锻炼，鼓励、支持和引导大学生参加西部志愿者、特岗教师和基层服务等专项计划，勇于投身吃劲岗位、艰苦地区锻炼成长，为社会培养和输送了大量人才，回应了社会关切和学生自身的诉求。随着"三全育人"模式广泛推进，大学生理想信念教育培养有了更加明确的要求，坚持学校、家庭和社会相统一，教育、培养和使用相配套，学习、实践和工作相衔接，各环节协同发力，加强大学生理想信念教育变得更加具体，更有操作性和针对性，也为落实立德树人根本任务开拓了空间。

三、大学生理想信念教育存在的问题

1. 学生层面：理论基础薄弱、担当意识不足

青年学生在树立坚定理想信念上的一个薄弱点在于马克思主义理论功底欠缺，对马克思主义和中国特色社会主义科学理论缺乏系统理解和准确把握，再加上网络信息数量多且良莠不齐，青年思想活跃，容易受到不正确思潮的影响与诱惑。此外，当下的大学生群体中流行着一些"丧文化"①、落差感和自怨自艾的负面情绪，归根结底是没有坚定的理想信念，在还没有投入精力和心血的时候就评估结果，难免产生畏难心理和消极思想。艰难困苦，玉汝于成，任何时代都是机遇与挑战并存，特别是当下，我国的综合国力和整体实力空前提高，乡村振兴战略的推进、实体经济发展的加快等为大学生施展才干、实现梦想提供了广阔舞

---

① "丧文化"是指青年群体当中带有颓废、绝望、悲观等情绪和色彩的语言、文字或图画，它是青年亚文化的一种新形式。以"废柴""葛优躺"等为代表的"丧文化"的产生和流行，是青年亚文化在新媒体时代的一个缩影，它反映出当前部分青年的精神特质和集体焦虑，在某种程度上是新时期青年社会心态和社会心理的一个表征。

台。对于青年大学生而言，只有树牢崇高的理想信念，深化理论认识，坚定付诸实践，才能用敏锐的眼光洞察社会，用清醒的头脑思考人生，用智慧的力量创造未来。

2. 教学层面：认识不足、形式单一、内容缺乏创新

当前，大学生理想信念教育存在认识不足、形式单一、内容缺乏创新以及针对性不强等问题。随着社会的发展变革，大学生在校期间不仅要学习理论知识，还需要增加实践经验，否则便会出现在校学习和在岗工作状态不衔接、想法与实际不对称的问题。大学生若缺少理想信念教育和实践锻炼，便会对工作和生活中可能出现的状况准备不充分。短暂的热情之后便是失望和消极懈怠，这既不利于工作开展，也不利于自身成长。一方面，教师在开展大学生理想信念教育时过于强调理论，缺乏对大学生心理变化的考量。网络时代大学生接收信息的方式和渠道已发生巨大变化，传统的理想信念教育形式难以适应当前学生群体的需要，这就导致理想信念教育针对性不足，教育效果不够明显。另一方面，教师没有充分考虑大学生成长环境的变化、缺乏社会工作经验、学习能力和接收方式的差异，导致学生对理想信念教育兴趣不足、认识不高，不能很好地将理论同实际相联系，进而导致在大学生毕业就业、专业学习、社会实践层面都难以将理想信念同现实需要紧密结合，理想信念教育成效不大。

四、大学生理想信念教育的常态化制度化路径探析

1. 夯实理论基础，依托党团组织，切实加强思想教育引领

就学生层面而言，理论上清醒才能保证政治上坚定、行动上

坚决。党的十八大以来,以习近平同志为核心的党中央准确把握青年马克思主义理论指引工作方向,加强和改进理论武装工作,引导广大青年运用马克思主义立场、观点、方法观察分析问题,系统加强青年思想理论教育引领,在理论上强基固本。因此,在理想信念教育过程中,要坚持用党的先进理论武装青年、教育青年,进一步夯实广大学生听党话、跟党走的思想根基。认真组织开展"不忘初心、牢记使命"主题教育和党史学习教育,组织学生积极参与"青年大学习"活动,持续深入学习习近平新时代中国特色社会主义思想特别是习近平经济思想、习近平法治思想和总体国家安全观,推动学习宣传贯彻习近平新时代中国特色社会主义思想不断走向深入,推动学习宣传贯彻党的理论路线和方针政策不断走向深入,不断增强师生用习近平新时代中国特色社会主义思想武装头脑的思想自觉、政治自觉、行动自觉。深化、强化大学生的理想信念教育,必须在党的创新理论学习上下功夫,真学、真懂、真信、真用,努力改造主观世界,树牢理想信念,系好人生第一粒扣子,真正成长为让党放心、忠实可靠的先锋分子。

2. 加强顶层设计,多渠道健全理想信念教育工作保障机制

就学校层面而言,为满足新形势下的专业及理想信念教育需求,要努力做到以下四点:一是根据上级文件精神,结合学校实际,加强顶层设计,建立健全学校理想信念教育工作领导体制和协调机制,将理想信念教育工作纳入学校教学、培养、学生工作体系,持续推进理想信念教育改革发展,夯实学生的理想信念教育的基础。二是不断改善理想信念教育设施条件,整合运用学校、企业、社会各类实践资源,通过设立项目、搭建平台等方式为学生提供多元化的理想信念教育平台,多渠道加大理想信念教

育投入力度，进一步加大人才培养方案中理想信念教育的权重，将其落实在教育教学中，渗透到校园生活里，延伸至学生发展的方方面面。理想信念教育作为教育教学内容中重要的组成部分，必须坚持立德树人的价值导向，站在提高学生综合素养、培养全面发展人才的高度看待人才培养，充分挖掘专业教育中的理想信念元素和价值。三是家校联动，激发家庭和大学生期待成长发展的内生动力，完善动力机制，为持续有效培养学生的理想信念提供动力保障。四是构建评价机制，通过科学评价掌握理想信念教育的实际效果，反馈不足、认识差距、找准问题，明确推进工作的着力点和突破口，有针对性地调整应对措施。

3. 创新教育形式，赋能团学组织，提升理想信念教育活力

大学阶段是广大青年学生成长的关键时期，其个人的兴趣爱好也逐渐在各种尝试中趋向定型。团学组织是大学生课业之余最重要的平台，团学活动是大学生理想信念教育的一大有力实施途径，充分发挥团总支、学生会和各班级团支部在学生理想信念教育中的作用。以国际关系学院为例，在党总支的带领下，团总支和学生会每学期均会依托北京丰富的文化资源和学校的特色积极组织开展丰富多彩的文体活动、学科竞赛、志愿活动，以及社会公益和社会实践活动，丰富学生的校园生活，在实践中增强学生的理想信念。通过组织开展"团支部擂台赛"，展示各团支部的建设情况和精神风貌，增强广大团员青年对党团组织的信任感和归属感，通过抓好团支部建设，实现理想信念教育不落一人。

4. 开展常态调研，实时掌握学生思想动态

学校要通过日常学生教育管理工作，依托学生入学伊始便建立的成长档案，持续关注学生成长，同时对重点学生采用重点关

注、深度辅导等方式，使学工干部、班主任、本科生导师、任课教师均参加学生活动和日常辅导，多方面了解学生思想状况。在进行调研的基础上，定期对学生思想状况进行会商研判，做到情况明、底数清，保证理想信念教育工作有的放矢，不出偏差。

五、结语

高校是理想信念教育最直接、最有效的平台，高校理想信念教育工作可以依托多种形式、多种渠道、多种资源，生动且鲜活地实现，新时代高校理想信念教育应快速跟上社会和时代的变革，紧跟党的步伐，创新理想信念教育形式，充分挖掘可用资源，创造学生喜闻乐见的内容，加强理想信念教育，引导学生在社会化的过程中将社会责任感转化为坚实的情感认同，为实现中华民族伟大复兴贡献青年力量。

作者简介：

任新雨，国际关系学院辅导员、助教，研究方向为思想政治教育。

基于"讲好中国故事"的外语类高校思政教育创新路径探究

王卫萍

(上海外国语大学)

【摘　要】"讲好中国故事"是时代赋予高校,尤其是在中外人文交流中扮演重要角色的外语类高校的重要使命,是高校思政教育改革和创新的必要举措。本文立足于思政教育中"讲好中国故事"的价值意蕴,针对当前研究和实践中所面临的挑战,理论联系实际,结合外语类高校的多语种优势和特点,探索如何通过"讲好中国故事"提升思政教育亲和力和实效性,以期为高校创新思政教育路径提供借鉴和参考。

【关键词】讲好中国故事；思政教育；外语类高校；多语种优势

2013年全国宣传思想工作会议召开以来,习近平总书记围绕提升国际传播能力和中国国际话语权多次强调,要讲好中国故事,传播好中国声音,展现真实、立体、全面的中国。党的十九大报告中再次强调,要"推进国际传播能力建设,讲好中国故事,展现真实、立体、全面的中国,提高国家文化软实力"[1]。

---

[1] 习近平. 决胜全面建成小康社会 夺取新时代中国特色社会主义伟大胜利——在中国共产党第十九次全国代表大会上的报告 [M]. 北京：人民出版社,2017：44.

习近平总书记在中共中央政治局第三十次集体学习时强调,要加强和改进国际传播工作,展示真实、立体、全面的中国。① "讲好中国故事"作为习近平新时代中国特色社会主义思想的重要内容,在当今国际局势错综复杂、西方文化霸权仍然存在、国际传播格局失衡的情形下,具有现实的重要性和紧迫性。

一、思政教育中"讲好中国故事"的价值意蕴

高等教育肩负着培养德智体美劳全面发展的社会主义事业合格建设者和可靠接班人的重要使命,是强化思想引领、培育社会主义核心价值观、坚定文化自信的主要阵地。新时代讲好中国故事就是用习近平新时代中国特色社会主义思想铸魂育人,讲好中国共产党的故事、新中国的故事、中国特色社会主义和改革开放的故事,特别是讲好新时代的故事。② 这与高校立德树人的根本任务密不可分、同向同行。讲好中国故事,是时代赋予高校,尤其是在中外人文交流中扮演着重要角色的外语类高校的重要使命,是高校思政教育改革和创新的必要举措。"会讲故事、讲好故事",不仅可以向外传播马克思主义中国化最新理论成果,构建中国特色社会主义全球话语体系和国际传播理论体系,提高国际传播影响力、国际舆论引导力,还可以让中华文化更有感召力,让思政教育更有亲和力、时代感,更具实效性、内张力,为培养堪当民族复兴大任的社会主义建设者和接班人提供有力保障。因此,如何讲好中国故事是新时代外语类高校面临的重要课题。

---

① 新华社. 习近平在中共中央政治局第三十次集体学习时强调加强和改进国际传播工作展示真实立体全面的中国 [N]. 人民日报,2021—06—02(01).
② 孙杰. 讲好中国故事是时代赋予我们的重要责任[EB/OL]. (2021—07—01) [2023—02—19]. https://mp.weixin.qq.com/s/pPhN7ZYyYT7ItBfE1uc47Q.

二、当前思政教育中"讲好中国故事"所面临的问题

当前国内虽然有很多关于"讲好中国故事"的理论研究和实践探索，但它们多聚焦于国际传播，并且以"内宣"转"外宣"为主，即将用于国内思想宣传的好故事进行国际传播。与此相应，思政教育在"讲好中国故事"方面也存在一些问题，有待进一步深入研究。

1. 亟需突破原有理论框架

高校思政课作为思政教育的前沿阵地，是思想锻造、主流思想宣传、价值引领的第一课堂。当前不少高校已经认识到"讲好中国故事"对于思政教育的重要意义，并尝试将中国故事嵌入传统思政课，但原有理论框架还未实现突破，具体表现为思想性和系统性不足，教学形式和课堂内容都较为单一，偏重于讲授理论、论述道理，往往照搬经典故事，缺乏时代感，等等。这导致思政课的感染力、说服力不够，影响力也大打折扣。

2. 以"宏大叙事"为主，情感联结点难以创设

当前思政教育在讲述中国故事的过程中往往更偏向于宏大叙事，聚焦历史沿革、方针政策、发展成就等方面，对受众所产生情感上的共鸣和思想上的启发尚显不足，讲故事过程中主客体互动不强，难以建立情感联结，且缺乏多语种优势，"说不出、传不开"的问题依然存在。

3. 系统性和主体参与性尚显不足

目前，"讲好中国故事"未能贯通于高校全员、全过程、全方位育人之中，基于"讲好中国故事"的贯通式育人格局尚不完

（3）采用丰富多样的宣传平台

外语院校要利用好学校及各院系官网官微等新媒体宣传阵地，积极把握社会新闻媒体阵地，在面向校内学生开展宣传的同时，向社会介绍外语专业学生促进文化交流的举措，提高社会对外语专业学生讲好中国故事的认同感，激励学生持续弘扬积极向上的中国形象，发出中国声音。

四、结语

经过长期奋斗，我国已经成功走出了一条中国特色社会主义道路，我们不仅要传播中国经验、中华文化，还要让世界知道中国人民为人类文明进步做出了什么贡献、还要做出什么贡献。外语院校应全力做好学生的思想引领工作，为学生打造多元平台，加深宣传阵地的影响力；外语专业学生应牢记祖国、人民"大有可为"的殷切期盼，厚植爱国情怀，秉持学贯中西理念，夯实专业本领，在国内外文化交流的前沿阵地发挥专业优势，做好中国故事的传播者，做好中国声音的唱响者，做好中国形象的代言人！

作者简介：

冯迪南，广东外语外贸大学西方语言文化学院辅导员、助教，研究方向为高校学生思想政治教育。

魏少娟，广东外语外贸大学西方语言文化学院党委副书记，研究方向为高校学生思想政治教育。

善，系统性和主体参与性还不够，固化的"老师讲、学生听"模式使得学生在讲好中国故事中的参与感较低，中国故事的内涵要义"入脑入心"的效果也有待加强。

三、以"讲好中国故事"创新思政教育路径的探索与实践

外语类高校承担着以"讲好中国故事"铸魂育人的重要使命，上海外国语大学（以下简称"上外"）践行"服务国家战略、服务人的全面发展、服务社会进步、服务中外人文交流"的办学使命，结合多语种优势，探索思想政治教育的创新路径，通过讲好"党的诞生地的故事""中国共产党的故事"等实践，探究如何进一步通过讲好中国故事，提升思政教育亲和力和实效性，落实立德树人根本任务，为培养担当民族复兴大任的社会主义建设者和接班人提供有力保障。本文将以"多语种外籍教师讲述上海与上外"实践项目（以下简称"该项目"）为例进行具体研究与分析。

1. 项目背景

中国共产党百年华诞之际，上海外国语大学高级翻译学院创建"多语种外籍教师讲述上海与上外"实践项目，围绕建党百年和党史学习教育，结合上外的红色基因与国际化特色，活用资源，创新形式，通过实地访谈来探究上外多语种外籍教师眼中的上海和上外，形成专访实录，并且将他们的故事形成系列稿件，利用多语种网站、微信公众号等互联网媒体打造育人新课堂，探索思政学习教育新路径，讲好中国故事，传播中国声音。

2. 项目内容及主要成果

项目组充分利用上外高级翻译学院的多语种优势和语言水平优势，通过访谈深入挖掘外籍教师背后的故事，展现他们与上海和上外的联系，同时作为一种尝试，借助中外交流的"中间人"角度，为外语类高校思政教育和国际传播提供借鉴。

项目组成立了以学生为主体的多语种报道团，通过采访外籍教师形成访谈实录18份，宣传视频1份，并在此基础上撰写新闻稿件18篇，包含中、英、法、西、阿、韩等多个语种，《姚锦清：满地都是六便士，他却抬头看到了月亮》《金凯琳：一座戏曲桥，一口中国话》《马晓宇：筑汉语桥，行中国梦》《李善雅：从上海到世界，从世界到上海》《劳拉·加西亚·德拉·罗莎：我在上海的故事还远未结束》等先后在上外高级翻译学院官方微信公号"西索心译"、上外多语种门户网站等平台发布，取得较好反响。为进一步扩大辐射面，增强传播效应，适应全媒体时代信息接收的特点，项目组后期还通过制作短视频来生动讲述这些"好故事"。另外，项目组还积极借助党建共建平台，基于上外高级翻译学院与北外滩街道的党建联建合作协议，将这些故事嵌入专题党课、主题党日活动，围绕课题成果开展理论宣讲。

3. 项目特色与创新点

（1）拓展思政教育"第二课堂"

该项目突破传统思政课更侧重"讲道理"的模式，把讲好中国故事拓展延伸到"第二课堂"，凸显合作性和实践性，同时融入专业元素，结合建党百年时代背景，挖掘提炼中国故事。借助外籍教师的视角，使青年学生更加深刻地认识到了上海这座国际化城市的魅力与活力，以及上外这所外语类高校作为中外沟通桥梁所发挥的巨大作用。在外籍教师讲述中国情愫的过程中，学生更深刻地领会到了中华文化的博大精深、兼容并包，充分认识到了中国特色社会主义制度的优越性，在了解中国故事、认同中国故事中进一步坚定了文化自信。

（2）微视角讲述中国故事

该项目选取微视角，通过外籍教师这一全新的角度讲述故事，利于国际传播，以小见大，使得受众更加容易接受。该项目研究的目标群体为外籍教师，他们是中外文化交流的"中间人"。从理论上讲，以他们的视角展现中国会更真实、立体，更加有效地促进跨文化交流。其在叙事上不同于较为普遍的"宏大叙事"，以故事搭建情感支点，深挖情感元素，在平凡中触发感动，在简单中创设感染，在构筑共情中传递价值引领。

（3）探索多元媒介传播力

该项目通过外籍教师这一文化沟通中的"中间人"视角，了解他们来到上海和上外的原因，以及上海和上外在他们眼中的形象，并且形成访谈实录进行多语种传播，影响海内外读者。通过将访谈实录转化为采访报道，有利于充分运用上外多语种门户网站的平台，同时借助党建联建平台，通过理论宣讲、微党课等方式为国内外语类高校联系自身实际、运用学校资源优势开展国内思政教育和国际传播工作提供了借鉴。

（4）学生的参与主体性凸显

青年学生既是中国故事的聆听者，同时又是中国故事的讲述者和中国声音的传播者。该项目组成员均为在读研究生，来自英语、法语、韩语、德语、阿拉伯语、西班牙语等六个不同语种专业，通过参与外籍教师访谈、采访实录整理、中外文稿撰写等工作，他们的主体参与性和主观能动性均有较大程度的提高，对于上海与上外的认识进一步加深，在把握好中国故事的内涵要义、讲好中国故事的过程中增强了文化传播的自觉性，变得更有底气、更接地气，具有更强信念。

四、基于"讲好中国故事"的外语类高校思政教育创新路径的思考

1. 突破传统思政教育模式,帮助学生提高讲好中国故事的能力

在"创建全球话语体系,向世界讲好中国故事"的进程中,外语类高校扮演着重要的角色,要在深刻领悟"讲好中国故事"与高校思政教育的同源性的基础上,创建具有外语特色的思政工作体系,上好思政大课,以先进文化为载体,以中国故事为依托,提升国际传播能力,发挥多语优势,通过译介党史、组建学生记者团、开拓国际传播网络等方式讲好中国共产党的故事、新中国的故事、中国特色社会主义和改革开放的故事,尤其是讲好新时代的故事。同时,探索党建、实践、专业、组织等育人重点的共通之处,将讲好中国故事贯穿其中,进一步提高系统性和实效性。

"讲故事就是讲事实、讲形象、讲情感、讲道理,讲事实才能说服人,讲形象才能打动人,讲情感才能感染人,讲道理才能影响人。"思政教育中,讲好中国故事要坚持实事求是的原则,也要与时俱进,在内容上融入新时代元素,好故事要"常讲常新",讲出内涵要义和时代精神。在形式上选取微视角叙事,创设情感联结点,提高故事内容的情感浓度,加强情感认同。结合当下全媒体时代特点,通过微信、微博、短视频等多元媒介进行传播,让"进博故事""冬奥故事""航天故事"等振奋人心、鼓舞斗志的"中国梦"的故事更接地气,传得开、讲得好。

2. 增强学生的主体参与性，向世界传递中国声音

讲好中国故事不仅仅是高校思政教师的重要任务，更是时代赋予青年学生的责任和使命，应进一步凸显讲好中国故事过程中青年学生的主体参与性。[①] 青年学生既是中国故事的聆听者，更是讲述者，还是中国声音的传播者。思政课要通过融入专业元素，实现思政育人和专业育人的无缝对接，引领学生发挥专业所学，参与到"讲述中国故事"的过程中来。融入青年思考和青年智慧的思政课堂才更生动、更有感召力，能够有力推动中国道路、中国理论、中国制度、中国精神、中国力量入耳、入脑、入心，坚定"四个自信"，激发青年使命担当。通过青年视角讲述中国故事，向世界传递中国青年声音，不断提升全球翻译、传播和叙事能力，如同源头活水，能够不断为培根铸魂工程增实效，为培养德才兼备、具有中国情怀和国际视野的人才提供有力支撑。

作者简介：

王卫萍，上海外国语大学思政讲师，高级翻译学院党委宣传委员，兼职组织员、辅导员，研究方向为思想政治教育。

---

① 何霜，刘社欣. 新时代高校思想政治理论课"讲好中国故事"的价值意蕴与实践探索 [J]. 淮南师范学院学报，2020，22（03）：7-10+17.

科学家精神培育：新文科人才培养的题中应有之义

周 韡

（上海外国语大学）

【摘 要】科学家精神全面完整地回答了新文科人才培养的时代之问，新文科建设要求教师引导学生发扬长处，厚植家国情怀，在此基础上全面培养学生的科学家精神，利用好课程体系、师资团队、实验室等与传统文科教育不同的育人渠道，培养真正具有科学家精神、能够担当民族复兴大任的时代新人。

【关键词】新文科；科学家精神；语言学

一、科学家精神回答了新文科人才培养的时代之问

"新文科是什么""中国为什么需要新文科""怎样真正在人才培养中渗透新文科理念"，这些问题环环相扣，成为高校在寻求发展时不得不思考和回答的问题。2020年颁布的《新文科建设宣言》为这些问题提供了思想指南："打破学科专业壁垒，推动文科专业之间深度融通""创造光耀时代、光耀世界的中华文化""以培养未来社会科学家为目标，建设一批文科基础学科拔尖人才培养高地"。我国文科占学科门类的三分之二，占专业种类和在校学生数的半壁江山。因此，打破学科壁垒不仅是打通课

程体系，更是打通学生思维模式的"任督二脉"，真正让高等教育培养出的人才"适应国情发展需要"，为中国在世界发声提供源源不断的动力。

传统文科学生不仅面临着专业受限、就业困难的困境，有时自己的能力和素质也无法满足和适应社会发展的需求。出现上述困境的原因在于人文社会科学专业大学生科学素养、创新思维、科学精神不足。新文科建设可以帮助文科学生走出困境，而科学家精神则全面完整地回答了新文科人才培养的时代之问。

1. "科学精神"是新文科人才的必备素质

习近平总书记在清华大学考察时强调，要用好学科交叉融合的"催化剂"，加强基础学科培养能力，打破学科专业壁垒，要把力用在"培养什么人"和"怎样培养人"的问题上，也就是说，要思考怎样真正让学生成为"新文科"人。"打破学科专业壁垒"要求教育者探求"对传统学科进行改造、转型和升级"，"吸取自然科学的科学精神和科学方法"是这个问题的破题之意。科学精神是指科学实现其社会文化职能的重要形式，集中表现在：主张科学认识来源于实践；重视以定性分析和定量分析作为科学认识的方法；倡导科学是不断发展的开放体系；主张科学的自由探索；提倡怀疑、批判、不断创新进取的精神。

培养科学精神是新文科人才培养和新文科发展的必由之路。从历史层面来说，自然科学和人文科学的分裂由来已久，但这两者之间融合的必然性也早已被预见。马克思在《关于费尔巴哈的提纲》中指出，"历史本身是自然史的即自然界生成为人这一过程的一个现实部分。自然科学往后将包括关于人的科学，正像关于人的科学包括自然科学一样：这将是一门科学"，即历史记录的事实是自然学科的发展，而自然学科的发展也要把握到人类历史活动的特性。这也就是说，人文学科在回答社会"我们社会需要我们怎么做"的基础上，要先从自然科学中寻找"我们能不能这样做"以及"这样做是否可行"的自然依据，人文学科的学生如果缺乏自然学科学生的科学精神，不具备一定的科学素养，那么就会产生脱离现实和自然发展规律的问题，其所开展研究的结论大概率会偏感性化、情感化，从而缺乏可行性。

2. "家"是新文科人才的核心要素

"科学无国界，科学家有祖国"，这是 2020 年 9 月 11 日习近平总书记在科学家座谈会上讨论"科学"与"科学家"之间的区别时所总结的。2019 年 6 月，中共中央办公厅、国务院办公厅印发了《关于进一步弘扬科学家精神加强作风和学风建设的意见》，把"胸怀祖国、服务人民的爱国精神"放在了"科学家精神"内涵的第一位，文件指出，不论科技发展、学科发展如何，服务社会的能力是第一标准。

"家"是新文科人才的核心要素。一方面，"家"是人文情怀，是传统文科的立身之本。人文学科以"人"为核心，人在家国中，家国情怀历来就是人文学科的共同价值取向，历史、哲学、政治中历来讨论的都是个体与群体的问题，可以说"历史担当"和"家国情怀"是传统文科教育的优势所在。另一方面，"家"是核心素质，在人才培养中不可偏废。《新文科宣言》中提出"积极推动人工智能、大数据等现代信息技术与文科专业深入融合"，要求学生学会理科批判、创新、研究，掌握自然科学的研究方法和思维，但新文科"为中华民族伟大复兴注入强大的精神动力"的服务家国宗旨不能变，这是"科学精神"和"科学家精神"的根本区别，也是新文科作为文理融合的交叉学科的根本特征。

3. "科学家精神"是新文科人才的时代要求

2019年6月,中共中央办公厅、国务院办公厅印发了《关于进一步弘扬科学家精神加强作风和学风建设的意见》,要求大力弘扬以"创新、求实、奉献、协同、育人"为主要内容的科学家精神,可见,科学家精神不仅包含"科学精神",更涵盖了家国情怀和共同体意识。新中国成立以来,以钱学森、邓稼先、竺可桢、李四光等为代表的科技工作者,以国家和人民需求为导向开展科学研究,实现了科学精神的中国化和时代化,体现了中国科学家的时代特征。

"人才强国"的大背景下,在新文科人才培养中引导学生正确认识有中国特色的科学家精神非常重要。我国传统文科学生在认识科学家精神方面比较欠缺,部分文科学生在高中时就"告别"了理科学习,在理性思维、科学方法和探索精神上存在"缺失而不自知"的问题,具体表现为对涉及科学研究的内容兴趣不浓、畏难情绪强、理性分析的能力弱等情况。因此,在新文科学生中培育科学家精神,需要有针对性和具体化地分析文科教育的优势和弊端,有的放矢地补足文科教育的不足,营造良好的教育氛围。

二、新文科建设渗透科学家精神的核心内容

1. 厚植家国情怀,强化理想信念,涵养传统文科的人文情怀

我们在积极建设新文科时,需要时常反思"新"这个字的概念。"新"的主要内涵是升级,而不是对已有事物的全盘否定,新文科建设依然需要传统文科为学生带来的"人文情怀"。近年

来，传统文科的尴尬境遇受到了愈发多的讨论，在《"废除文科学部"的冲击》一书中，日本学者吉见俊哉提出"在多元的价值尺度中，为了在每一种具体情况下用最佳的价值尺度，就需要与各种价值尺度均保持一定距离，采取批判的态度。深陷于某一个价值尺度，将失去应对新变化时的灵活性"，即不是所有的社会问题都可以以唯一的价值尺度来评判和解决的，而传统人文精神就在于倡导对不同价值尺度的尊重。

"我们还需要补上'人文'这一课。"2016年5月，习近平总书记在哲学社会科学工作座谈会上提出："一个没有繁荣的哲学社会科学的国家也不可能走在世界前列。"当我们着眼于为文科学生带来"理性思维"的同时，以家国情怀为代表的人文情怀涵养也应该是新文科人才培养的基础和中心内容，高校教师应引导学生拥有家国情怀，从小我出发，培养学生养成推己及人、同情同理的良好品格，引导学生正确理解个人和集体的关系，强化学生的理想信念和对社会发展的把握和理解，真正让新文科人才看社会、懂社会、帮社会。

2. 全面布局教育，化被动为主动，激发学生对自然科学的兴趣

现代科学大致可分为三类：自然科学、社会科学和人文科学。在进入大学之前，理科学生主要学习自然科学知识，文科学生主要学习社会科学和人文科学知识，这在一定程度上给高校"新文科"人才培养树立了"先天壁垒"。清华大学校长王大中曾指出："1952年院系调整后，清华大学从一所包括文、法、理、工、农5个学院的综合大学变为一所多科性工业大学……目前清华大学正朝着含有工科、理科、经济管理学科和人文社会学科的

新型综合性大学迈进。"[1] 大学设置的院系、学科已经融合了文理，那么新文科就不应该仅仅止步于让学生学习和接触文理知识，而应更上一层楼地在课程布局上"动刀子"。

《新文科建设宣言》指出："紧紧抓住课程这一最基础最关键的要素，持续推动教育教学内容更新，鼓励支持高校开设跨学科跨专业新兴交叉课程、实践教学课程，培养学生的跨领域知识融通能力和实践能力。"文科学生在面临自己不擅长的数学、物理、生物等学科时，往往会产生畏惧心理，课程融合确实会遇到阻力，但是这一步也是培养新文科人才综合素质的第一步和关键一步，只有在顶层设计和制度制定上设定"理科含量"，新文科的学生才真正能把理科知识作为学习内容，教育者才能有机会慢慢在教学过程中激发学生对自然科学的热情和学科融合思考，让学生真正体会到理科知识能为文科学习提供的新思路和新视角，这是培养新文科学生的科学家精神的必经之路。

3. 增长知识见识，培养理科思维，激发奋斗创新精神

追求真理、严谨治学的求实精神是新时代中国特色科学家精神的重要内容，培养求实精神是鼓励和激发新文科人才奋斗创造、攀登科学高峰的第一步。学科课程、第二课堂、校园环境、实践平台都是促进新文科建设的有利条件，教师若充分利用这些条件，便可以向学生传授知识、技术和方法，培养学生对于自然科学的敬畏和好奇，增长学生见识，提升学生的创新实践能力。所以，应综合各类资源形成学科交叉融合的平台和途径，鼓励文科学生基于自己对社会问题的思考并运用科学方法参与社会实践，培养科学家精神。

---

[1] 蔡克勇，张秀梅. 知识经济与教育创新 [M]. 北京：中国经济出版社，1999：135.

三、培育科学家精神的实践途径探析——以上海外国语大学语言学专业本科生培养为例

上海外国语大学语言学专业于2019年获教育部批准设立,作为一门跨越语言和文理科界限的专业,语言学专业要求学生以普遍的视野关注人类的语言,以宽广的胸襟学习现代语言学及心理、认知等学科的基础知识,并以科学的方法对各种语言现象展开研究。可以说,上海外国语大学语言学专业的建设过程本身便是新文科建设的有力尝试,体现了调动有利资源促进本科生"科学家"成长成才的决心。

1. 课程改革形成基本模式

语言学专业学生行为文理科各半,所以培养学生的人文素养和科学精神同样重要,教师需要积极思考,让文理科的学生在课程学习上都有"难点"和"突破点",都有"弱项"和"强项"。为此,学校为语言学的专业设置了包括语音学、音系学等传统语言理论课程在内的主干课程,在大一、大二增设高等数学、统计学、Python程序设计等课程,在大三加入实验设计课程,此外,学校设置了专业实践学分、优化创业实践学分,以学分鼓励本科生参与教师的课题组、学长学姐的毕业设计、学院组织的学术讲座等,在课程和学分制度上把科学研究作为本科生的学习任务,更好、更早地让本科生进入科研状态,提升学生的科学素养。

2. 实践平台引导师生参与

科学家精神的培育目的在于实践,培育过程也要依靠学生"躬行"。学院把"重科研"的培养模式从硕博下放到本科,在不同阶段为学生科学精神的培养设计不同的侧重点。

一方面，强调教师"科学榜样"的标杆作用。学院教师的科研精神和科研水平是无形的育人资源，要让更多的高职称教师站出来"带项目"，指导学生开展实验，以自身科学风貌感染学生，形成良好的科研氛围。

另一方面，要用好双创平台和资源，贯彻"大带小""研带本"的实践模式，即高年级优秀本科生和研究生担任项目的负责人，优秀教师带教。在近两年的"大创"工作中，学校在众多国家级、市级项目中体现了交叉学科特色，例如"中国聋人工作记忆和语言能力关系""智能 APP 语音功能适老化研究"等，都是在社会调研的基础上加入心理、神经语言学数据采集和分析的技术。在"双创"实践导向的影响下，新文科人才培养能够充分发挥其特点和长处，以实践促科学，以科学促发展。

3. 实验室打造育人平台

实验室是组织实验教学、开展创新性科学研究、培养学生实践能力、激发学生创新精神和创新活力的重要阵地。上海外国语大学语言学专业的"眼动实验室""脑电实验室""行为、语音、儿童实验室"在投入运行后，随着"从被试到主试"过渡的完成，越来越多的师生将实验室工作纳入自己的科学研究工作。教师在实验室开展教学、科研或社会服务的过程中，应积极营造严谨求实的学术氛围，鼓励学生标新立异，敢于涉足未知领域，灵活运用交叉学科知识。

作者简介：

周韡，上海外国语大学专职辅导员、思政助教，研究方向为思想政治教育与中国传统文化。

基于场域视角的大学生网络社交圈层化现象成因与对策分析

王世伟

（四川外国语大学）

【摘　要】本文以场域理论为基础，深入研究了大学生网络社交圈层化现象。研究指出，现实生活场中的个体需求、算法技术以及大学生群体的惯习是制约其理性交往和整体性思维活动的主要原因。通过对这些因素的深入分析，本文提出了三项应对策略，以协助大学生克服网络社交圈层化可能带来的认知和交往困境。

【关键词】网络社交；圈层化；场域；思想政治教育

截至 2023 年 6 月，中国网民人数已经达到 10.79 亿，即时通信、网络视频、短视频的用户人数分别达到 10.47 亿、10.44 亿和 10.26 亿，其使用率分别为 97.1%、96.8% 和 95.2%。[①] 在以人工智能尤其是生成式人工智能为引导的新媒体传播时代，网络以其重构性特质深入大学生的人际交往活动。在"人机物"三元融合的网络场域下，大学生不自觉地在算法技术和社交软件

---

① 中国互联网络信息中心.《第 52 次中国互联网络发展状况统计报告》[R/OL].（2023 - 02 - 28）[2023 - 08 - 28] https://cnnic.cn/NMediaFile/2023/0908/MAIN1694151810549M3LV0UWOAV.pdf.

构建的虚拟社交群中进行互动和交流，这也成为大学生群体展现自我、寻求情感归属和身份认同的新型交往形态。然而，这个不断被注入时代元素和"技术的逻辑"的网络社交场域，实质上体现出一种"圈层化"现象，该现象既满足了大学生自身需求，也引发了大学生认知局限、价值观单一的危机，削弱了大学生的交往能力。大学生网络思想政治教育亟须审视其在大学生网络社交转型中呈现的复杂思维，并以切实解决大学生的思想问题和实际问题为导向，深入推动网络思想政治教育的系统性、科学性发展。

一、概念界定与理论基础

1. 圈层

圈层是网络社群的一种具体形态，它是一种回声室效应（echo chamber），也称为"信息茧房"。[1] 一方面，圈层在传播意义上指的是在一个相对封闭的场合里，一些相似意见的声音不断重复传播，并让处于相对封闭环境的大多数人相信这些声音就是事实的全部；另一方面，圈层也指一些网民基于共同喜好和特质而构成的网络聚合体。随着互联网算法技术和社交媒体的深入普及，圈层现象变得更加深刻。网络平台会根据用户的搜索结果或使用习惯进行记录和分析，持续地向用户提供他们喜欢的内容，导致一个人在同一网站中接收的信息被局限于某个范围内。

---

[1] 陈志勇."圈层化"困境：高校网络思想政治教育的新挑战［J］. 思想政治研究，2016（05）：70—74.

2. 场域

场域是行动者及其社会地位所在的环境。每个特定行动者在场域中的位置是场域的特定规则、行动者的惯习和行动者的资本（社会、经济和文化资本）之间相互作用的结果。场域、资本、惯习是不可或缺的三个概念。网络场域是指圈层关系所呈现的话语言说主体间的互动关系和场景。本文基于法国社会学家皮埃尔·布尔迪厄（Pierre Bourdieu）的场域理论，将互联网空间看作一个具有自身的运作规则和逻辑的场（Field），它是"一个有结构的社会空间，是在各种位置之间存在的客观关系的一个网络"[1]。

二、网络场域中大学生社交圈层化现象的成因

大学生网络圈层社交具有其外部根源（即外因）和内部生产机制（即内因）。外因可视为现实生活场对大学生群体在网络场域中个性需求的映射。内因则是网络场域内不同性情倾向的大学生在个人"兴趣"归属及身份认同方面的争夺。

1. 现实生活场对大学生群体个性需求的网络映射

网络场域由各种大小不一的"子场"构成，用于各种意见的交流和信息的传递。它作为现实生活场在虚拟场中的一种反映，不仅被看作对现实生活场的意见的宣泄场或安全阀，也被看作一个被现实生活场控制和监管的虚拟场。社交网络的普及推动了社交活动空间的二元分化，包括线上和线下两种形式。在网络社交的语境下，出现了身体不在场但身份存在的新型线上交流模式。

---

[1] 皮埃尔·布尔迪厄，华康德. 实践与反思：反思社会学导引 [M]. 李猛，李康，译. 北京：中央编译出版社，1998：51.

在这种线上交流中，通信技术的不断进步正在重新塑造大学生的互动行为和社交方式，大学生群体往往倾向于在虚拟的网络社交圈中寻求情感归属。

大学生群体正处于思想和心理渐趋成熟的阶段，他们渴望找到情感归属。但是由于缺乏足够的调适能力和清醒的观念意识，他们在遇到困难或挫折时，往往会触发社交孤独和自我认同焦虑。而网络交往能够在一定程度上帮助他们实现在现实生活中渴望却无法得到的情感需求，包括爱和关怀、尊重与认同等。社会学意义上，情感归属的需求指向人类在彼此交往时追求情感共鸣和关怀的心理期许。这种需求构建了人际交往的根本动机。透过符号性互动带来的愉悦体验和无压力的线上交往空间，能最大限度地满足大学生情感归属的需求。然而，一旦无法达到预期的情感归属状态，大学生群体往往会感到迷茫、恐惧和孤独。网络社交平台抓住了大学生群体对情感归属的迫切需求，并将他们发展成圈层社交领域的活跃参与者，使他们逐渐淡化和遗忘交往的实质和意义。

2. 算法技术和文化资本对大学生群体网络交往的依附

"技术的逻辑"并非一贯按人类的初衷运转，有时可能会产生显性或隐性的反主体性影响。智能算法技术，作为一种高度精密的复杂的技术系统，正在按照特定的技术框架和运行规则展开，广泛影响人类生活各领域的全面革新。[1] 这种算法技术以其精准的定位、动态的追踪和关联分析为基础，最终以准确、完整、实时的方式勾勒出用户的长期行为图谱。然而，这种算法也引发了"权力越位"，导致行为者主体地位降低；触发了"回声

---

[1] 涂刚鹏，段港回. 算法时代思想政治教育叙事的转向与优化[J]. 思想教育研究，2023（07）：37.

室效应"，使叙事内容固化；诱发了技术资本和社会、文化资本的"裹挟"，限制了叙事空间的拓展。互联网算法技术利用大学生群体的浏览数据和兴趣偏好，精心筛选信息和内容，使得大学生沉浸于个人社会阶层及兴趣领域的定制化信息世界。这些技术持续高频地向他们推送更加垂直和符合需求的内容。在网络社交中，以隐藏交往关系、抽象主体形象为资本的算法技术，迎合并影响大学生群体，使他们进一步沉迷于网络交往，逐步沉浸在信息"圈层"化的交往场域。

3. 固有惯习对大学生群体身份认同的网络形塑

固有惯习可以视为一种被内化的建构化的结构，即大学生群体通过长期的生活实践逐渐积淀、内化出来的一系列行为规范、策略和机制。固有惯习使大学生群体以一种相对一致且系统化的方式对特定场域的要求做出回应，从而实现行为的程式化和可预期性。

网络空间的开放性赋予每个参与者平等的表达自己的机会。作为社会性动物，个人执着于获得身份的自我认同和群体认同，并为之不懈努力，这是一种普遍现象。传统语境下，个人身份认同感的获得是在现实交往得到积极的回应后所建构的。而网络社交平台的大众化，使得个体能够通过线上交往的方式寻得身份认同，这进一步丰富了身份认同建构的途径。在网络社交场域，交往主体及形象都是数字化、符号化的存在，言简意赅地说，在网络交往中，个体的自我形象受其自我价值观的支配，会有选择性地呈现给他人。同时，线上交往为大学生群体提供了重塑和呈现自我形象的可能，他们希望展示理想化的自我形象。在一个由陌生人或熟识个体组成的新的网络社交聚合圈中，大学生群体通过运用网络语言等方式进行心情释放和人际交流，并有选择性地呈现自己希望他人看到的形象，进而结识志趣相投的网友，并在此基础上建立和融入社交圈。数字化时代，个人网络形象受到长期的现实生活习惯和方式的影响。在网络上呈现自我的时候，大学生群体往往会精心筛选和编辑内容，以展现自身最美好、最有吸引力的一面。这种有选择性的呈现可以通过精心挑选照片、编辑文字，或者有选择性地分享特定的活动和经历来实现。这种自我呈现的选择性源于对他人观感的考虑，希望通过展现成功、幸福、有趣的生活，获得他人的认可和赞许，避免社会排斥。在这种情境下，个体能够在网络交往中实现在现实社会中难以形塑的身份认同，从而迎合并满足大学生群体通过自我匹配获得身份认同的心理期待。

三、大学生网络社交圈层化现象的应对策略

智能算法技术将大众塑造为数字地图中的独立节点，其"偏好捕捉"特性使得具有相似价值取向的节点得以链接。长期生活在"圈层化"网络交往场域中，大学生群体会陷入一种"被兴趣偏好禁锢"的情境，在不自觉间失去整体性的思维视野。突破这种信息交流屏障成为克服圈层社交困境的关键。

1. 规范管理网络社交平台，强化思想政治教育叙事效能传播

网络社交平台对大学生群体兴趣的精准化捕捉和同质化信息推送，加剧了圈层内大学生对固有价值观的偏执，也导致大学生群体间的价值分化和价值区隔变得日益明显。由于圈层内大学生的价值形态存在差异，不同的社交圈层都有自己的叙事观和叙事偏好，因此强化思想政治教育叙事效能传播，需要对网络社交平台进行规范和引导。监管部门应利用互联网智能算法技术规范管理网络社交平台，优先推送符合规范的思想政治教育内容，引导

社交软件将社会主义核心价值观作为价值取向和基本依归，确保信息传播具有教育意义和价值观引导作用。网络社交平台也应积极引导用户参与不同主题的讨论，避免单一意见的滞留和传播，从而减少大学生群体的价值观分歧，引导其形成积极稳定的社会主义核心价值观，促进其身心的和谐与稳定发展，推动多元化网络思想政治教育效能的传播。

2. 打造"超级传播者"，形成网络思想政治教育新高地

网络社交平台上存在一些具有显著影响力的个体，他们通常被称为"超级传播者"，在社交网络中扮演着重要的角色。这些个体具备卓越的说服能力，能够高效地将自己的观点传达给他人，使自己成为社交网络中具有话语权和影响力的人物。如果高校思想政治教育工作者能够成为"超级传播者"，就有可能突破圈层交往领域的价值偏见，加速主流价值观念的传播。因此，思想政治教育工作者应在网络领域建立自己的影响力，关注并倾听大学生群体在休闲、娱乐、消费等领域的需求。需要注意的是，要想激发思想政治教育言辞中的情感力量，以提升个人媒体平台的吸引力，则传播的内容必须符合大学生的喜好、回应大学生的关切，传播的方式必须适应大学生的接收特点。

3. 深化网络信息素养教育，提高大学生的信息辨别能力

互联网算法时代，信息呈爆炸式增长，多元性和复杂性显著提高。思想政治教育工作者应协助大学生从"被技术控制"转向"控制技术"，有效辨别信息真伪、权威性和非权威性。此外，思想政治教育工作者也应帮助他们树立正确的网络社交观，增强学生的信息辨别能力，引导他们以理性的态度对待网络信息，学会

倾听和尊重不同的声音，积极参与跨领域交流。这样可以建立更加开放、包容和多元化的社交网络，从而引导大学生群体摆脱网络社交的虚假满足。

四、结语

大学生网络社交圈层化现象的出现主要受到算法推荐、社交软件设计、个体自主选择以及同质化等多种因素的影响。这种现象对大学生的思维方式、交际能力和信息获取产生了一定的负面影响。为了有效应对这种情况，相关主体要推动多元化社交、提高大学生群体的信息素养水平、引导其理性使用社交软件，并加强对其的网络素养教育，鼓励大学生以更加理性、多元的方式参与网络社交，从而更好地适应现代社会网络发展的趋势。在未来的研究中，可以深入研究网络社交平台算法技术对用户行为的影响，进一步了解互联网智能算法技术是如何影响大学生的行为和意识形态的，以及这种影响对社会产生的潜在影响；可以探索网络社交对大学生学术和职业生涯发展的影响，以期为大学生提供更加有效的发展策略；可以尝试分析网络社交对大学生心理健康的潜在影响以及可能导致的负面效应，探讨相应的心理健康干预策略；可以比较不同国家或文化背景下大学生网络社交特征，分析不同国家或文化背景下大学生网络社交的特点，为不同地区的网络思想政治教育提供参考。这些研究方向将有助于深入理解和解决大学生网络社交圈层化所带来的问题，为大学生群体网络社交的健康发展提供理论和实践支撑。

作者简介：

王世伟，四川外国语大学法语学院助教、辅导员，研究方向为学生发展与教育、比较教育。

红色基因融入外语类高校学生思想政治教育路径研究*

白　鸽

（西安外国语大学）

【摘　要】红色基因既是中国共产党人的精神内核，也是联系中华民族的精神纽带，更是中国共产党人团结带领全国各族人民战胜前进道路上艰难险阻的精神力量。本文旨在通过研究红色基因的丰富内涵，结合外语类高校学生的人才特点，探索红色基因融入大学生思想政治教育的路径和方法，为外语类高校培养具有红色基因的"三有"复合型人才提供借鉴和参考。

【关键词】红色基因；外语类高校；思想政治教育

一、红色基因的丰富内涵

"基因"这个概念来源于生物学，指的是产生一条多肽链或功能 RNA 所需的全部核苷酸序列。这个术语后来被赋予新的意义。2013 年 2 月，习近平同志首次提出了"红色基因"的概念，并指出简言之，"红色基因"是对革命精神和优秀作风的传承，

---

* 本文系 2023 年度陕西高校学生工作研究课题"红色基因融入外语类高校思想政治教育研究"（项目号：2023XKT55）研究成果。

红色象征着光明、力量和未来的引领。中国共产党从瑞金到井冈山、从遵义到延安，从西柏坡精神到改革开放，再到中国特色社会主义新时代，都展现了这种红色基因的传承和发展。红色基因是中国共产党人的精神内核，是中华民族的精神纽带，早已融入中华民族的优秀传统和作风。它孕育了诸如抗洪抢险、抗震救灾以及载人航天精神等永恒的光辉瞬间。这些精神激励着无数中华儿女，是他们为了中华民族的伟大复兴而坚强自立、坚持梦想、勇往直前。[①]

二、红色基因融入外语类高校大学生思想政治教育面对的挑战

1. 学生辨别不良信息的能力有待提高

在国际化的语言学习背景下，外语类高校的学生在专业知识学习、日常生活的过程中，极易受到外来文化和互联网信息的影响。青年学生群体想法单纯，容易受到不良信息的误导，辨别不良信息的能力有待提高。

2. 当前外语类高校中红色基因传播渠道较窄，学生对红色基因的认识有待加强

做好红色基因的传承和融入工作，必须利用各种传播渠道进行教育和宣传。然而，当前外语类高校中红色基因的传播渠道较窄，学生对红色基因的认识有待加强。造成这种现象的原因主要包括如下两点：一是思想政治理论课作为主阵地和主渠道的效应发挥不佳，受外语类高校的语言学习重要性的影响，不少学生对

---

① 强卫. 激活红色基因焕发生机活力——学习贯彻习近平总书记系列重要讲话精神［J］. 求是，2014（18）：14-16.

于思想政治理论课不感兴趣；二是专业课的载体功能无法有效发挥，这种情况的出现不仅仅是因为长期以来，外语类高校大学生很难在专业课程之中获取关于红色基因的学习内容，还因为专业课教师对课程相关知识的传播关注较多，对学生外语学习的重视程度较高，相应地，他们对有关红色精神的讲述就少了，导致学生缺少对于课程思政所传递红色基因的更多思考。①

三、红色基因融入外语类高校大学生思想政治教育的路径

1. 发挥课堂的"主阵地"作用

（1）凸显思政课教学"主渠道"。习近平总书记指出："要用好课堂教学这个主渠道，思想政治理论课要坚持在改进中加强，提升思想政治教育亲和力和针对性，满足学生成长发展需求和期待。"②因此，要想做好新时期红色基因融入外语类高校大学生思想政治工作，就必须上好思想政治理论课，发挥思想政治理论课育人的作用，全力培育担当中华民族伟大复兴使命的时代青年。同时，为了增强学习效果，应不断丰富和创新教学形式，综合运用多种教育手段、教学方法，将红色基因转变成价值追求和情感导向。

（2）完善专业教育"施工图"。立德树人在专业课程教学中的具体体现为课程思政。外语类高校的专业课程蕴含着丰富的文化知识和跨文化交际能力，又凭借语言工具价值与人文价值的特点使其广泛传播和融入红色基因成为可能。因此，我们要完善

---

① 赵丽涛. 全球化背景下社会主义核心价值观的对外传播［J］. 中国特色社会主义研究，2014（03）：75-79.

② 张烁. 习近平在全国高校思想政治工作会议上强调：把思想政治工作贯穿教育教学全过程 开创我国高等教育事业发展新局面［N］. 人民日报，2016-12-09.

"施工图"、编制"路线图"、明确"时间表",注重本研衔接、师生联动、一体实施,促进"语言"与"思想"两条主线融合发展,凸显语言背后的文化熏陶,兼顾语言形式输入和思想内容浸润,关注语言能力输出和思想引领价值同频共振,推进多维育人目标协同互动,在知识传授中弘扬主流价值,加强知识与学生情感价值、成长体验的关联度,根植理想信念,促进学生的全面发展。[①]

(3) 发挥教师队伍"主力军"作用。无论是思政课教师还是专业课教师,都要做好各自负责的思想政治教育工作,用习近平新时代中国特色社会主义思想武装头脑,树立"为党育人、为国育才"主体自觉,积极挖掘各自课程中蕴含着的鲜活的红色元素、闪光的红色内涵、生动的红色题材,将红色基因同和平与发展的时代主题相结合,并将其融入课程教育中,形成"课程门门有红色,教师个个讲育人"的崭新局面。在此基础上,不断调动学生的主体性和积极性,在思考与实践中汲取红色知识。通过各个方面的体验,让学生感受红色精神的独特魅力,从而使红色基因持久地影响学生。

2. 充分利用网络"新阵地"

(1) 积极开展网络素养教育,传播正能量。根据中国互联网协会发布的《中国互联网发展报告(2021)》,截至 2020 年底,中国网民人数已增长到 9.89 亿,网络在全国的普及率已达到 70.4%,18~24 岁的网民人数占中国网民总人数的近一半,即 42% 左右。[②] 大学生由于心态比较开放,思想也较为单纯,且好

[①] 聂继红. 红色文化对大学生理想信念教育的有效融入 [J]. 文化软实力研究,2017,2 (04):33-39.

[②] 中国互联网协会.《中国互联网发展报告(2021)》在京发布 [J]. 互联网天地,2021 (07):19.

奇心较强，容易接受新事物，但辨别力相对较弱。同时，外语类高校的大学生与其他高校的大学生相比，由于其专业特性和优势，更容易接触到各类西方文化和西方思潮。基于此，我们更加需要对外语类高校的大学生进行网络素养教育。网络素养教育不仅应教导他们"会用网"，还要让他们懂得"为什么要使用互联网"和"如何正确使用互联网"，进而提升他们的信息辨别能力，激发其爱国精神，从红色基因中汲取力量。

（2）搭建网络育人平台，唱响主旋律。网络给大学生思政教育带来了新的机遇与挑战，红色基因要想获得大学生的关注和推崇，必须在传播途径和方法上实现创新。通过网络资源，把立德树人作为核心使命，将培育和践行社会主义核心价值观作为主导方向，以党史国史教育为切入点，用"互联网＋红色基因＋语言"构筑大学生精神家园，让外语类高校的思政教育做到无"微"不至。[①] 首先，我们可以积极整合学校官网、微信公众号与校园电视台、广播站等平台，以实现更高效的信息传播和互动，通过资源和信息共享，实现"1＋1＞2"的效果。其次，充分利用外语类高校的国际资源、多语种资源、国别区域研究资源优势，发扬外语类高校学生的语言优势，邀请他们参与到红色故事的多语种翻译工作中，开辟图文与视频讲解相结合的红色故事平台，引导他们讲好中国故事。

（3）加强网络舆论引导，打好主动仗。随着互联网的发展，网络监管和网络立法的相关制度也需要逐步加强，这样才能给大学生营造一个健康和谐的网络环境，帮助大学生群体更高效地学习红色文化。我们可以利用数据分析网站和专题论坛，及时观察大学生群体的思想动态，并针对其中存在的问题，有的放矢地开

---

① 郑运旺."互联网＋"背景下的高校"微思政"模式［J］. 红旗文稿，2017（03）：33－34.

展红色教育活动,对学生加以引导。此外,我们要注意观察网络舆论导向,引导其往积极健康的方向发展,通过组织相关活动,让学生成为中国故事和红色基因的传播者。

3. 用好实践"活阵地"

(1) 用好红色资源。中国共产党自成立以来,历经了百年风雨,在波澜壮阔的奋斗历程中,留下了分布广泛、形式多样的红色资源。习近平总书记强调"把红色资源利用好、把红色传统发扬好、把红色基因传承好"①,这些红色资源都是中国共产党领导人民进行斗争的重要历史见证,体现了党的伟大历程和卓越成就,是加强红色基因教育的宝贵财富和有效载体。将历史博物馆、自然博物馆、地质博物馆、民俗博物馆、文化博物馆、革命旧址、历史文化遗址、先锋模范人物纪念场馆等场所作为开展思想政治教育、汲取红色基因的基地范畴,把红色资源作为现实的生动教材,通过知识与实际相结合来学习红色文化,培育红色基因。构建线上线下相结合的资源共享机制,通过现场参观或者利用多媒体技术支持实现虚拟参观,使学生在行走中感悟中国革命的波澜壮阔,在学习中不断目睹和领悟中国共产党的奋斗历程和卓越成就,在实践中不断弘扬和传承红色基因教育。通过学习和实践相结合,知行合一以引导外语类高校大学生正确认识红色基因,对中国特色和国际情况拥有客观公正的比较,增强中国人的志气、骨气、底气,成为新时代要求的"熟悉党和国家方针政策、了解我国基本国情、从全球视角看问题、熟练掌握外语技能、通晓国际规则和精通国际谈判"的新时代人才。

(2) 强调知行合一。实践育人强调遵循人才成长规律,通过

---

① 习近平. 弘扬"红船精神" 走在时代前列 [N]. 人民日报,2017−12−01(002).

实践活动，让学生能够将知识转化为实际行动，实现全面发展。红色实践不仅是行走的思政课，更是传承红色基因的重要途径。外语类高校要把"红色元素"融入丰富多彩的校园文化活动，积极搭建提高认识、砥砺品格、朋辈相携的实践平台，通过体验式、参与式、交互式的实践模式进一步完善红色实践机制，利用专业优势和课程优势，鼓励和指导学生通过学术研究、文学创作、艺术表演、公益服务等多种方式表达他们对红色文化的认识和体会。例如，外语类高校可以培养优秀学生和双语志愿者，引导他们积极探索"理解—认同—翻译"的红色资源习得模式，通过辅导和鼓励其撰写导游词与解说词，结合自己的专业知识对红色文化进行双语讲解，或举办辩论会、演讲等活动，帮助学生在巩固专业知识的同时，在润物细无声中汲取百年党史精神力量，真正做到让红色基因"入心入行"，培养他们成为拥有家国情怀、国际视野、思辨能力和跨文化能力等的复合型、复语型、高层次国际化人才，使他们能够在国际中讲好中国故事、传播中国声音、展现中国智慧。

四、结语

将红色基因融入外语类高校学生思想政治教育，是这门学科的现实渊源和文化境遇共同作用的结果。对外语类高校的思想政治教育工作者而言，我们应积极学习和贯彻习近平总书记给北京外国语大学老教授亲切回信的要义和精神，为党育才、为国育人，擦亮红色基因的鲜明底色，培养具备中国情、世界眼、民族魂、国际范，能够讲好中国故事、传播中国声音的高素质复合型人才。

作者简介：

白鸽，西安外国语大学国际关系学院辅导员、讲师。

运用百年党史资源促进外语类高校学生日常思政教育工作的创新发展*

李 璇

(西安外国语大学)

【摘　要】外语类高校学生的思政教育模式具有不同于其他高校的一些特征。本文在深入学习《中共中央关于党的百年奋斗重大成就和历史经验的决议》中的主要内容、总结有关重要经验的理论基础上，全面分析外语类高校学生思想政治教育工作现状和存在的问题，以探索有针对性的思政教育模式为路径，真正将党史学习教育全面融入外语类高校学生辅导员日常思政教育工作当中，引导学生形成正确的人生观、世界观、价值观，强化自身的国家认同感和民族自豪感，使其利用专业所学为国家发展和建设发挥应有的作用。

【关键词】外语类高校；百年党史；思政教育

习近平总书记强调："要把学习贯彻党的创新理论作为思想武装的重中之重，同学习马克思主义基本原理贯通起来，同学习党史、新中国史、改革开放史、社会主义发展史结合起来，同新时代我们进行伟大斗争、建设伟大工程、推进伟大事业、实现伟大

---

* 本文系西安外国语大学2022年度校级科研项目"新时代高等教育坚持'为党育人'理念及其实现路径研究"（项目编号：22XWD05）成果。

梦想的丰富实践联系起来。"就高校思政教育工作而言，百年党史资源具有十分重要的价值，对党的人才培养、当代大学生思想境界的提升以及推动党永葆先进性和纯洁性等都具有十分重要的意义。

一、百年党史的理论内涵

中国共产党历来善于总结历史经验并持续推进自身革新，"具有反思和运用历史经验的高度自觉"[①]。新民主主义革命时期，党面临的亟待解决的问题是反对"三座大山"的压迫，力争实现民族独立和人民解放，使人民真正成为国家的主人，为国家富强和民族复兴创造根本性的社会条件；社会主义革命和建设时期，党带领全国人民在相对薄弱的建设基础和不友好的国际环境下克服重重困难，快速推动了新中国生产力的发展，为改革开放和中国特色社会主义现代化建设奠定了重要基础；改革开放和社会主义现代化建设时期，党继续带领全国人民探索社会主义建设的正确道路，生产力的解放和发展逐步使人民摆脱贫困并部分实现富裕，社会主义制度得以完善，人民物质生活水平得到了极大改善；党的十三届四中全会以后，党团结带领全党全国各族人民继续坚持贯彻党的理论路线和方针政策，并在坚持改革开放的过程中对社会主义制度的发展方向、党的建设目标、国家发展战略等问题有了更深入的认识，形成了"三个代表"重要思想；党的十六大以后，党团结带领全党全国各族人民在全面建设小康社会进程中不断推进实践、制度、理论创新，深刻认识和回答了新形势下实现什么样的发展、怎样发展等重大问题，形成了科学发展观；党的十八大以来，以习近平同志为主要代表的中国共产党人

---

① 杨凤城，涂芝仪. 鉴往知来：改革开放以来中国共产党总结历史经验的考察[J]. 江苏社会科学，2022（05）：1-10+241.

坚持马克思主义理论的科学指导，并将其基本原理与习近平新时代中国特色社会主义事业的具体实际和中华优秀传统文化的有关经验相结合，坚持毛泽东思想、邓小平理论、"三个代表"重要思想和科学发展观，在深刻总结历史经验的基础上将历史经验与社会主义建设的新情况相结合，创立了习近平新时代中国特色社会主义思想。习近平同志对关系新时代党和国家事业发展的一系列重大理论和实践问题进行了深邃思考和科学判断，就新时代坚持和发展什么样的中国特色社会主义、怎样坚持和发展中国特色社会主义，建设什么样的社会主义现代化强国、怎样建设社会主义现代化强国等重大时代课题，提出一系列原创性的治国理政新理念新思想新战略。习近平新时代中国特色社会主义思想是当代中国马克思主义、二十一世纪马克思主义，是中华文化和中国精神的时代精华，"实现了马克思主义中国化时代化新的飞跃"[①]。

二、党史学习教育融入高校思政课的历史沿革

在党成立早期，部分先驱就开始注重对国际共产主义运动史和唯物史观的研究，相关学校已开设了"唯物史观""社会主义史"等课程。延安时期，党开始注重将党史学习教育融入思政教育之中，中国人民抗日大学（简称"抗大"）等学校开设了与政治理论有关的课程。新中国成立后，思政教育从教学、科研等方面得到了全方位提升，课程内容也从"新民主主义论"转变为"中国革命史"与"中共党史"。党的十一届三中全会以来，高校思政课因安定团结的社会环境与经济建设快速发展而回到正轨，"中共党史"等思政课程相继恢复，在此基础上，党史学习教育

---

① 陈理. 习近平新时代中国特色社会主义思想何以能开辟马克思主义中国化时代化新境界 [J]. 马克思主义与现实，2023（04）：1-14+203.

内容持续融入高校思政课程体系，有关内容和形式呈现出不断改革创新和形式、载体不断优化的趋势。党的十八大以来，以习近平同志为核心的党中央高度重视思政课建设，明确指出办好思想政治理论课意义重大，关键在教师，要发挥教师的积极性、主动性、创造性，同时要推动思政理论课改革创新，"在把握时代特征中将中国共产党精神谱系有机融入思政课教学"①，不断增强思政课的思想性、理论性和亲和力、针对性，并强调要加强党对思想政治理论课建设的领导等。

三、将党史资源融入外语类高校学生日常思政教育的必要性

党史学习教育对新时代高校学生思想政治工作的守正创新提出了新的任务和要求。总体来看，将党史资源融入外语类高校学生日常思政教育具有不同于非外语类高校的必要性。第一，当今世界正面临"百年未有之大变局"，外语类高校学生以其学科、专业、语言、兴趣、特长等方面的特点及广阔的国际视野，肩负着"把中国故事讲出去"的重要历史任务；第二，外语类高校学生开展跨文化交际的机会较多，容易出现对不良思潮产生片面的理解和认知等情况；第三，外国来华留学生主要分布在外语类高校相关专业，外语类高校将党史学习教育融入日常思政教育工作，有助于外国留学生了解党的百年发展史以及新中国的发展历程。因此，总结分析外语类高校在日常思政教育工作中开展党史学习教育的基本经验，探究新时代针对外语类高校学生将党史学习教育融入思政教育的培养模式，具有重要的理论和实践价值。

---

① 王易. 中国共产党精神谱系有机融入思政课教学研究［J］. 教学与研究，2022（05）：13—18.

四、将党史资源融入外语类高校学生日常思政教育的研究现状

笔者分析了国内外学者对于将党史资源融入外语类高校学生日常思政教育的研究现状。可以看出，目前国内外学者以此为主题开展的研究大都集中于将"四史"特别是党史学习教育落实在高校思政教育中的必要性和实践路径方面，针对外语类高校学生的学科、语言、专业等特点进行针对性研究的内容较少。同时，思政课的研究不同于"日常"思政教育研究，日常思政教育对辅导员提出了更高的要求。因此，运用"四史"特别是百年党史资源促进外语类高校学生日常思政教育工作的创新发展研究，在总体上与高校思政研究属于包含与被包含的关系，但同时又具有其自身的特殊性和复杂性，不同于传统思政课教学的是，辅导员承担了学生日常思政教育的主要工作。

综上所述，目前学术界及教育界对外语类高校学生日常思政教育的关注较少，且尚未形成有效的实践路径。因此，深入分析运用"四史"特别是百年党史资源促进外语类高校学生日常思政教育工作的重要意义和实践路径，对大学生特别是外语类高校学生的思政教育工作将产生有益影响。

五、将党史资源融入外语类高校学生日常思政教育的实践路径

1. 提升外语类高校辅导员群体对百年党史的学习和领悟

首先，提升相关专业辅导员的职业认同感，加强辅导员队伍对自身工作的责任感和使命感，使其积极思考研究党史学习教育在日常学生思政教育工作中的落实问题。其次，提升辅导员队伍学习能力，建立辅导员队伍有关日常思政教育培训的常态化机制和标准考核机制，使其在掌握"四史"特别是党史的重要性和教育理念的基础上，在学生日常思政教育工作中发挥引导性作用。再次，加强对外语类高校辅导员群体的专门化培训，使其充分了解自身工作的不同之处，有针对性地解决外语类高校学生在日常学习生活中可能遇到的意识形态、文化认同等方面的问题。最后，有针对性地强化对外国留学生的培养和教育，根据留学生的国别、意识形态、民族等进行积极引导，将"四史"特别是党史的成功经验与其国家、民族的发展特点相结合，提升其学习、运用我国有益发展经验解决其国家发展中存在问题的能力。

2. 探索"四史"特别是党史资源融入外语类高校学生日常思政教育的新模式

将百年党史资源融入外语类高校学生日常思政教育工作，应当从以下几点展开。首先，要坚持党建与团建相结合。"四史"特别是党史学习教育不应只停留在党组织生活和党课中，辅导员应加强对团组织的引导，使广大团员积极学习"四史"特别是党史的有关内容。例如，可以在党团活动中建立历史事件或英雄人物

专题教育研讨模式，引导学生以鲜活的历史事件为对象，深入探讨该历史事件的时代背景和党在当时的路线方针政策，进而增强对党史的认识。其次，要坚持将思政教育与专业学习相结合。辅导员应当在学生学习外国语言文化的同时，主动挖掘可融入日常思政教育的教学资源，在思政课的配合下，立足地方、结合实际，就近挖掘本地革命历史、红色事迹、英雄人物等资源，注重对中国传统文化和历史特别是"四史"的教育引导，使学生在比较学习的过程中增强对国家和民族的认同感。再次，要坚持线上思政与线下思政相结合，充分运用网络平台，关注实时动态、掌握国际局势、关注学生言论，利用网络平台探索党史学习教育师生互动交流的新机制，让党史真正"活起来"。邀请校内外专家通过线上线下作报告的形式加强外语类高校学生的理论学习，开展"阅读红色书籍""党史国史知识分享""联唱革命歌曲""撰写红色征文"等主题活动，在重大节日与重大历史事件纪念日的关键时间节点开展实地调研活动与志愿服务活动，推动党史学习教育真正入脑入心。再次，要坚持思政工作与服务管理相结合。辅导员应当通过管理工作与服务工作相结合的方式，在服务中创新理念，提高服务管理的育人意识，并着重关注外语类高校学生接受西方语言、文化教育后的思想动态，将"四史"特别是党史学习教育发展为学生精神文明建设的重要组成部分。最后，要坚持解决思想问题与解决心理实际问题相结合。将"四史"特别是党史学习教育融入外语类高校大学生思想教育和心理辅导全过程，从宏观的角度使"四史"特别是党史中的有益经验和精神融入外语类高校学生的世界观、人生观、价值观，从而有效解决其心理问题。

作者简介：

李璇，西安外国语大学英文学院辅导员、讲师，研究方向为思想政治教育。

党的二十大背景下外语类高校学生理想信念培育路径研究

任欣妮

（浙江外国语学院）

【摘　要】党的二十大是在全党全国各族人民迈上全面建设社会主义现代化国家新征程、向第二个百年奋斗目标进军的关键时刻召开的一次十分重要的大会。在新的时代背景下，对于大学生理想信念培育的路径研究也应当与时俱进。外语类人才培养对于我国深入推动改革开放，推动构建人类命运共同体具有重要意义，而外语类高校学生文化包容度高、个人主义观念强等特性使得思政工作者应当思考并探索一些更适合的理想信念培育路径。

【关键词】二十大；外语类高校；理想信念培育路径

理想信念培育是高等教育的基础工程和灵魂工程，是一项必须常态推进的工作。党的二十大报告中提道："青年理想远大、信念坚定，是一个国家、一个民族无坚不摧的前进动力。"在新的时代背景下，探索针对外语类高校学生理想信念培育的新路径，对于更好培养具有家国情怀和国际视野的高素质应用型外语类人才至关重要。

一、党的二十大背景下大学生理想信念培育的重要性和必要性

1. 党的二十大报告对理想信念教育的要求

党的二十大报告中强调了要加强"理想信念教育"。这反映了理想信念教育在新时代党建设新的伟大工程进程中的基础性地位，对于加强党的建设特别是思想建设具有重要指导意义。党的二十大报告进一步指出：首先，理想信念是中国共产党人的精神支柱和政治灵魂；其次，加强理想信念教育是解决党员干部理想信念问题的必然要求；再次，加强理想信念教育是党的建设必须常抓不懈的一项重要任务。高校的思政教育工作者应当与时俱进，深入思考和探索大学生的理想信念培育路径。

2. 党的二十大背景下大学生理想信念培育的重要性和必要性

（1）重要性。青年是国家的未来、民族的希望，肩负着实现中华民族伟大复兴中国梦的历史使命。党的二十大报告指出，全党要把青年工作作为战略性工作来抓，用科学的理论武装青年，用党的初心使命感召青年。首先，大学阶段是年轻人寻找和坚定自身理想信念的关键阶段，在这个阶段，立下怎样的志向、坚定怎样的理想信念，对他们来说至关重要。他们在大学时确立的志向会成为未来其个人发展道路上的一盏明灯，优秀的理想信念也能更好地引导他们成为对国家对社会有用的人才。其次，年轻人在大学阶段，面对的诱惑和选择相对较多，在这样的情况下，引导他们树立正确的理想信念就显得更为重要。这能帮助他们正确面对身边存在的不良诱惑，明确自己的人生方向和目标。此外，

在大学阶段，大部分人都将目光聚焦在专业学习上，没有意识到坚定的理想信念亦能为专业学习发展提供世界观层面上的指引。只有重视理想信念的培育，才能帮助大学生更好地开展专业学习。当目标足够明确时，脚下的路才会更加清晰。坚定的理想信念能帮助大学生摆脱迷茫，更好地利用宝贵的青春时光。

（2）必要性。作为学生工作者，我们应当对培育大学生理想信念工作的必要性有明确的认识。首先，大学生自身的发展离不开理想信念的坚定。四年的大学时光宝贵且短暂，若是浑浑噩噩地度过，将会造成一生的遗憾。部分学生上大学后会度过一段比较迷茫的时期，这往往是因为他们对人生目标的认识不够清晰。面对这样的情况，尽快帮助大学生确立自身的理想信念是一件极有必要的事情，这可以帮助他们摆脱迷茫，找到自己的人生方向，从而更加充分地利用宝贵的大学时光。其次，当前的国际形势严峻，世界观、人生观和价值观还未完全定型的大学生极容易受到环境干扰。在这个时候帮助他们尽快建立正确的理想信念是尤为必要的。坚定的理想信念能帮助他们自觉抵御外界诱惑，在面对复杂且大量的信息时拥有更强的判断力，能自觉承担历史使命，为国家的发展贡献自己的力量。

二、外语类高校学生特点

1. 文化包容度高

由于受到外语学习环境、外来文化和多元文化等因素的影响，外语类高校学生作为语言学习者，对于其他国家的文化了解程度会比其他高校学生更高，对于不同文化的包容程度也更高。这使得外语类高校学生形成更加开放和包容的心态，有助于他们更好地适应多元文化的环境，对于人类命运共同体的构建也能够形成助力。

但这也会带来一些问题：部分外语类高校学生由于面临的选择更多，对于主流文化的认同度有待提高。在这样的情况下，帮助他们建立坚定的理想信念可能会受到一定影响。

2. 有较强的表达欲

语言本身就是人沟通交流的工具，外语类高校学生作为语言学习者，表达自己观点和想法的欲望较强，且更加追求个性化的表达，喜欢通过互联网各平台阐述自己的观点。但是在大学阶段，他们的世界观、人生观和价值观还没有完全定型，一些思想也并不成熟。在这样的情况下，必须尽快引导他们确立正确的理想信念，拥有更加明确的目标和成熟的思想，帮助他们正确发挥自身的优势，成为具有家国情怀和国际视野的高素质外语类人才。

三、外语类高校学生理想信念培育的重难点

1. 外语类高校学生理想信念培育的重点

首先，外语类高校应当聚焦于党的二十大胜利召开的时代背景，明确新的历史时期对于大学生理想信念培育的要求，在对学生理想信念的培育过程中注入更具时代性的内容。要深刻领悟"两个确立"的决定性意义，增强"四个意识"，坚定"四个自信"，做到"两个维护"，紧密团结在以习近平同志为核心的党中央周围，用党的二十大精神指引学生理想信念的培育工作。

其次，在外语类高校开展思政工作的学生工作者要注重自身理论素养的提升，这样才能够更充分地对学生的发展和理想信念的培育进行指导。作为思政工作者，首先需要拥有坚定的理想信念，拥有立志帮助青年学生成长成才的崇高理想，才能够言传身教地影响学生；同时，需要在从事学生工作时更多地去了解和贴近学生，理解和尊重他们个性化的表达和想法，在理解的基础上再谈教育，只有这样才能帮助他们建立起向着坚定理想信念迈进的自驱力。

再次，外语类高校的学生工作者需要具有创新精神。时代与社会的发展日新月异，近几年自媒体平台发展迅猛，大学生接收信息的渠道和路径也更加多样。我们应当利用好各种媒介和渠道，用大学生喜闻乐见的方式去帮助他们坚定理想信念，把一些理论性的思政教育内容变得生动有趣；同时也应当注重实践教育，让他们对党的发展道路有更深刻的认识和更强烈的认同感。

2. 外语类高校学生理想信念培育的难点

外语类高校学生的特性使得他们的思维比较活跃，表达个性的意愿更强烈，不太容易对一种固化的价值观产生强烈的认同感，这可能是学生工作者在开展思政教育时会遇到的一个比较大的阻碍。这是在探索外语类高校学生理想信念培育路径时需要关注的一个难点。

四、外语类高校学生理想信念培育路径的探索

1. 打造良好的理想信念培育环境

（1）加强宣传教育。环境和个体是相互影响的，个体能够发挥主观能动性去改变环境，与此同时，环境也能对个体产生影响。培育外语类高校学生的理想信念，需要充分利用和发挥好环境的作用，可以通过一些比较传统的方式，比如张贴宣传海报、开展一些主题教育和校园文化活动等来让学生感受到一种积极氛围，让学生逐步认识到拥有坚定理想信念的重要性。除此之外，

还应当重视对心理环境的营造,学校应当完善相关的教师队伍建设,通过网格化等管理方式贴近学生心理,关注他们的思想动态,从而更好地为学生提供帮助。

(2)打造优秀校园文化。优秀文化可以塑造人,优秀的校园文化对于培育大学生的理想信念也能起到举足轻重的作用。学校可以通过打造活动品牌项目等方式,每年定期开展相关文化活动,与主题教育相结合,对大学生产生潜移默化的影响。通过优秀的校园文化提升学生对于学校的认同感和归属感,形成良好的互动,进而有助于学校更好地引导学生树立坚定的理想信念。

2. 设计个性化课程

(1)设计更加专业生动的思政课程。思政课程是落实立德树人根本任务的关键课程。但思政课程在不少大学生眼中是比较枯燥的,所以如何结合大学生的心理特性和时代的变化发展,设计更加生动有趣的课堂内容,值得每一位从事思政教育的学生工作者思考。比如,可以多融入一些故事性的内容,让课堂更加生动有趣,也可以通过加强互动的方式让同学们充分参与进来。此外,还可以借助一些新的技术手段,让课堂更加有趣。当然这些也要求思政工作者在注重理论学习研究的同时,不断提升自身的教学水平,如此才能上好一堂思政课。

(2)把理想信念培育与专业学习相结合。外语类高校学生基本以语言学习者为主,但语言的学习背后其实更多是对文化的了解和学习。以往的高校语言教育可能更多聚焦于如何帮助学生了解其他国家的文化、开阔国际视野,对于优秀传统文化的了解还有很多不足。高校其实可以更多地融入一些涉及优秀传统文化的学习内容,将之同语言教育相结合,在帮助外语类高校学生提升民族认同感和自豪感的同时,引导其自觉成为帮助中华优秀传统文化走向世界的传播者和践行者。

3. 通过实践教育强化理想信念

除了传统课程，外语类高校还应当更加重视第二课堂对于培育和强化学生理想信念的作用。每个学期可以开展一些实践课程，通过走访红色教育基地等方式让学生对党史有更深刻的认识，也更真切明白自身肩负的历史使命。此外，可以在寒暑假开展一些团队实践的项目，更好地融合主题教育和社会实践。以浙江外国语学院为例，该校通过积极组织实践团队，如关于"八八战略"的社会实践团队、"青年学子学青年习近平"学习教育实践团队等，引导学生在正确思想的引领下利用专业特长开展实践。实践教育会比传统的课堂教育更加直观，产生的影响也更深远。

4. 利用好互联网平台

大学生对于新鲜事物的接受程度普遍较高，随着自媒体平台的发展，人们对互联网的依赖也越来越强。外语类高校在培育外语类高校学生的理想信念时也可以充分利用这一点，比如开设一些官方的抖音账号、微信视频号等，传播相关内容。在内容的打造上可以融合一些专业内容，比如多语种的表达等，通过大学生更容易接受的方式把理想信念培育融入他们的生活。

五、结语

"青年理想远大、信念坚定，是一个国家、一个民族无坚不摧的前进动力。"作为思政工作者，我们应当高度重视对青年大学生的理想信念培育工作，积极探索适应时代的路径；也应当更加贴近学生，充分认识外语类高校学生的特性，用他们更容易接受的方式开展理想信念培育工作。

作者简介：

任欣妮，浙江外国语学院中国语言文化学院思政辅导员、助教，研究方向为思想政治教育。

高校基层党组织建设对大学生思想政治教育的作用研究
——基于学习宣传贯彻党的二十大精神和习近平新时代中国特色社会主义思想主题教育的实践

侯颖茜

（外交学院）

【摘　要】 随着高校思政教育的不断强化，高校青年学生积极向党组织靠拢，经过基层党组织的层层筛选和严格培养，成为中国共产党党员，成为青年大学生群体的先进分子。由青年学生党员组成的基层党组织，体量虽小，却是大学生群体中的活跃因子。在党的二十大精神宣传和学习过程中，在学习贯彻习近平新时代中国特色社会主义思想主题教育过程中，由青年党员构成的学生党组织对于大学生的带动作用是独一无二且不可忽视的。基于实践总结，本文旨在研究高校基层党组织建设对大学生思想政治教育的作用，具体研究党的二十大精神融入大学生思想政治教育的作用。

【关键词】 高校基层党组织；青年党员；大学生思想政治教育；党的二十大精神；主题教育

2021年7月，在中国共产党成立100周年之际，中共中央、国务院印发了《关于新时代加强和改进思想政治工作的意见》，其中提到"要提升基层思想政治工作质量和水平"，"加强学校思想政治工作,加快构建学校思想政治工作体系,实施时代新人培育工程,完善青少年理想信念教育齐抓共管机制,培养德智体美劳全面发展的社会主义建设者和接班人"。① 思想政治工作是党的优良传统、鲜明特色和突出政治优势,是一切工作的生命线。高校是思想政治工作的主阵地之一,面对的对象是青年大学生,他们是党和国家事业的接班人。基层党组织作为高校必不可少的组织,在大学生思想政治教育中发挥了不容小觑的作用。

一、基层学生党支部建设的重要性

《中国共产党章程》明确规定,"党的基层组织是党在社会基层组织中的战斗堡垒,是党的全部工作和战斗力的基础","党支部是党的基础组织"。② 正如党的十九大报告中指出的,要加强基层组织建设,基层党组织要建设成宣传党的主张、贯彻党的决定、领导基层治理、团结动员群众、推动改革发展的坚强战斗堡垒。③

1. 建设基层学生党支部,有助于推动高校思想政治工作落到实地,夯实高校党建工作基础

思想政治工作作为学校各项工作的生命线,既体现了中国特色社会主义大学的特色,又是办好我国高校的优势所在。它是党

---

① 新华社. 中共中央 国务院印发《关于加强和改进新形势下高校思想政治工作的意见》[R/OL] (2021-07-12)[2021-10-27]. http://www.moe.gov.cn/jyb_xwfb/s6052/moe_838/202107/t20210713_544151.html.

② 新华社. 中国共产党章程[R/OL](2022-10-22)[2022-10-26]. https://www.gov.cn/xinwen/2022-10/26/content_5721797.htm.

③ 新华社. 习近平: 决胜全面建成小康社会 夺取新时代中国特色社会主义伟大胜利——在中国共产党第十九次全国代表大会上的报告[R/OL] (2017-10-18)[2017-10-27]. https://www.gov.cn/zhuanti/2017-10/27/content_5234876.htm.

领导高校工作的具体体现，也是开展高校党建工作的重要抓手。基层学生党组织是党在高校的战斗堡垒，也是高校党组织履行高等教育职能的政治基础和有力支撑。党员是党的肌体的细胞和党的活动的主体；学生是学校的主体，是学校管理和服务的主要对象。学生党员是学生群体的中坚力量，是党组织加强与学生紧密联系的桥梁和纽带。建设基层学生党支部，要加强对学生党员的理想信念教育，深入学生当中去发挥模范带头作用，带动广大青年团员和群众大学生牢固树立理想信念，厚植爱国情怀。切实加强政治引领，确保高校思政工作落地。

2. 建设基层学生党支部，有助于推进全面从严治党，保证基层党支部不断适应新时代的新形势

习近平总书记曾说："勇于自我革命，从严管党治党，是我们党最鲜明的品格。"[1] 我们党历经百年风雨，从未变质、变色或变味，应对好自身在各个历史时期面临的风险和考验。当代大学生生长在中国特色社会主义新时代，由于社会主要矛盾发生了历史性的变化，当代大学生是基层社会当中具体的个人，他们这代人的特点也发生了根本性的变化。而基层学生党支部，通过不断自我革新、自我完善，使其功能适应当代大学生的需求，保持活力、胜任使命，更重要的是让我们的学生党支部成为学生的主心骨，让我们的党成为全国人民的主心骨；在国外和国内形势都深刻变化的历史进程中，党始终走在时代前列，始终是坚强的领导核心。

---

[1] 新华社. 习近平：决胜全面建成小康社会 夺取新时代中国特色社会主义伟大胜利——在中国共产党第十九次全国代表大会上的报告[R/OL]（2017－10－18）[2017－10－27]. https://www.gov.cn/zhuanti/2017－10/27/content _ 5234876. htm.

3. 建设基层学生党支部，能够为实现中华民族伟大复兴贡献建立扎实的"阵地"

中华民族伟大复兴是一个宏伟的目标，也是一个伟大壮举，但这个壮举是需要我们每一个中国人都为之努力才能够最终实现的。要实现中华民族伟大复兴，就要统一思想。基层学生党支部是千万个基层党组织的一分子，建设好基层学生党支部，将学生党员紧密团结在党中央周围，让他们在思想上与党保持高度一致，为实现中华民族伟大复兴贡献力量。积土成山，积水为海。当每一个基层党员都团结起来，统一思想，发挥力量，紧紧跟随我们党前进的步伐，中华民族伟大复兴一定能很快实现。

二、从实践角度总结基层学生党组织在学习贯彻党的二十大精神中发挥的作用

基于外交学院国际经济学院学生党支部组织开展党员干部学习会的实践，本文总结出基层学生党组织在学习贯彻党的二十大精神中发挥的作用：以党员干部学习会为平台，以学生骨干为抓手，充分发挥学生党员在学习中的带动作用，切实做到以党带团促班，在推动全员投入习近平新时代中国特色社会主义思想主题教育的学习中有效培育青年学生社会主义核心价值观。

党员干部学习会是外交学院国际经济学院学生党支部一直坚持开展的活动。它将基层党组织的"三会一课"和学生干部学习会有机融合，学生党员、入党积极分子、各班班长和团支书皆可参会。根据规定，党员干部学习会每学期至少组织2次，并邀请党总支书记列席或讲授党课。会议内容包括学习党的二十大精神和习近平新时代中国特色社会主义思想、与会同学分享学习心得、班长和团支书汇报近期班团工作开展情况、学生问题反馈、

院系学生工作的意见和建议等。

党员干部学习会最大限度地将学生群体当中的先进分子汇聚在一起，共同学习习近平新时代中国特色社会主义思想，加强与会人员的政治素养和理论水平。俗话说"牵牛要牵牛鼻子"，班长和团支书作为班级的"领头羊"，肩负着组织班会、团课等重要任务，这部分同学应先行通过党员干部学习会进行政治思想理论学习，在此基础上，再将学习内容通过班会、团课或主题团日活动向广大青年学生进行讲解和宣传，这样无疑能够更有效引领班级青年学生听党话、跟党走，在思想上、政治上和行动上同以习近平同志为核心的党中央保持高度一致。

2022年10月起，国际经济学院团总支下设的16个团支部坚持每个月（除寒暑假外）学习党的二十大报告和习近平新时代中国特色社会主义思想，为团总支积极响应团中央在2023年9月召开面向广大团员和青年开展学习贯彻习近平新时代中国特色社会主义思想主题教育工作会议的号召打下了坚实基础。

不仅如此，党员干部学习会增进了学生党组织与学生干部的交流，使学生思想政治工作的开展更顺畅地进行。同时，作为收集学生遇到的问题、向学生解释学校或院系的相关政策或行动、为学生解决问题的一个有效渠道，党员干部学习会也为学生党支部提供机会更好地贴近学生，为学生服务，切实做到从群众中来，到群众中去。

此外，由于在对提交入党申请书的同学和入党积极分子进行培养和考察时期，就对其中的学生干部进行了先行的关注和引导，国际经济学院学生党支部半数以上的党员都拥有学生党员和学生干部的双重身份。学生党支部能够通过这部分同学积极有效地引导班级和团支部的学生、共青团员事务管理；能够通过这部分同学引领优良班风、学风和校风的建设，切实培育广大青年学生的社会主义核心价值观。

三、对高校基层学生党组织建设的思考

高校是青年学子的集中地，是高精尖人才的摇篮。高校基层党组织的建设应在实践中不断精进和完善，争取更多青年大学生的支持和向往，切实将其团结在以习近平同志为核心的党中央周围，为继承党和国家的事业，实现中华民族的伟大复兴提供最强有力的人才支持。

1. 高校基层学生党组织应保证政治功能，强化政治领导

政治性是高校基层学生党组织的根本属性。首先，高校基层学生党组织凝聚的是学生，必须要坚决拥护中国共产党的领导，坚持中国特色社会主义道路，用马克思主义中国化、时代化的理论成果指导学生党组织的建设和学生党员的培养。切实使习近平新时代中国特色社会主义理论入耳入脑入心，将党的思想转化为青年学生的自觉行动，将学生党员、青年团员和群众都团结在党的周围，并不断巩固和扩大群众基础。其次，高校基层学生党组织的主要构成为大学生，他们是社会中思想最活跃、最有朝气的群体，必须激发基层学生党组织的活力，凸显学生党组织在基层工作中发挥的基础和基石的作用，真正发挥出组织优势，成为学生群体的主心骨，号召和率领广大学生群体。再次，基层学生党组织要推进标准化、规范化建设，加大教育培训、党建活动等方面的投入，稳扎稳打开展基层工作。最后，要严肃党的组织生活，严格落实"三会一课""两学一做"制度，以使党支部在有组织、有纪律的党内生活中不断进取，形成思想自觉、政治自

觉，进而养成行动自觉。①

2. 高校基层学生党组织应突出引领功能，发挥推动作用

思想决定行动，用党的先进理论武装了头脑后，下一步就是落实工作。高校基层学生党组织是贯彻落实学校党委、院系党总支各项工作部署的直接执行者和责任者，是学校落实立德树人根本任务、强化价值引导和培育爱国情怀等工作的基层承担者。②它直接面向广大学生群体，因此在工作落实中，要切实发挥推动作用，从思想上引领，从组织上引领，凝聚人心，汇聚共识，为学校和院系的发展提供强有力的基层支持和动力。首先，要做好组织设置优化和党员管理工作。加强基层学生党组织自身创新建设，完善组织体系，做好每名党员的有效管理，为扩大工作覆盖面和提高工作质量提供人员和组织支持。其次，打造强有力的党务工作队伍，培养有工作热情和业务水平的高素质学生党员干部，用他们的激情和热情带动更多的学生，打下扎实牢固的群众基础。再次，要做好党员发展和考察培养工作。最后，要做好党员发展计划的统筹规划，坚持"成熟一个，发展一个"，确保新党员的素质，为党组织源源不断地输入新鲜且健康的血液。

四、结语

学生党员既具有党员的素质，同时具有青年的特质。青年是国家最具潜力、最有生气的力量，是国家和民族发展的后备军，

---

① 黄步军，张园. 新时代高校基层党组织建设研究［J］. 学校党建与思想教育，2020（01）：617.
② 黄步军，张园. 新时代高校基层党组织建设研究［J］. 学校党建与思想教育，2020（01）：617.

并有望成为国家和民族发展的中坚力量。他们的成长成才离不开基层党组织的培养、考察和教育，而他们的加入也为基层党组织注入了新鲜血液。青年是国家的希望，是民族的未来，而青年党员则是青年的中流砥柱。在学习贯彻习近平新时代中国特色社会主义思想的过程中，基层党组织发挥好战斗堡垒作用，便能够让党员发挥好先锋模范作用，以一带多，以少带群，让更多青年大学生紧紧围绕在以习近平同志为核心的党中央周围，听党话，跟党走，这是发展学生党员的根本意义。

作者简介：

侯颖茜，外交学院国际经济学院讲师、辅导员，研究方向为国际关系。

中华优秀传统文化融入大学生思想政治教育的研究[*]

周 礼

(浙江外国语学院)

【摘 要】面对新形势新挑战,大学生思想政治教育存在着党建引领不够充分、形式内容不够丰富、协同育人机制不够完善等问题。中华优秀传统文化为大学生思想政治教育提供了丰富的教育资源,通过将其从知识层面、实践层面、传播层面等融入大学生思想政治教育,可以增强师生的文化自信和民族自豪感,培养大学生的人文精神和综合素质,同时推动中华优秀传统文化的传承、创新和发展。

【关键词】大学生思想政治教育;中华优秀传统文化;四课堂

大学生思想政治教育是一项长期而艰巨的任务,中华民族的优秀传统文化是中国共产党深厚的执政资源,是大学生思想政治教育丰富的内涵宝库,高校师生也肩负着传承和发扬优秀传统文

---

[*] 本文系浙江外国语学院 2021 年度博达科研提升专项计划(第三期)党建专项课题"'四课堂'联动机制下高校学生党员教育管理模式探究"(项目号:2021DJ3)成果。

化的责任。党的二十大报告提出:"坚持和发展马克思主义,必须同中华优秀传统文化相结合。只有植根本国、本民族历史文化沃土,马克思主义真理之树才能根深叶茂。"① 因此,探索从知识层面、实践层面、传播层面等将中华优秀传统文化融入大学生思想政治教育,既有助于培育高校师生坚定"四个自信",在世界百年未有之大变局中站稳信念根基,也有助于引导其树立和践行社会主义核心价值观、落实立德树人根本任务。

一、新时代大学生思想政治教育存在的问题

我国高等教育经过不断发展与改革,大学生的思想政治教育得到不断加强,内容不断丰富,形式更加多样。但是,出于各种原因,目前我国高校思想政治教育还存在一些问题,导致了教育工作的效果不佳,难以满足高校广大青年学生的需求。

1. 党建引领在思想政治教育各阶段的作用发挥不足

高校的人才培养方案和各教学环节项目的设计必须贯彻落实党的教育方针,除了着力建设"思政课程",各高校也在积极推广"课程思政"的全覆盖,但有时会与大学生心理发展水平及任课教师的教学理念出现偏差,需要强有力的党建引领统筹。

2. 教育形式在思想政治教育中过于简单,缺乏活力

以教师讲授为主的传统思政课程形式单一,新时代学生的特点要求教育打破固化模式,在体验和情境中学习知识和接受教

---

① 习近平. 高举中国特色社会主义伟大旗帜 为全面建设社会主义现代化国家而团结奋斗——在中国共产党第二十次全国代表大会上的报告[R/OL]. (2022-10-25)[2023-12-20]. https://www.gov.cn/xinwen/2022-10/25/content_5721685.htm.

育，人工智能的快速发展也需要高校思政工作者积极"拥抱"新的科技，让大学生在潜移默化中提高思想政治觉悟。正如学者朱媛媛、黄海涛所说："人工智能正深刻改变着大学生思政教育的本来面貌，智能思政——大学生思政教育的新样态正在形成。"①

3. 协同育人联动机制在思想政治教育中实施效果不尽如人意

协同育人是高校践行立德树人的必然选择，虽然校外有红色基地、实践基地，校内有思政课堂、育人场馆，但是大部分高校未能进一步开发、整合育人资源，也未能形成更为广泛、强大的育人合力和育人成效。

二、中华优秀传统文化融入大学生思想政治教育的必要性

中华优秀传统文化蕴含着丰富的智慧和积极的价值观念，可以为大学生思想政治教育提供许多宝贵的资源并指引方向。将中华优秀传统文化融入大学生思想政治教育，不仅可以增强师生的文化自信和民族自豪感，还可以培养大学生的人文精神和现代素养，提高其综合素质和工作能力。此外，也可以推动中华优秀传统文化的创新和发展，促进中华优秀传统文化与当代社会的融合和互动。

在大学生思想政治教育中，中华优秀传统文化可以起到多方面的作用。首先，中华优秀传统文化可以培养大学生的人文情怀，提高他们的精神境界和审美素养；其次，中华优秀传统文化

---

① 朱媛媛，黄海涛. 人工智能时代大学生思想政治教育的转向、困境与突破[J]. 江苏师范大学学报（哲学社会科学版），2022，48（06）：107-114.

可以启迪大学生的思维和智慧，引导他们认识和把握历史的发展规律、社会的发展趋势，从而增强大学生的战略思维和领导才能；再次，学习中华优秀传统文化可以帮助大学生理解和把握中国特色社会主义道路，加强他们的意识形态认同，树立建设中国特色社会主义事业的信心和决心。

三、中华优秀传统文化融入大学生思想政治教育的有效路径——以浙江外国语学院"四课堂"联动机制为例

为深入贯彻落实全国教育大会精神，强化以学生为中心，扎实推进协同育人工作，浙江外国语学院于2020年创新性地实施了承载着思想政治工作和德育工作的育人体系——"四课堂"联动机制，其中"四课堂"即教学课堂、校内拓展课堂、校外实践课堂和海外实践课堂等四个课堂。结合中华优秀传统文化的大学生思想政治教育也在这四个课堂中得以创新和拓展。

1. 守好第一课堂，传承中华优秀传统文化，丰富大学生的文化内涵

第一课堂即教学课堂，其主要目的是打好文化根基。在第一课堂，教师可以针对不同专业学生的需求和兴趣爱好，挖掘和整理中华优秀传统文化资源，选择适当的内容进行解读。浙江外国语学院组织资深教师开设了"家国情怀国际视野"通识课程、民族传统体育课程等，为学生介绍相关的中华优秀传统文化；在学校组织的党课、团课中引入中华优秀传统文化相关内容，深入挖掘其内涵和精髓，明确其在现代社会中的意义和应用价值，在课堂教学中厚植家国情怀。

随着时代的变化和社会的发展，学生的思想观念和学习方式也在更新，这促使专业教师不断改进课堂教学方法。例如，在

"古代文学"的课堂实践教学环节，任课教师组织了文学名著改编演出、名家名作赏析、"我与古代文学有约"主题班会、经典诗文吟诵、古诗词创作、课程小论文写作等活动，以丰富的形式帮助学生加深对传统文化的学习。

为了更好发挥教师的作用，学校拥有的浙江文化"走出去"协同创新中心、中国传统文化传承与传播研究所、宋韵文化传播研究所、非遗文化艺术研究所等科研机构为教师提供了学术平台；各二级学院举办的读书会、师生茶话会、学术发展共同体会议等为师生提供了深入交流的平台，通过共同探讨包括传统文化在内的各类主题，丰富了大学生思想政治教育的课堂内容，营造了书香校园学习氛围。

2. 优化第二课堂，激发中华优秀传统文化活力，提升大学生的文化自觉

在大数据背景下，学生也习惯了根据自己的发展需要，主动选择所需的学习内容、学习方式和学习深度，构建新型的、专属的学习生态。第二课堂即校内拓展课堂，其目的主要是在校内锤炼大学生传统文化素养，培养大学生的文化自觉和文化素质，通过社团活动、文艺演出、训练比赛等多种方式，打造多层次的校园文化活动，激发中华优秀传统文化在新时代青年中的活力。浙江外国语学院调动全校资源举办的传统文化节，旨在利用中华优秀传统文化资源，加强精神和思想内核建设，提升学生的文化自信。

学校也建立了诸如华服社、朗诵社、书法篆刻社、文学社、话剧社等众多传统文化类社团，社团成员在专业老师的指导下提升了对中华优秀传统文化的兴趣和了解。此外，学校组织学生以社团为单位参加校内外各类型晚会、比赛和活动等，让学生在展示自己学习成果的同时获得成就感和归属感。学校学生近年在浙

江省经典诵读大赛、笔墨中国大赛、武术锦标赛等大型赛事中多次斩获佳绩。学校不断扩张人才培养的发展平台，如在校内建立涉外传统武术教练员资格证考点，10 年间共培养 4800 余名涉外传统武术教练员。

3. 提升第三课堂，丰富中华优秀传统文化形式，拓展思政教育的形态

第三课堂即校外实践课堂，是理论与实践融合的有效路径，可以增强师生运用所学为人民服务的责任感，在实践过程中注重传承和创新相结合。近年来在"乡村振兴""共同富裕"等思想的引领下，浙江外国语学院师生团队的实践越来越深入基层，与中华优秀传统文化的关联性亦越来越高。

学校精心打造了"中华优秀传统文化中的党员教育"系列活动，组织师生党员以传承和弘扬优秀传统文化为己任，以学校宋韵文化传播研究所为窗口，讲好浙江故事、杭州故事，增强文化自信。宋韵文化蕴含着中华优秀传统文化的精神内核，是具有浙江辨识度的重要文化标识，杭州作为南宋都城，是当时的政治、经济、文化中心，是宋韵文化的重要体现。学院立足杭州本土，发挥专业特长，将中华优秀传统文化中的宋韵文化与杭州市地标结合起来，例如岳王庙、陆游纪念馆、范公亭等，带领师生实地参观学习，并深挖背后的文化文人典故，感受宋韵文化的精神特质，开展系列讲座或艺术作品赏析，厚植家国情怀与民本观念，丰富师生思想政治教育实践活动。

学校与杭州的佛山村、新宇村等建立了党建联建联盟，结对帮扶泰顺县百福岩村。学校动员教师在上述乡村开设国学公益讲堂、公益书屋，面向社会开展讲座、民俗体验、国学共读等活动，把经典书籍和传统文化带入乡村课堂，促进中国优秀传统文化普及与传承，推进全民文化自信和精神富有。学校古代文学专

业的教师因此获得教育部和中央广播电视总台颁发的"最美教师团队"荣誉称号。

4. 打磨第四课堂，拓展中华优秀传统文化影响，增强师生的文化自信

第四课堂即海外实践课堂，可以引导师生坚定理想信念，通过传播中华优秀传统文化增强文化自信。高校要打磨第四课堂，在不断完善和创新思政教育工作中，也要注重借鉴国内外先进经验，将传统文化与现代教育相结合，帮助大学生更好地适应现代社会的发展要求。浙江外国语学院立足于国际化平台，通过共建海外孔子学院、志愿服务国际会议和大型赛事等，拓展中华优秀传统文化影响。此外，学校针对在校外籍教师、留学生开设了众多的特色活动与课程，通过面对面的交流，拓展中华优秀传统文化影响。

四、结语

2023年6月，在文化传承发展座谈会上，习近平总书记首次提出"建设中华民族现代文明"这一重大问题，他说在"在新的起点上，继续推动文化繁荣，建设文化强国，建设中华民族现代文明，是我们在新时代新的文化使命。"[①] 在"四课堂"联动机制下，高校能够更好地加强思政建设与中华优秀传统文化相结合的理论研究，完善大学生思想政治教育制度建设，提升教育质量，逐步实现传统文化与当代大学教育的有机结合，让中华优秀传统文化在高校人才培养中得到更好的发挥和应用。中华优秀传

---

① 习近平. 在文化传承发展座谈会上的讲话[R/OL]. (2022-8-31)[2023-12-20]. https://www.gov.cn/yaowen/liebiao/202308/content_6901250.htm.

统文化融入高校思想政治教育是一项长期而艰巨的任务，需要各高校广大教师、学生不断地努力和探索，将大学生思想政治教育工作不断推向新的高度。

作者简介：

周礼，浙江外国语学院中国语言文化学院讲师、党总支副书记，研究方向为思想政治教育。

红色文化资源融入大学生思想政治教育的路径探究

——以重庆红色文化资源为例*

任晓丽

(四川外国语大学)

【摘　要】 红色文化是中国共产党经过百年奋斗留下的先进文化产物,其蕴含的精神财富和物质财富对开展大学生思想政治教育工作而言是既丰富又宝贵的资源。本文通过对红色文化资源特别是重庆红色文化资源的内涵及范畴分析,通过量化研究和质性研究相结合的方式,全面分析红色文化资源融入大学生思想政治教育的路径,为思政工作者提供参考。

【关键词】 重庆红色文化资源;大学生思想政治教育;路径探究

习近平总书记高度重视红色文化资源的传承和运用,多次提到要"用好红色资源,传承好红色基因,把红色江山世世代代传下去。要用心用情用力保护好、管理好、运用好红色资源"。红色文化资源是中国共产党的先进文化产物,是见证中国共产党百

---

* 本文系 2023 年度重庆市教育委员会人文社会科学研究项目(辅导员择优资助计划)、"依托'红岩精神'探索国际传播人才培养的思想价值引领模式"(项目号:fdyzy2023006)阶段性成果。

年革命、斗争、发展的伟大精神和重要载体，具有中国特色社会主义文化的鲜明底色。红色文化资源所包含的中国共产党人艰苦卓绝、勇于奋斗、坚强不屈的爱国情怀和崇高的革命理想，是开展大学生思想政治教育的丰富资源，对加强大学生思想政治教育的有效性具有重要意义。

一、红色文化及重庆红色文化概念与范畴

1. 红色文化的概念和范畴

红色文化的概念第一次出现在《红星照耀中国》一书中，它是伴随着中国共产党的成立而产生的，是在中国共产党领导中国人民进行革命、建设和改革的伟大历程中逐渐丰富发展的。对于红色文化，中国学术界给出了众多的定义。现阶段认可度较高的是学者渠长根的观点，即红色文化是指在马克思主义的指导下，在中国，由中国共产党领导人民群众在新民主主义革命、社会主义革命与建设、改革的实践中共同创造出来的各种物质和精神财富的总和。[①]

对于其分类，现阶段学界认可度最高的是三分法，即从物质层面、精神层面、制度层面进行划分。根据三分法，红色文化可分为红色物质文化、红色精神文化与红色制度文化三类。其中红色物质文化包括遗址遗迹类、建筑与设施类、人文活动类等红色文化资源；红色精神文化包括革命精神、建设精神、改革精神；红色制度文化包括纲领、决策、政策、法律法规等。

---

① 渠长根. 红色文化概论［M］. 北京：红旗出版社，2017：1.

2. 重庆红色文化的概念与范畴

重庆作为战时陪都，红色文化底蕴深厚，拥有各种类型的红色文化资源。抗日战争时期，以重庆为代表的西南地区形成了独特的抗战文化和革命文化。本文认为，重庆红色文化是指重庆地区的人民在中国共产党的领导下进行新民主主义革命、社会主义革命、建设和改革的实践过程中形成的各种革命精神和物质载体的总和。

其类别也可按照三分法进行划分。在物质层面，包括周公馆、重庆大轰炸惨案遗址等遗址遗迹类，三峡博物馆、红岩陈列馆等建筑设施类，与刘伯承、红岩小说等相关的人文活动类红色文化资源。在精神层面，则包括红岩精神、抗战精神、"三线"建设精神、三峡移民等红色文化资源。在制度层面，则包括出台对革命历史遗迹的保护利用政策等。

二、红色文化资源在大学生思想政治教育应用现状

为更好地了解现阶段红色文化资源在大学生思想政治教育中的应用现状，本文以量化研究和质性研究相结合，通过制作调查问卷和进行田野调查个案访谈搜集相关数据和资料。

本文使用的问卷由调查对象各方面信息、学生对红色文化资源的认知度探究、高校红色文化资源融入大学生思想政治教育情况调查等版块构成，共发放500余份，收回有效问卷429份，问卷发放对象以重庆高校学生为主，包含西南大学、重庆交通大学、重庆工商大学、四川美术学院、四川外国语大学、重庆对外经贸学院、重庆公共运输职业学院、重庆城市职业学院等本、专科院校的学生，另有上海外国语大学、大连外国语大学、中国传媒大学、浙江邮电职业技术学院、广西警察学院等6个学校的学

生。本文涉及的个案访谈共有 6 类提纲，访谈对象有高校学生（含外籍学生）、高校教师（含外籍教师）、红岩革命遗址工作人员等，共计得到 30 份访谈材料。根据问卷和访谈，本文得出了以下结论。

1. 大学生对红色文化关注度高，但深度不够

经调研分析，大学生群体虽普遍了解并关注红色文化，但对其全貌的认知程度参差不齐。问卷调查数据显示，近 95% 的受访者表示知道红色文化，同时超过半成受访者对重庆红色文化抱有兴趣。由此可见，国家及地方政府对于红色文化内涵和精神的大力宣传与科普，以及对学生红色文化教育引导效果较好。而进一步分析发现，虽然受访者对红色文化关注度较高，但部分受访者对于红色文化的了解并不全面。同时，个案访谈时，有受访者表示虽然知道"红岩精神"，但对其具体内涵的了解需进一步加强。由此可见，高校大学生对红色文化的关注程度虽然比较高，但深度仍有待加强。

2. 高校思想政治教育的内容有待丰富，形式有待创新

在个案访谈中，大部分学生反映，高校思想政治教育的内容有待丰富，形式有待创新。思政课教师有丰富的知识积累，课堂内容会涉及红色文化知识，但课堂形式讲解多以理论为主，生动性和趣味性不够。部分思政课教师反馈，因红色文化涉及党政相关知识，讲授时需要保持政治性和严肃性，课堂教学氛围更需要端正的态度，学生群体可能因此觉得枯燥乏味。

3. 高校开展的部分红色文化实践活动吸引力和创新性有待提高

党的二十大提出了要以社会主义核心价值观为引领，发展社

会主义先进文化，弘扬革命文化，传承中华优秀传统文化，这为我国文化建设发展指明了方向。同时，高校作为传承和弘扬中华优秀传统文化的重要载体，开展了一系列红色文化实践活动，但部分活动对于学生来说吸引力不够，创新性也有待提高。根据问卷结果：72%的受访者认为学校开展的红色文化实践活动形式和内容缺乏创新力和吸引力，82%的受访者认为红色文化资源融入思想政治教育最好的方式是有创新性地开展相关活动，79%的受访者希望可以组织实地考察。由此可见，受访者普遍希望通过走出校门，走出课堂，以社会实践的形式了解红色文化，但其所在学校的部分实践活动不多或创新度和吸引力不足。同时，在个案访谈中，也有受访者提到"红色文化实践活动其实也存在可创新的方式"。可见，高校的一些红色文化实践活动的转化效果不太明显，其教育功能没有得到充分发挥。

三、红色文化资源在大学生思想政治教育中的路径探究

1. 打造"一课堂"，让思想政治教育主渠道"畅"起来

思想政治理论课（简称"思政课"）是大学生思想政治教育的"主渠道"，在大学生思政课和主题教育中，要将红色文化资源融入其中，并将其转化为优质的教学资源，打造富有特色的"一课堂"，让思政教育的主渠道道路畅通起来。要打造如"一课堂"，需要做到以下几点：一是科学统筹，制订教学计划，做好课程内容的有效整合，将红色文化资源融入思政课堂之中。例如，可将重庆红岩精神、三线精神、抗战精神有机结合，让红色文化资源成为学生精神食粮的有机养分。二是创新教学方法，在传统的教师单一教授的基础上，开展翻转式课堂、整本书阅读、

小组分享或邀请重庆老一辈革命家进校分享革命经历等形式开展课堂教学。三是建设红色文化校本教材，高校可根据当地实际情况，充分挖掘和开发红色文化资源，如重庆地区高校可充分利用以江姐、小萝卜头等人物为代表的红色历史故事，并结合学校实际情况，编撰校本教材，做到有的放矢。四是开设相关红色文化思政类通识选修课程，如浙江理工大学领衔开设的"红色文化概论"课程等。此类课程能让学生从课本上"看"到身边的红色文化资源，并通过实地探访加深度思考，让学生从多渠道接受红色文化教育，通过沉浸式教学，领会红色文化精神内涵。

2. 建设"二课堂"，让实践活动的主阵地"活"起来

红色文化资源想更好地融入大学生思想政治教育，必须带领学生走出教室，充分发挥"二课堂"主阵地作用。"二课堂"主要指课堂教学以外的实践活动，包含校园文化活动和社会实践活动等。将红色文化融入"二课堂"主阵地，就是要将红色文化资源的"精、气、神"发挥到极致，可从以下几点着手：一是加强校园红色文化物质建设，利用高校所在地红色资源优势，深挖高校历史英雄人物、事迹等，同时在学校相关条件支持的情况下，开展红色雕塑、景观建筑、文化墙的设计和建设等，营造红色文化学习氛围。二是创新"二课堂"实践活动形式，各地高校可根据自身特点开展内容多样、形式多元的实践活动，如演讲比赛、红色情景剧演绎、红色芭蕾舞比赛等多形式的主题文化活动，丰富"二课堂"活动形式。三是开展红色文化研学活动。各地高校可结合本校实际情况开展"暑期三下乡"、实践周等活动，以重庆地区高校为例，可以通过组织学生走进重庆革命博物馆及相关纪念馆、党史馆、烈士陵园等红色教育基地，让大学生在学习革命传统、体验革命生活、重走红色道路的过程中，激发爱国情怀，更加坚定地走中国特色社会主义道路。四是建立校地红色文

化合作实践基地，高校可与红色教育基地建立长期合作关系，如建立红岩教育实践基地，组织学生参观红岩村、渣滓洞、白公馆、红岩陈列馆等，通过基地工作人员进校现场教学等形式，有效整合红色文化资源。

3. 开辟"新课堂"，充分利用新媒体平台

Z世代学生乐于并善于运用互联网平台发声，高校应结合学生实际情况，充分利用网络新媒体平台这一"新课堂"，充分发挥其信息传递的实时性、开放性和共享性等优势。高校在探索将红色文化资源融入大学生思想政治教育时也要充分发挥其作用：一是不断推出红色文化网络精品，通过抖音、哔哩哔哩网站、快手、小红书等高校学生群体使用频率较高的网络新媒体平台，创造有思想高度、历史厚度、情感温度且对大学生群体有吸引力的网络作品；二是打造又"红"又"专"的"重庆红色文化推广大使"和"校园红色人物"，突破传统宣传模式，以大学生群体喜爱的形式讲解红色文化；三是开展师生合作，以教师团队做"领头羊"，结合学生之"趣"与教师之"专"打造新课堂，扩大红色文化的传播范围，突出红色文化在叙事内容上的创新性。

4. 打造教师"专"课堂，提升教师队伍红色文化素养

教师作为学生求学路上的重要角色，是知识的传递者和文化的传播者。由此可见，要提升思政课的教学效果，必须打造教师"专"课堂，提高教师队伍的红色文化素养。可以从以下几点着手：一是提升教师团队红色文化知识水平和文化素养，如开展红色专题讲座、红色教育分享会、红色理论主题学习等活动，提升教师的理论水平，打造红色文化名师团队。二是从实践上增强教师团队红色文化素养，以"教师红色经典朗读""思政课堂大比拼""教师红色研学"等活动促进教师将理论知识充分应用于实

践，以此提升教师红色文化素养。只有把"思政教师群体"打造得高、精、尖，才有机会更好地开展红色文化思政教育，真正地加深学生对红色文化的认识。

作者简介：

任晓丽，四川外国语大学新闻传播学院团总支书记、辅导员、讲师，研究方向为思想政治教育。

管理服务
GUANLI FUWU

少数民族大学生帮扶育人路径研究*
——以西安外国语大学"一站式"学生社区综合管理模式为例

依斯坎达尔·艾买尔　王晓青

(西安外国语大学)

【摘　要】"一站式"学生社区是依托书院、宿舍等的学生生活园区,是服务学生、助力学生成长成才的教育生活共同体。本文基于西安外国语大学"一站式"学生社区建设综合管理模式情况,根据目前少数民族大学生培养中面临的主要问题,探析在该模式下的育人路径和帮扶机制。本文认为,"一站式"学生社区为少数民族大学生提供了更优质的成长环境,有助于其成长成才。

【关键词】"一站式"学生社区;少数民族大学生;学业帮扶;育人路径

2023年3月,全国高校"一站式"学生社区综合管理模式建设工作推进会召开,吹响了全覆盖建设的号角。

西安外国语大学(简称"西外")以习近平新时代中国特色社会主义思想为指引,围绕立德树人根本任务,以思政教师进公寓、学工干部进公寓、党团组织进公寓、校园文化进公寓、健康

---

* 本文为"基于铸牢中华民族共同体意识的高校少数民族学生'四维'工作实践育人项目"阶段性成果。

教育进公寓、智慧服务进公寓等六个方面为主要抓手，建立"六位一体"思政教育进公寓育人体系，打造贴近学生生活的育人新场域。同时，在少数民族学生培养过程中，学校结合学生学业和成长情况，将少数民族学生培养融入"一站式"学生社区建设，创新育人举措与帮扶机制，助力少数民族学生成长成才，为中华民族伟大复兴培养担当大任的时代新人。

一、西外少数民族大学生帮扶育人体系建设概况

2020 年,《教育部等八部门关于加快构建高校思想政治工作体系的意见》指出，要将"一站式"学生社区作为提升学生核心素养、开展师生交流活动、创建文化活动、融合生活服务的载体，将其作为现代化的教学园地来实现全面育人。[①] 西安外国语大学贯彻"服务育人促进学生全面发展"的理念，依托学校"六位一体"思想政治教育进公寓育人体系，形成了具有西外特色的少数民族学生育人品牌。自 2022 年获批全国高校"一站式"学生社区综合管理模式建设试点单位以来，西外进一步发挥学生公寓育人功能，整合教育资源，将多种培养方式、多个培养环节融为一体，持续创新少数民族学生育人模式。

通过"一站式"学生社区建设，西外少数民族学生育人帮扶体系初步形成。学校通过建立工作站，在思想引领、生活辅导、文化教育等层面发力，为少数民族大学生提供全方位的支持和服务。例如，在思想引领上，思政教师工作站与党团组织工作站通过深入开展政治理论学习、理想信念教育等主题党团活动，引导

---

① 教育部等八部门关于加快构建高校我思想政治教育工作体系的意见［EB/OL］.（2024—04—28）［2023—04—05］. http://www.moe.gov.cn/sresite/A12/moe_1407/s253/202005/t20200511_422697.html.

少数民族大学生加强理论自信；在生活辅导上，学工干部工作站与健康教育工作站通过深度谈话、交流座谈等方式及时掌握少数民族学生思想动态，帮助其解决成长困境，引领成长；文化教育方面，校园文化工作站通过开展系列文化育人活动，引导少数民族大学生牢固树立中华民族共同体意识。将"一站式"学生社区融入少数民族大学生教育培养工作，能够为少数民族大学生提供全方位的支持和服务，帮助其更好地适应大学生活，切实提高思想觉悟、解决学业困难。

二、西外少数民族大学生帮扶育人的一些实践

西外基于"六位一体"思政教育进公寓育人体系，结合"铸牢中华民族共同体意识的高校少数民族学生'四维'工作实践育人"项目，构建了从"体制机制""思想引领""文化育人""朋辈教育"四个维度共同发力的育人综合体，并以此为指导构建少数民族学生教育体系和帮扶育人体系。通过紧密结合少数民族学生学习生活中的实际情况，精准落实帮扶政策，将帮扶育人体系建设纳入"一站式"学生社区服务建设，形成思想引领、学业帮扶、文化教育、生活辅导、心理疏导及就业指导协同的重要育人路径，使育人工作走实、走深，助力学校少数民族学生成长成才。

1. 强化思政引领，注重凝魂聚魄

学校在社区加强了少数民族学生的党建、团建工作，并持续培育优秀的少数民族学生党员，发挥好思政引领作用。例如，通过开展"'石榴花开，同心筑梦'——中英双语专题诵读党的二十大报告"等活动深入学习二十大报告精神；通过升旗仪式等"知校、荣校"教育活动、红色教育基地参观、讲好红色文化故事等，将思想政治教育融入"一站式"学生社区，高举爱国爱党

旗帜，用红色资源培养担当民族复兴大任的时代新人。

2. 创新帮扶机制，加强学业能力

学校针对少数民族大学生建立了常态化的帮扶机制，制订了科学合理的培养计划。为有针对性地提高少数民族大学生的学业能力，学校建立了"一生一册"精准帮扶动态档案机制，因材施教，分类分层次地开展个性化教学。学校定期与少数民族学生谈心，主动了解其学业困难的实际情况，鼓励高年级学生骨干结对帮扶，在社区场域开展了"石榴籽培优育人"系列少数民族学业帮扶班、预科学院少数民族"三人行"帮扶计划等，通过"一对一、一对多""线上+线下相结合"等多种方式开展学业帮扶。

3. 加强文化交流，广泛交往交融

学校在"一站式"学生社区组织开展民族文化摄影展、"我和我的故乡"征文比赛、"XISUer中的少数民族"人物特辑采访等文化育人进公寓实践项目系列活动，通过开展上述活动，加强各民族学生间的文化交流。此外，学校通过在"一站式"学生社区内组织各种丰富多彩的文化活动，为少数民族大学生搭建施展才华的舞台，进一步增进各民族师生间的广泛交往交融，引导师生不断铸牢中华民族共同体意识。

4. 利用朋辈领航，发挥榜样力量

学校通过树立学习朋辈典型，发挥榜样示范引领作用。例如，成立"56汇XISU"少数民族学生工作室，坚持"以少数民族学生为本"的教育管理理念，全方位、多层次地为学校的各民族学生服务。通过"1+N"的学习互助模式，定期开展讲座、沙龙、大咖分享等导学活动，从交互学习探索中帮扶学业。同时重视学生骨干和学生党员培育，在"一站式"学生社区组织开展

"听青年说——与学生面对面""培根育魂，石榴花开——优秀少数民族学生经验分享交流座谈会"，通过微信公众号、优秀少数民族学生分享交流会等形式广泛宣传投身于守边护边、兴疆治疆壮阔实践的优秀学生、退伍优秀少数民族学生及其他优秀少数民族学生的先进事迹，发挥朋辈榜样力量。

5. 开展就业指导，精准帮扶

学校结合学生现实需要，在"一站式"学生社区场域下开展职业生涯培训，帮扶就业困难的少数民族毕业生，通过开展心理咨询、就业创业指导及简历"门诊"活动，为不同类型的就业困难少数民族大学生提供指导，并为其建立就业档案，实时跟踪其就业状况。针对未就业的少数民族大学生，制订了"教师精准帮扶计划"，一对一指导其开展职业生涯规划。同时，学校努力为少数民族学生拓宽就业渠道，通过主动联系企事业单位来校开展专场招聘会，全面实现学生的高质量就业目标。

三、少数民族大学生帮扶育人体系建设的西外经验

西外紧密结合少数民族学生实际情况，聚焦思想引领、学业帮扶、文化教育、生活辅导、心理疏导及就业指导等多维度多路径，旨在提升少数民族大学生培育成效，形成以"一个品牌活动、一场主题教育、一门帮辅课程"为主体的少数民族大学生帮扶育人平台。通过上述实践，西外初步实现了"品牌活动提升育人广度""主题教育培训提升育人深度""帮扶课程提升育人精度"，在育人模式、帮扶机制和育人经验等方面，逐步形成了长效机制和培养路径，真正实现用"浸润式教育"打通思政育人"最后一公里"。本文基于西外"一站式"学生社区场域下少数民族大学生帮扶育人体系建设实践，总结了如下经验，希望能为其

他高校提供一些借鉴。

1. 坚持立德树人，实现育人成效

首先，高校须立足思想引领，通过党团组织工作站开展活动，进一步强化少数民族学生对中华民族的历史认知教育。通过党史学习教育，引导少数民族学生树立正确的中华民族历史观，培养一批政治立场坚定、素质全面的少数民族学生干部，为其成长成才搭建多层次、多渠道的培养平台。

其次，高校须在学生社区构建"辅导员—学生骨干—少数民族学生"帮扶育人共同体，为少数民族学生提供精准帮扶。学校要培养一批少数民族辅导员，入驻学生宿舍，与学生深入交流，及时了解其思想动态及困难需求。要发挥少数民族骨干的朋辈引领作用，帮助少数民族大学生更快适应大学生活，解决学业困难。

2. 深度融合机制，培育"时代新人"

首先，高校要立足培根铸魂，完善育人机制。具体而言，高校要形成关于少数民族学生的管理和培养方法，完善相关体制机制；要认识到铸牢中华民族共同体意识是新时代党的民族工作的主线；要充分意识到少数民族学生是国家、民族未来发展的生力军，是少数民族地方经济发展的后备力量，也是国家和少数民族地区宝贵的人才资源，从而不断探索更适合的少数民族学生管理和培养举措，为培养民族地区高素质人才奠定基础。

其次，要弘扬中华文化，促进广泛交融。校园文化活动是铸牢中华民族共同体意识的重要载体。因此，高校要弘扬中华文化，引导少数民族大学生将民族融合的理念落实到文化建设的具体实践之中，通过开展民族文化风采比赛、文化育人进公寓实践项目系列活动，强化铸牢中华民族共同体意识的责任感、使命感和紧迫感，用实际行动身体力行诠释民族团结一家亲，将思想教

育融入民族观，全力凝魂聚魄。

再次，要树立榜样力量，完善帮扶模式。通过树立学习典型，强化榜样示范引领，充分发挥朋辈引领作用，持续开展学业帮扶班、党团员社会实践服务队、少数民族学生帮扶计划等，充分发挥少数民族党员干部先锋模范作用。优化顶层设计，改善机制体制、搭建育人平台、加强朋辈帮扶，真正构建"四维"育人综合体，加强引领高校少数民族学生铸牢中华民族共同体意识，构建以此为导向的教育体系和人才培养体系。

四、结语

高校肩负着为党育人、为国育才的重大使命，是开展铸牢中华民族共同体意识宣传教育的重要阵地。少数民族学生是少数民族地区发展的中流砥柱，高校应综合施策、多措并举，切实提高少数民族大学生育人工作质量。本文以培育新时代优秀少数民族青年为重点，旨在探讨高校少数民族学生帮扶育人路径，基于西外"一站式"学生社区场域下少数民族大学生帮扶育人路径的实践，探索了"一站式"学生社区场域下少数民族大学生帮扶育人路径，提出了相应的建议，以期为其他高校优化少数民族大学生培养模式提供参考，努力将少数民族大学生培养为新时代中国特色社会主义现代化建设事业的可靠接班人，推动"时代新人铸魂工程"走深走实，取得卓越成效。

作者简介：

依斯坎达尔·艾买尔，西安外国语大学学工部少数民族辅导员、助教，研究方向为大学生思想政治教育。

王晓青，西安外国语大学学工部学生党建及教育科科长、讲师，研究方向为大学生思想政治教育。

让育人种子落地生根:"一站式"学生社区综合管理模式育人路径探究

张 鑫

(北京语言大学)

【摘 要】"一站式"学生社区建设是适应新形势,落实立德树人根本任务,推动形成"三全育人"新格局,打通"育人最后一公里"的重要举措。"一站式"学生社区综合管理模式在全国高校推行以来,高校育人工作从学生学习的书本、课堂来到学生生活的宿舍、社区,取得了较好成效。面对活动形式单一、资源空间受限、育人合力不足等共性问题,高校需要在育人氛围、机制、模式、空间、活动等方面寻求创新点、突破点,从而更好地让育人的种子在"一站式"学生社区落地生根。

【关键词】"一站式"学生社区;五育并举;三全育人

习近平总书记在主持召开学校思想政治理论课教师座谈会时强调:"要推动思想政治工作贯通人才培养体系,发挥融入式、嵌入式、渗入式的立德树人协同效应。"① 习近平总书记关于高校思政工作和青年工作的重要论述和指示批示精神,为做好新时代高校思想政治工作提供了根本遵循。"一站式"学生社区综合

---

① 习近平. 思政课是落实立德树人根本任务的关键课程[J]. 求是,2020(17):1-12.

管理模式的实施是新时代围绕青年、关照青年、服务青年，落实以学生为中心育人理念的重大探索性实践。目前，各高校正积极建设并实施"一站式"学生社区综合管理模式，针对现阶段高校办学条件和学生特点，不断优化"一站式"学生社区综合管理模式，突出学生主体地位，下沉多种育人力量，打通学生培养通路，是扎根中国大地办好中国特色社会主义大学的实践路径。在这个背景下，分析"一站式"学生社区推进过程中面临的共性挑战，抓住关键点，探索突破途径具有很强的现实意义。

一、建设"一站式"学生社区综合管理模式的时代价值

1. 落实立德树人的根本要求

抓"德育"是落实"五育并举"的重点内容。党的二十大报告指出，要"全面贯彻党的教育方针，落实立德树人根本任务，培养德智体美劳全面发展的社会主义建设者和接班人"。新时代，"一站式"学生社区的产生和发展蕴含着深刻的时代背景和内涵，它的建设是一项系统工程，也是一项持续建设的工程。随着高校育人工作提出"大思政""复合式人才培养"等新特点、新要求，高校要充分利用好"一站式"学生社区的平台，根据教育的规律和学生的特点，将其作为第一课堂的重要补充和有效衔接[1]，顺应时代的变化，贯彻"三全育人"的教育理念，不断完善"一站式"学生社区综合管理模式，培养德智体美劳全面发展的"时代新人"。

---

[1] 严明，潘志娟，蒋闰蕾. 高校"一站式"学生社区综合育人研究[J]. 学校党建与思想教育，2022（02）：61−63.

2. 筑牢信仰之基的重要抓手

学生党建是高校党建的重要组成部分。"一站式"学生社区为高校学生党建的阵地建设提供了有效空间和肥沃土壤。将学生党团活动、班团活动开在学生社区、送到学生身边，从而做到"学生党员在哪里，学生党组织就在哪里"。一方面，"一站式"社区的建设应以党建为引领，推动党的理论进社区，提升基层党建质量，打造学生深度参与的思政项目。这既需要以学校党委为统领的顶层设计，形成"学校－学院－班级－支部"的四级联动机制，实现不落一人的网格化建设，又要充分发挥先锋党员的示范引领作用，让每一名学生党员成为学生社区的旗帜。另一方面，要深入挖掘形式新颖、有吸引力的党建工作内容和开展形式，通过广泛开展对象化、分众化、互动化的活动，让党建工作更有亲和力和吸引力。

3. 以学生为中心的直接体现

尊重学生在教育中的主体地位。坚持"以学生为中心"是实现学生德智体美劳全面发展的重要前提，其关键在于要将学生定位为育人工作的主角，树立学生的主人公意识，培育其主人公精神，这是党的"以人民为中心"的发展思想在高校育人工作中的具体实践路径。坚持"以学生为中心"就是搭建"学校－教师－学生"之间畅通的沟通桥梁，党政、教学、管理等多种力量下沉到社区，考虑学生"想学习什么、正关心什么、在烦恼什么"，切实为学生解决急难愁盼的思想与现实问题。坚持"以学生为中心"就是要求在"一站式"学生社区的建设过程中给学生"投票权""选择权"。社区的命名设计、功能分区、空间使用应以学生的实际需求为导向，尊重学生的意愿；社区活动的组织开展应考虑学生的作息时间，满足学生的兴趣，激发学生的想象力、创造力，发挥学生自我服务、自我管理的潜力。

4. 高校办学特色的立体展示

办学特色是否鲜明是衡量高校办学质量的重要参考指标。"一站式"学生社区不仅是学生住宿、休息的单一化场所，更日益成为高校"三全育人"的重要场域。社区建设中蕴含着高校的办学理念与办学特色，立体展示了所在高校的鲜明特征。例如，在北京语言大学一站式社区建设中，以"澜阁"为社区命名，其取自"语言"（language）的音译简写和四大藏书阁之"文澜阁"，意在勉励学子将"德行言语 敦睦天下"的校训内化于心、外化于行，通过博览群书，品读经典，讲述中国，亲睦世界。同理，高校各二级学院通过在社区楼宇内设置文化长廊，彰显不同学科的发展特色，将专业理念浸润到学生生活之中。学生社区作为学生进入学校的第一个场所，往往决定了学生对学校的第一印象。在着力打造机制健全、设施完善、环境优雅的社区环境的同时，将学校、学院的办学特色融入社区，通过立体的形象展示和丰富内涵的诠释，能够增强学生对学校、专业的理解。[1]

二、"一站式"学生社区综合管理模式建设存在的机遇与挑战

1. 学生对于社区的认同感、归属感

认同感和归属感是学生参与校园生活的重要情感基础。高校教学区和生活区布局相对分散，学生习惯性地将学生社区作为休息、生活的场所，结束第一课堂的学习后，将宿舍作为相对私人

---

[1] 李育君. "一站式"高校学生社区综合管理模式探究［J］. 高校后勤研究，2022（10）：4-6+9.

化的区域，对于社区的育人属性缺乏认同感，对于社区的集体概念没有归属感。学生缺乏了解"一站式"学生社区的有效途径，难以与学生社区产生深厚的情感。

2. 各个部门之间的协作度、配合度

队伍进驻、力量下沉是育人主体和力量通过过程性陪伴和伴随性指导，实现师生共同成长的关键，"一站式"学生社区建设要求推动校院领导、思政、管理、服务等多种力量下沉，全面了解学生生活和思想动态，与学生面对面交流，回应学生全面发展的需求，着力解决学生成长发展中的难点、热点。[①] 在部分高校中，"全员"育人的理念尚未得到高校全体教职员工的普遍认同。对于"一站式"学生社区的管理模式初探阶段的高校，虽在制度上提出了要求，但在部门职责交叉，协同合作上仍存有难度，各种力量如何形成合力并以常态化进驻社区有待进一步探索。

3. 物理资源空间的集约性、有效性

合理的物理空间是育人工作开展的重要保障。根据教育部《高校"一站式"学生社区综合管理模式建设试点工作指南》要求，学生社区需要设置一定面积的公共物理空间，配备必要的软硬件设施，满足学生学习、师生交流、生活服务、活动开展等需要，建设学生社区服务大厅。部分高校受物理空间限制，难以开辟出新的场所专门用于学生社区的建设和使用，从而导致社区功能空间不足。此外，校内空间资源由各部门、各学院分别使用，校内同样功能的区域相对分散。各类空间的功能相对单一，未进行集约化处理，存在空间闲置和学生空间需求难以满足的矛盾需

---

① 马成瑶. 整体性治理视域下推进高校"一站式"学生社区综合管理的思考[J]. 思想理论教育，2022（03）：96−101.

要解决。

4. 社区开展活动的吸引力、号召力

"一站式"学生社区是学生第二课堂的重要阵地。学生参与社区管理是深入了解、掌握、汇总学生成长诉求和生活学习问题的重要抓手，也是实现学生自我教育、自我管理、自我服务，激发社区活力的动力来源。部分高校尝试成立自管会、学生社区管理委员会、自律会等学生组织。虽然在组织社区活动方面发挥了一定作用，但在主动了解学生需求、统筹学生活动、推动社区建设等方面还待进一步加强。调动学生党员、学生干部的参与热情和参与深度的管理机制需要根据实际运行情况进行优化和调整。

5. 学生各类信息的数字化、精准化

除在学生社区打造"一站式"平台外，数字化背景下，各高校相继开设了网上办事大厅，学生可以通过在线平台完成业务办理。数据的精准是学生网上"一站式"办事基础，各个部门间数据的实时对接是集约化进行学生行为画像的必要条件。进一步开发线上办事的智能化功能，把现有数据在新需求模型下做好整合，将为高校"一站式"学生社区综合管理模式的建设更好赋能。

三、完善"一站式"学生社区综合管理模式的路径探究

高校在建设优化"一站式"学生社区综合管理模式工作中，要以制度建设为保障，协同学校育人力量，整合学校物理空间，深入学生群体了解需求，通过信息化为社区赋能，面对现阶段的风险挑战，有针对性地提出解决方案，在实践中不断打磨，探索适用本校校情的新管理模式。

1. 从"被动听"到"主动做":营造常态化育人氛围

紧跟时代,贴近学生,了解学生关心的关注网络平台的热点话题,与学生社区的宣传工作形成合力,让学生从"被动获取信息"到"主动参与话题",加强学生自主参与,引领学生社区的文明风尚。高校要把"一站式"学生社区建设作为贯彻落实党的二十大精神的重要举措,进行全面动员部署,调动校内各部门、各单位参与"一站式"学生社区建设的积极性和主动性。利用校园媒体矩阵广泛宣传,提高广大师生对"一站式"学生社区建设的认识,逐步营造全员参与社区建设的良好氛围。

2. 从"一竿子"到"一揽子":建立协同化育人机制

将单一群体分别对接学生的各项方案进行"打包"。依托"一线规则"落实机制,推动校院两级领导干部深入社区,进班级、进宿舍、进食堂、进社团,通过讲座、沙龙、座谈等形式与学生面对面交流;鼓励各部门、各单位立足岗位职责"为学生社区办实事";依托学校机关党委、机关干部与学生结对帮扶等项目,引导管理干部进社区,解决学生大学适应、成长成才等方面的困惑和问题;选聘优秀专业教师担任社区学业导师,定期进社区,围绕学业发展、生涯规划等内容加强对学生的指导;邀请企业家、优秀校友等典型人物进社区,以鲜活案例启发学生成长;落实驻楼辅导员制度,辅导员与学生同吃同住,解决学生学习、生活、心理等方面的问题。让多种力量形成合力,深入一线,将育人工作落到实处。

3. 从"单一化"到"多功能":打造集约化育人空间

"一站式"学生社区空间是在学生社区进行思想教育、事务办理、学业指导、心理帮扶、生活服务的载体。这就需要将原先功能相对单一，以宿舍为最小单元的生活区打破重建，集零为整。在现有空间条件下进行资源整合，提升空间的功能性是解决问题的关键。增加空间的可用性既可以通过改造现有空间实现，例如将一部分辅导员宿舍改造成辅导员工作室，满足辅导员在宿舍区与学生谈心谈话的需求；也可以通过为现有的空间赋能，让有限的空间得到更充分的利用，例如为宿舍区的会议空间添加预约使用的功能，在不需要集中使用的时段开放成自习室、活动室。

4. 从"大锅饭"到"自助餐"：开展多元化育人活动

在社区活动中给学生充分的选择权。在了解学生需求的基础上，提供菜单式的活动清单，让学生能够结合自己的兴趣爱好、学情学段、专业需求等有针对性地参与。成立学生党员先锋队，设立党员先锋岗、党员责任区，发挥学生党员、学生骨干的模范带头作用；把社区建设与劳动教育、爱国卫生运动、绿色校园建设等工作结合起来；充分调动学生组织、学生社团的力量，开展丰富多彩的文体活动、志愿服务活动；开展党员宿舍、退伍兵宿舍挂牌活动；加强对学生社区管理委员会的指导，为学生自我教育、自我管理、自我服务提供平台。

5. 从"靠空间"到"建模式"：形成系统化育人模式

"一站式"学生社区不仅是物理的空间实体，也逐渐成为一种综合管理模式。"让数据多跑路，让学生少跑腿"，整合校内各部门学生信息，涵盖学生基本情况、课业成绩、选课情况、消费数据、奖励情况等，通过对有效字段的提取，实现困难生预警、学业预警等功能，利用大数据对学生进行精准画像和有针对性的帮扶。通过人脸识别、智能读取等功能，代替原先的人工辨别、手动录入，使信息更准确，读取更高效。通过信息化为"一站式"社区赋能，进一步梳理学生管理事务流程，把可以通过线上办理的业务搬到线上，在线上办事大厅的基础上进行整合，建立线上"一站式"学生社区，突破线下空间的局限，提高学生管理工作效率和规范化水平。

作者简介：

张鑫，北京语言大学学生处职员，研究方向为大学生思想政治教育、大型赛会志愿服务。

"一融双高"理念下"一站式"学生社区综合管理模式探究

黄新智

(大连外国语大学)

【摘　要】教育部思想政治工作司2023年工作要点中明确提出，要着力推进高校党建与事业发展"一融双高"，深入探索党建工作与事业发展深度融合，以高质量党建引领高质量发展的方法路径。而"一站式"学生社区管理则是高等教育改革背景下新型人才培养模式，旨在将学生社区建设成思想政治教育重要阵地，是打通"三全育人""最后一公里"的创新举措，加强师生交流、文化浸润、学生生活便捷服务，打造全方位、一体化的"大思政"育人格局。基于此，在建设学生社区的过程中教育工作者应当坚持以党建为统领，秉承"一融双高"的理念，依托智慧党建教育基地等平台，助推"一站式"学生社区综合管理体系建设，促进思政教育与人才专业培养有机融合，推动新时代高校落实立德树人根本任务，对实现人才培养高质量发展、内涵式发展具有重要意义。

【关键词】"一站式"学生社区；"一融双高"；思想政治教育；高质量发展

一、"一站式"学生社区综合管理模式的时代内涵

"一站式"学生社区综合管理模式自教育部 2019 年正式启用以来，逐渐成为较受推崇的新型高校人才培养模式，是新时代高等院校落实立德树人的一项创新举措。2020 年《教育部等八部门发布关于加快构建高校思想政治体系的意见》在"管理服务体系"部分提到要推动"一站式"学生社区建设。2021 年教育部思想政治工作司发布《关于深化"一站式"学生社区综合管理模式建设试点工作的通知》，进一步明确育人目标和育人功能。①"一站式"学生社区综合管理模式意在于社区内为学生提供物质、精神、文化、生活等方面的管理和服务，开展全方位、多角度深入学生社区的工作。在这种模式下，人才培养从课堂延伸到宿舍，辅导员、教师下沉到一线，在学生生活区域进行思想政治教育、文化浸润、价值引领以及提供生活服务等，形成系统化、精细化、一体化"大思政"育人格局。这种模式充分体现了当今社会对于建立健全全员、全过程、全方位的新时代高校学生社区协同育人共同体的迫切需要。通过党建引领、空间赋能、师资入驻、学生参与，以下沉式、浸润式、场景式、主动式育人方式，创新开展高校党建和思想政治工作，努力引导人才培养适应现代化发展的社会需求。

育人共同体的构建所体现的是对社会主义核心价值观的认同和践行。一个符合民情、符合时代需要的方针战略不仅可以为高校践行"为党育人、为国育才"提供有利的政治保障，成为社会主义办学的指导思想，同时也可以为新一代中华儿女提供强大的

---

① 林冬冬，徐硕."一站式"学生社区综合管理模式育人研究[J]. 学校党建与思想教育，2023（01）：90—93.

历史记忆。① 面对百年未有之大变局，教育工作者更加需要深刻认识新时代培养人才的目标、方向和方式方法，以"一把钥匙开一把锁"的态度去处理当今复杂的社会问题。而"一站式"学生社区综合管理模式就是实现马克思主义中国化时代化在高校育人过程中的具体路径，通过师生党员下沉到一线，深入学生宿舍，春风化雨、润物细无声般地感染学生，引导其形成正确的价值观。在这种沉浸式、下沉式、场景式全方位思政育人过程中，学生在接受马克思主义世界观、价值观教育的过程中，不断明确自己的身份，不断塑造正确的意识形态，为凝聚青年力量、推动中华民族伟大复兴铸牢思想根基。

二、"一融双高"理念下"一站式"学生社区建设的"神"与"形"

新时代研究生教育质量是高水平人才培养的重中之重，培养一批关键时刻能"打头仗"，能有效化解难题，解决"卡脖子"问题的高水平、高素质的创新型人才是我国人才培养的当务之急。这要求高校对"一站式"学生社区建设在研究生群体中所发挥的作用有更深刻的认识。

2020年7月，习近平总书记在全国研究生教育会议上对研究生教育工作作出重要指示："党和国家事业发展迫切需要培养造就大批德才兼备的高层次人才，研究生教育在培养创新人才、提高创新能力、服务经济社会发展、推进国家治理体系和治理能力现代化方面具有重要作用。"② 可见，具有较高政治觉悟的人

---

① 姚洪越. 董仲舒思想对中华民族共同体构建的贡献及其启示[J]. 衡水学院学报，2022，24（06）：70-75.

② 习近平对研究生教育工作作出重要指示强调：适应党和国家事业发展需要培养造就大批德才兼备的高层次人才[J]. 中国研究生，2020（08）：2+1.

才就是"一站式"学生社区建设所具有的"神",而这种能够符合国家需要的研究生即为"一站式"社区建设的"形"。在人才培养过程中要"神""形"结合,既要做到"形"中有"神",又要以"形"聚"神",用党建带动专业人才培养,通过人才高质量发展反哺党建工作。大连外国语大学英语学院(简称"学院")研究生"一站式"学生社区建设加强了对研究生的思想政治引领,助推学生全面发展。学院以"一融双高"为建设理念,强调"思政+专业"融合,以"一站式"学生管理模式为工作着力点,依托学校"一站式"学生社区综合管理服务中心、"一站式"学生社区党群活动中心、红色教育基地、学生公寓等,全方位、多维度开展各项学生活动。外语类院校"一站式"学生社区建设工作的开展可以使具有国际视野和家国情怀的高水平人才团结在一起,不断提高科研、实践、创新及应用能力,培养满足我国对外话语体系和国际传播能力建设需要的高层次外语专业人才,发挥最大优势力量建设祖国。

三、"一站式"学生社区研究生群体实现路径探析

为加快落实教育部对"一站式"学生社区建设的工作要求,大连外国语大学英语学院围绕思想引领、专业提升和服务效能增强等主要内容进行了实践探索,并总结出了以下几点"一站式"学生社区研究生群体实践路径。

1. 强化思想引领,抓牢"思政+专业"学习根本

学院研究生培养注重将思政教育融入专业学习,依托学生社区、校级红色教育基地,如有声党史长廊、有声党史书屋、党史百年记忆墙、党建VR实训中心等,通过第二课堂为学生的成长成才注入必要营养。高度重视党建在学科专业上的引领作用,以

党建带动专业发展，以专业发展滋养党建，大力推进"一站式"学生社区综合管理模式在研究生群体中的应用，在学生公寓开展一系列研学、服务等活动，为"一站式"学生社区空间赋能，加强师生交流，充分发挥外语院校专业优势和国家战略需求，引导学生将个人的事业发展融入国家发展的时代浪潮。

2. 探索多维度融合，打造"思政＋专业"社区活动品牌

学院不断探索将思政建设与专业学习相结合的新模式，通过党建品牌建设加强思想引领；通过思政教育融合专业教育，将专业知识学习融入党建活动；通过将党建活动下沉至学生生活的方方面面中，为思政教育注入新鲜血液，让学生实现多元发展；通过打通课上课下场地限制，开辟全新的党建活动模式。

学院研究生党支部联合全国党建工作样板支部——英语学院教工第二党支部，共同开展"学'习'有道"系列双语思政微课堂党建创新活动，打造"思政＋专业"社区活动品牌。教师党员与研究生党员在"一站式"学生社区结对，共同录制《之江新语》和《习近平谈治国理政》（1－3卷）系列双语微党课（共计39讲）。此外，研究生党支部积极开展研究生"思政经典诵读"交流会、"思政双语"书法大赛、"英华汇译"口译比赛、研究生思政主题校园摄影活动以及多场学生社区志愿服务活动，旨在发挥学生专业优势，引导学生将理论与实践结合，充分解读经典红色著作，进而将思政教育贯穿学生日常点滴生活之中。

3. 强化使命担当，彰显"思政＋专业"社区服务功能

学院研究生党支部不断加强服务育人功能，充分运用学生管理工作职能，使支部党员如同"石榴籽，一家亲"一般牢牢凝聚在一起，从而深化党员为人民服务的实践成果和延伸效果。例如，学院在2023年6月于学生公寓书香园5号楼E区2楼成立

了学校第一个功能型党支部——英语学院"E"站社区研究生功能型党支部,这个功能型党支部以充分在社区发挥服务作用为宗旨,为学生带来了很多学习和生活上的帮助。

功能型党支部的成立增强了党支部在学生社区的服务范围、服务力度和服务效果,促使研究生党员不断强化责任、使命与担当,为打造一支能打硬仗、作风优良,能切实解决师生急难愁盼问题的高素质党员队伍提供了助力。

四、结语

2023年9月,习近平总书记在中共中央政治局第五次集体学习时就建设教育强国发表重要讲话,科学回答了"建设什么样的教育强国、怎样建设教育强国"这一重大时代课题,指出高质量发展是建设教育强国的重要任务。建设教育强国,是全面建成社会主义现代化强国的战略先导,是实现高水平科技自立自强的重要支撑,是促进全体人民共同富裕的有效途径,是以中国式现代化全面推进中华民族伟大复兴的基础工程。高校大力推进"一站式"学生社区综合管理模式,将强有力地凝聚青年力量,顺应社会发展趋势,铸牢中华民族精神之魂,助推党建引领专业人才培养。外语类院校应致力培养越来越多具有大格局、大志向、大本领的国际化人才,以"一融双高"为建设理念,坚持"思政+专业"相结合,引导学生努力将"小我"融入"大我",在中国式现代化建设当中发挥专业优势,搭建起中外交流桥梁,更好地把中国介绍给世界。

作者简介:

黄新智,大连外国语大学英语学院讲师、研究生党支部书记、辅导员,研究方向为思想政治教育、语用学、叙事学。

浅析《大学》对提升高校辅导员与学生谈心谈话效果的积极作用

季金珂

(北京外国语大学)

【摘　要】《大学》作为儒家思想的初学入德之门,围绕"三纲八目"比较全面地阐释了在礼乐文化的背景下修己安人的忠恕之道,也凸显了传统儒家对于普遍、平等的道德伦理修养体系的追求与关切,对于提高自身修养和人际交往能力具有积极的指导意义。本文通过阐述《大学》思想的理论内核,分析其中蕴含的中国传统文化的心理智慧,并结合高校辅导员与学生谈心谈话工作中的现实困难,总结其对于提升谈心谈话效果的积极启示。

【关键词】《大学》;高校辅导员;谈心谈话;效果提升

一、《大学》思想的理论内核概述

《大学》原为《礼记》中的一篇文章,相传成于战国末期至西汉初年,该文章通过阐释个人修养与社会政治的关系,讨论了中国古代教育理论,对后世儒学具有极为深刻的影响。宋代朱熹将《礼记》中的《大学》《中庸》两篇文章抽出来,与《论语》《孟子》两部书合称"四书",并将《大学》推至其首,作为儒家经典的入门读物。《大学》围绕"三纲领"（明明德、亲民、止于至善）和"八条目"（格物、致知、诚意、正心、修身、齐家、治国、平天下）比较全面地阐释了在礼乐文化的背景下修己安人的忠恕之道，也凸显了传统儒家对于普遍、平等的道德伦理修养体系的追求与关切。

1. "三纲领"内涵及其评述

（1）明明德。

明明德的第一个"明"为弘扬、彰显的意思，第二个"明"为"光明"的意思，故"明明德"可以解释为"弘扬内心光明的德性"。在天人合一的传统理念下，明德是"善"与"道"在人身上的投射与反映，为每个人所秉持，但容易受到气禀人欲的遮蔽，因此需要弘扬其原本的风貌。"明德"不仅是古代君王所需尊崇践行的修养之道，也是当今社会大众所应践行的担当与责任。由此，"《大学》将贵族化的政治道德改造为普遍化的人伦道德，在行为主体和道德内涵两个层面建立起明德的普遍性"[①]。

（2）亲民。

宋代"二程"对《大学》极为重视，称其为"孔氏之遗书，而初学入德之门"。朱熹对古本《大学》进行了修订，将"亲民"改为"新民"。王阳明对此提出疑问，由此进一步开启了学界对于"新民"与"亲民"的争论与不断诠释。"亲"注重人民的主体性，"新"强调德性在"自新"中的展开与教化。在对待与自己相关的外在主体时，《大学》从自身内在修养出发，将更具普遍性的亲民思想，拓展到家、国、天下的道德体系，以实现修己安人的内圣外王之道。

---

① 孟琢. 明德的普遍性——《大学》"明德"思想新探[J]. 中国哲学史. 2019（02）：66.

(3) 止于至善。

"至善"作为具有价值指向的生命境界,其根源于人对美好生活的追求,是包含"明明德"与"亲民"思想的天理的极致体现。《大学》中对如何"止于至善"给出了清晰明确的实践次序——"知止、定、静、安、虑、得"。"定"是内心的平静与外在表现的有序得体,通过先秦文化中"礼"的指引与规范,将秩序落实在个体行为的自觉与践行中。"静"并非"静灭",而是一种未受外界干扰的平和协调的内心状态。"安"是"定"与"静"实现后的自然体现,是从外在的秩序规范走向内在的自然熏陶与内化下对自身恰当的安放。在此基础上,通过理性自觉的深入思考与念念不忘的专注观照("虑"),不断追逐体悟,直至达到"明德"的境界("得")。

2."八条目"内涵及其评述

《大学》以"三纲领"为统领,以"八条目"为具体展开,进一步阐述人伦道德与政治教化的深刻内涵。"如果说亲民对应着齐家、治国、平天下,延续了早期大学之教的政治内涵的话;明德则对应着格物、致知、诚意、正心、修身,属于人伦道德的范围——'壹是皆以修身为本',这显然是《大学》思想的重心所在。"[①]

格物、致知既是"八条目"的起点,也是实现修己安人的起点。朱熹对此的理解突出人具有追求真理、把握真理的能力与可能,以精神坚持不懈的高度凝聚实现对"理"的豁然贯通。王阳明则将格物致知理解为"以良知正事",主张外在的事是心在具体存在上的投射,良知是心之本,是一切根本的价值,因此,他

---

① 易琳.《大学》思想及其现代价值研究[D]. 武汉:武汉科技大学硕士学位论文,2016.

认为要在个体的心里安放普遍的价值。

"诚意"中的"诚"为全身心投入某件事情的精神与态度，"意"偏重于当下带有价值判断的思想状态。"正心"中的"心"指思维的器官，是"知"与"意"有机的统一与延续。"正心"通过每一个当下的"意"的自我审视与校正得以不断实现。"修身"则是个体从更加宏观的角度进行理性与真诚的觉察，把握生命状态中的情感，并进行适当的调节与反思。

亲民思想引领的"齐家、治国、平天下"是从普遍的个体生命内在推己及人，通过礼乐文化的价值规范与理性的内在自觉实现"家、国、天下"的贯通。由此，修齐治平不再是儒家的浪漫主义幻想，而是蕴含政治道德本质与普遍的人伦道德规则的内圣外王之道。

二、《大学》中蕴含的中国传统文化的心理智慧

1. 仁爱亲民——建立和谐友爱的师生咨访关系

儒家的仁爱亲民思想是中国传统文化中道德规范的核心。《大学》中"民之所好好之，民之所恶恶之，此之谓民之父母"无疑体现出"以民心为己心，则是爱民如子，而民爱之如父母"的仁爱之道。心理谈话通过人与人的心理交流得以实现。谈话双方在开始前的情感关系铺垫和过程中交流氛围的营造深刻地影响着深度辅导的谈话效果。因此，"以生为本"构建和谐友爱的咨访关系，对于双方真切的情感交流至为重要。

2. 知行合一——唤醒心灵深处的道德良知

《大学》的"三纲领""八条目"介绍了自我修养与道德教化的次序和方法，将个体的自觉规范引向社会普遍的人伦道德，具

有浓厚的知行合一的内涵。"每个个体都需要依靠主体的自觉性来保证知行合一的实现,《大学》对主体的强调在于自我意识。主体的自觉性是注重自然本性的一种内在行为,任何主体的自我修行都是一个自我开发的过程,在不违反本性去实践的前提基础下去自我锻炼和自我彰显。"① 因此,深度谈心谈话既是对学生生命深处的道德良知的唤醒,也是高校辅导员进行思想政治教育,将个人与家国天下的责任使命紧密联系的积极实践。

3. 诚意正心——遵守专业信任的谈话伦理准则

诚意是一种精神聚敛专注状态下的高度的自觉,通过当下的不断反思,随时把主体当作对象进行观照与感通,从而践行儒家的伦理品质。正心则是从反面告诫,实现对内心不当情感的节制和偏颇状态的纠正。深度辅导属于助人工作。辅导员作为助人者,在与学生谈心谈话时应遵守"善行、责任、诚信、公正、尊重"的伦理准则,提升专业胜任力,成为学生在紧急状态下值得信任的求助对象。

4. 修齐治平——秉持开放包容的社会交往属性

《大学》中关于"修身齐家治国平天下"的道德修养从君德到仁德的普遍性拓展包含了对于"推己及人"的忠恕理念,也与"尊重他人、不以主观偏执的标准责求别人"的谈心谈话要求相契合。因此,教师应在日常的师生交往和谈心谈话中提倡"有诸己而后求诸人,无诸己而后非诸人",以开放包容、关心理解的心态对待学生,设身处地理解他们的困惑和需求,建立师生之间平等信任的情感联系,这样才能更有效地与学生谈心谈话。

---

① 易琳.《大学》思想及其现代价值研究[D]. 武汉:武汉科技大学硕士学位论文,2016.

三、高校辅导员与学生谈心谈话工作中所面临的现实困难

1. 师生间信任关系难构建的困难

当前，在各类价值观念和多元思想的冲击和影响下，社会的信任危机很容易波及校园中的师生关系。一些学生自我意识较强，个性较张扬，容易将老师视为管制说教的角色，放到自己的对立面对待，在与辅导员的沟通中不自觉地选择敷衍应付的沟通态度，影响谈心谈话的实际效果。

此外，学生如果在成长过程中遭遇过某些不幸经历，可能会积累大量的负面情绪，极易导致自卑负面的个人心理、悲观消极的人生态度、离群封闭的社交习惯，无法正确地将自己与外界联结。此类性格与观念一旦定型，便很难与之建立健康信任的师生关系，开展行之有效的交流与引导。

2. 辅导员组织谈话的能力有待提高

组织谈话的过程中，辅导员目标的设定、节奏的把控、信息的提取、提问时机的把握等直接影响深度辅导的针对性与实效性。但当前部分辅导员在与学生谈话时会遇到如下问题：一方面，辅导员无法准确读取学生所述信息的关键点和信息背后的需求点；提问的方式与内容较易破坏谈话氛围；容易在细枝末节上纠缠过久，从而影响谈话节奏；不敢在关键时机提出重要问题等。上述情况既导致辅导员难以在预定时间达到谈话目标，也易引发辅导员对自身谈话能力的怀疑。

另一方面，部分辅导员在与学生交流时倾向于根据自身经验下判断，缺乏细致耐心地倾听学生内心想法，在了解到学生反馈

的问题表象后根据自己的人生经历和思维观念给学生"下诊断""开药方",难以让学生的情绪得到有效排解,甚至使学生产生"被灌输""被说教"的感受,抵触与辅导员进一步交流。由此增加双方心灵上的隔阂与距离,增加辅导员后续的工作难度。

3. 辅导员精力有限,难以充分开展谈心谈话

"上面千条线,下面一根针。"高校辅导员肩负思政引领、心理健康教育与咨询、职业规划与就业创业指导等职责,长时间面对纷繁复杂的事务性工作,工作负荷较大,很难有时间与每一位学生进行日常的细致谈心。这容易导致辅导员的谈话工作带有一定的滞后性,较难及时发现学生的困难并为之提供必要的帮助。

四、《大学》对高校辅导员提升谈心谈话针对性与实效性的积极启示

1. 在兹念兹——专注当下的真诚交流

《大学》中多次提及"在"的重要作用,如"大学之道,在明明德,在亲民,在止于至善",又如"心不在焉,视而不见,听而不闻,食而不知其味"。此处的"在"强调的是个体的理性精神与生命思想的专注聚集与萦绕,即在谈心谈话中,辅导员应放下手头的事务,选择合适的场域,全身心地倾听学生的语言表述,细致观察学生的非语言行为,理解学生的心理状态与真实需求,真诚地投入与学生当下的交流。

2. 忠恕仁爱——尊重多元的个体差异

《大学》从"诚意"到"平天下"所反映的由内及外、提倡从尽人之本性走向人和人之间的感通,体现出传统儒家面对"贵

族之学"所产生的宝贵的平等精神。而这种仁爱的思想对于谈心谈话工作也具有现实的借鉴意义。辅导员应在谈话过程中充分认识到学生的个体独立性和差异平等性，发自内心地尊重与关心学生，认同、共情学生的感受，这样既可以进一步拉近师生关系，有效帮助学生抵抗孤独与无助等负面情绪，也有利于鼓励学生进一步自我探索，积极处理遇到的深层问题。

3. 心平气定——保持观照的平和沟通

辅导员的情绪觉察能力是谈心谈话工作有效开展的重要保障。《大学》在开篇便提出"近道"先后时指出"定而后能静"，在论述"正心"时强调"身有所忿懥，则不得其正；有所恐惧，则不得其正。有所好乐，则不得其正。有所忧患，则不得其正"。这些都在强调在自我觉察的前提下谈话双方心理接触的良好观照与节制。辅导员应保持价值中立，保持温和亲切与稳定有力的情感状态，不被"忿懥""恐惧""好乐""忧患"等情绪带入偏颇的心理情境，并在此基础上把握合适的时机，对学生进行情绪的疏解，促进平和的沟通。

4. 循循善诱——有条不紊的理性引导

《大学》无论是篇章的结构逻辑还是段落内的具体论述都十分注重修养次序，强调"物有本末，事有终始"，因此要"知所先后"。辅导员的深度辅导并非简单意义上的师生谈心，而是基于心理学与教育学理论的较为专业的谈话工作。辅导员需要以科学的理论与方法为指导，全方位掌握学生的信息，深刻了解学生的问题，综合使用各种先进理论和技术，帮助学生发现自己的内在问题，与学生一起寻找解决方案，建立长远的沟通机制。因此，理清谈心谈话的工作顺序，有条不紊地把握工作节奏，抓住谈话中的关键时机进行引导，可以提升深度辅导的针对性和有效性。

5. 行为示范——涵养自身的道德情怀

《大学》十分注重榜样的引领与示范作用，强调个人修养与家国秩序的统一，认为："有德此有人""上老老而民兴孝；上长长而民兴悌；上恤孤而民不倍"。因此君子应具备"絜矩之道"。辅导员在谈话中不仅要把握好谈话技巧，充分利用言语和非语言行为对学生进行教育引导，还应不断加强自身的道德水平和家国情怀，以身作则，提高自身的责任心和使命感，增强了解学生、关心学生、帮助学生的主动性，以自己的规范言行做好思政引领。这既是辅导员做好谈心谈话工作的重要基础，也是高校加强师德师风建设的必然要求。

作者简介：

季金珂，北京外国语大学西班牙语葡萄牙语学院助教、团总支书记、辅导员，研究方向为思想政治教育、大学生心理健康等。

新时代外语人才使命视角下的辅导员谈心谈话工作对策研究

商雨晴

(外交学院)

【摘　要】 新时代赋予了外语人才新的历史使命,也给了外语类专业辅导员新的历史任务。创新谈心谈话工作体系是培养新时代外语人才的必然要求和历史使命,本文基于笔者在过去 2 年多的工作中 1000 余次的谈心谈话工作实践,总结出了目前外语人才培养常见的学生问题以及相关的应对经验,试图分析其逻辑规律,提升谈心谈话工作的针对性和实效性,为学生工作者提供借鉴。

【关键词】 高校辅导员;谈心谈话;外语人才培养

"一带一路"倡议推进以来,我国在对外交往方面取得了巨大的进步,中国的大国外交成果丰硕。对外交往离不开"外语人"(即外语人才)的支持。2021 年,习近平总书记在给北京外国语大学老教授的亲切回信中指出,深化中外交流,增进各国人民友谊,推动构建人类命运共同体,讲好中国故事,需要大批外语人才,外语院校大有可为。[①] 这也使我国的外语专业学生有了

---

① 窦一鸣,培养"三有"复合型人才 北外探索实践育人新路径[EB/OL].(2023－08－04)[2023－10－04]. http://world.people.com.cn/n1/2023/0804/c1002－40050765.html.

更加明确的职业发展目标和历史使命。随着国际和国内形势的变化，外语专业学生在学习生涯中也出现了不同以往的困惑和迷茫。本文总结了笔者在过去 2 年多的工作中与外语系学生进行的 1000 余次谈心谈话中发现的与外语人才培养相关的问题，并根据经验提出了一些应对策略方面的建议。

一、外语专业学生存在的主要问题

1. 对外语学习产生畏难心理

笔者在工作中发现，对外语学习产生畏难心理的群体主要为大一新生。在与大一新生的谈心谈话中，约有 75% 的同学提到学习一门新语言对自己来说是一项挑战。一方面，一部分同学在入学时对本专业兴趣不高，无法以兴趣为驱动力克服畏难心理。另一方面，部分同学对语言学习难度认识不足，甚至存在投机取巧的心理，认为不付出足够的时间成本也能够熟练掌握一门语言。等到发现问题时，他们已落后于其他同学，不再对语言学习有积极性。

2. 对"外语人"使命不清晰、不坚定

新时代的"外语人"有着向世界介绍中国、传播好中国故事的历史使命，但部分学生对"外语人"使命的认识不到位。这种情况通常出现在一部分已经学习了一段时间外语的学生身上。因辨别不实信息的能力有待加强，个别同学较易受到误导，进而对通过外语讲好中国故事的理想信念产生一定的动摇，对自己能否承担起使命缺乏信心。在笔者看来，这些是最需要在谈心谈话中通过做好理想信念教育而解决的问题。

3. 对社会现状缺乏正确了解

随着社会形势的变化和国家发展的需求，外语类岗位的需求也发生着变化。在谈心谈话的过程中，笔者发现部分同学存在对社会招聘现状缺乏正确了解的情形。这类情况大多发生在高年级学生群体。在谈及就业问题时，约有40%的学生不能够正确认识社会对于外语人才的需求，学生对于外语类岗位的就业地点、薪资水平和工作内容都有不同程度的理解偏颇。究其原因，这部分学生通常长期仅注重课本知识的学习，较少关注社会发展进程，对于新兴行业的理解不透彻，对职业规划类课程不在意、不重视，获取知识较为片面，且缺乏社会层面的实践和互动，社会经验缺乏。他们对"外语人"历史使命践行缺乏具体的认识，更不了解应该如何践行。笔者认为，对这部分学生需要通过谈心谈话唤醒行动意识。

4. 对自己定位的不清晰

在大学期间，外语专业学生本应逐渐对自己的发展路径和发展目标有较为明确的规划，但在谈心谈话中，笔者发现，超过30%的高年级学生并无明确规划。以外交学院2021届67名毕业生为例，在大四上学期谈及毕业去向时，有25名同学给出的答案是考研，理由是社会招聘对学历的要求逐渐升高。但涉及具体考研专业和研究生毕业后的就业发展规划时，他们则无法给出连贯的理由，且在后续的追踪中，仅有一半的学生最终决定参加研究生考试。这部分同学通常喜欢上网"冲浪"，在社交媒体上接收到的碎片化信息较多，但因无主见，独立思考能力较差，无法建立成体系的自我发展规划。因此，在谈心谈话中，对于这类学生，辅导员应该加强与之联系，帮助其建立正确的就业择业观。

二、辅导员谈心谈话工作的应对策略建议

1. 提高自身业务能力

辅导员作为谈心谈话的主导者,首先需要做的就是提升自身的业务能力,树立正确的价值观。

第一,要将思政育人与外语人的历史使命相结合,时刻充实自己的思想政治理论。作为外语专业的辅导员,应该深刻认识习近平总书记所倡导的人类命运共同体理念,认识到要将中国话语向世界传播开来,需要用不同的语言为支撑,要用外国人听得懂的话语来传播。在此意义上讲,人类命运共同体首先是知识的共同体和话语的共同体,语言是支撑共同体构建的首要基础,是国家的战略资源。[①] 只有辅导员树立了这样的正确价值观,才能够帮助学生正确且深刻地认识外语人才使命。

第二,辅导员应与时俱进,结合现实需求,了解当今学生看世界的主要方式。新媒体当仁不让地成为年轻人寻找知识的主要途径,辅导员也应借助新媒体的力量,了解学生的新思维,创新谈心谈话体系,用学生听得懂的话语,增强谈心谈话的有效性。

2. 提前发现问题,做好预案

在外语学习的过程中,为了使学生更多地体会到原汁原味的语言环境,学生需要广泛且直接地接触目标语国家的信息。特别是学生在学习目标语词汇时,会不可避免地涉及对目标语国家的

[①] 姜锋. 教育强国建设与外语教育的时代责任[EB/OL].(2023-07-07)[2023-10-04]. http://chisa.edu.cn/news/lunbo/202307/t20230707_2111066584.html.

历史发展和文化价值的定义和诠释。外语专业学生较其他专业学生亦有更多出国交流的机会，他们直面混杂的西方思想以及复杂文化话语体系的机会也相对更多，在此过程中有些错误信息会使个别学生的理想信念产生动摇。

通过以往的谈心谈话经验，笔者认为，理想信念问题需提早发现，为学生打好"预防针"。针对此类问题，教师应主动出击，直面问题，聚焦关键点，为学生提供正确、及时的思想政治引导，为学生埋下正确信念的种子，筑牢学生的理想信念，并及时与学生保持沟通，时刻了解学生的思想动态，及时进行有效引导。

3. 与其他教学方式持续性配合

在积极引导学生实现个人发展的路上，仅靠谈心谈话是远远不够的。问题的发现与解决往往需要与其他教学方式相辅相成。

谈心谈话需要通过主流的课堂教学来发现问题，也需要通过实践来检验问题的解决。大学生在大学中的主要任务始终是学习和生活。谈心谈话是通过话语交谈进行工作的方式，有时并不能够及时发现问题的关键所在，因此，辅导员急需通过走进课堂来发现学生的问题。通过旁听专业课能够发现学生在课上的学习状态，能够第一时间感受到学生的困惑；通过与任课教师的沟通也能够及时发现学生的学习情况，及时督促学生改掉学习上的不良习惯，真正融入大学生活。此外，辅导员也应更多地走上讲堂，在课堂上与学生直接对话，作为比较了解学院内、系内学生情况的教职工，辅导员可以将经验和案例直接运用到生涯规划课中，用最贴近学生的案例来为学生指明方向。外语专业学生就业问题因社会环境的影响有了深刻的变化，但笔者通过观察毕业生发现，许多学生仍能够通过自身的努力和规划将小我融入大我，通过脚踏实地的奋斗实现人生目标。这些鲜活的例子都是学生上课和谈心谈话的重要素材。此外，在谈心谈话的过程中，辅导员可以根据实际情况分门别类地为学生答疑解惑，也可通过学生在课堂上、在实践中的反馈给予建议。

同时，辅导员应认识到谈心谈话的成果不是一"谈"而成的。问题的解决通常是一个反复的、螺旋式上升的过程。有些学生在学习中缺乏毅力和自信心，往往此时问题能够解决，下一次遇到类似的问题又会出现相似的困难，这就需要辅导员与其多次谈话，持续性地为学生赋能。要有针对性地设置不同的环节和谈话方式，并根据学生的实际情况给出具体的解答，不为谈话而谈话，而是为培养学生解决问题的能力、提升学生的综合素养而谈话。

4. 运用多种沟通方式

习近平总书记常告诫群团干部："要采取青年喜闻乐见，易于接受的形式，用科学的理论武装青年，用历史的眼光启示青年，用伟大的目标感召青年，用光明的未来激励青年，使他们……不断增进对党的信赖、信念、信心。"[1] 新一代大学生大多是"00 后"，他们有着自己的性格特点，实现自我价值的愿望强烈，自我意识较强，因此辅导员在进行谈心谈话时，更要注意找到引发学生共鸣的切入点。对于外语专业的学生来说，他们在关注国内信息的同时，也接收了较多的国外信息，有着丰富的精神世界和很大的个体差异。在谈心谈话的过程中，辅导员应注重谈话方式，尊重学生的个体差异。在解决不同问题时，应转换角色，设置不同的谈话场景。

---

[1] 乔东亮，李新利，李雯. 习近平新时代青年思想[EB/OL]. (2018－05－16) [2023－10－04]. http://theory.people.com.cn/big5/n1/2018/0516/c40531－29993969.html.

三、结语

谈心谈话工作，有着区别于课程本身的重要性，是一对一、有针对性的育人工作。新时代对外语专业学生提出了"爱祖国，知世界；通专业，精外语；高素质，复合型"的要求，也赋予了外语学生讲好中国故事的历史使命。这就要求外语院校的辅导员在立德树人的同时牢记"外语人"的使命，并正确地传达给学生。

实际工作中，谈心谈话工作的推进确实有着现实的困难。辅导员人数与学生人数比例悬殊，要求辅导员时刻一对一跟随学生并帮助学生解决问题本身不现实，也不利于学生独立人格的培养和塑造。囿于硬件设施的不同，不同学校谈心谈话的条件不一，使谈心谈话工作的效果也不一样。同时，随着社会的发展和学生性格的差异，各类问题层出不穷，也需要辅导员制定不同的应对策略。

因此，辅导员要对谈心谈话工作进行合理的统筹规划；根据学生的不同性格、学生所处的不同阶段等为困难学生进行有针对性的指导；全面掌握外语学生专业独特的成长规律，制定量体裁衣式的谈话策略；加强硬件设施建设，强化思想引领；与学生成为朋友，使学生愿意与辅导员倾诉等。上述都是辅导员提高工作针对性和实效性的必要措施。

习近平总书记多次强调："做好高校思想政治工作，要因时而化、因时而进、因势而新。"[1] 新时代给了"外语人"新的历

---

[1] 魏强，周琳. 因事而化、因时而进、因势而新——做好高校学生思想政治工作的新要求[EB/OL]. (2017-03-20)[2023-10-04]. http://theory.people.com.cn/n1/2017/0320/c168824-29156552.html?ivk_sa=1021577i.

史使命，也给了辅导员新的历史任务。创新谈话工作体系是培养新时代"外语人"的必然要求。辅导员要随着时代发展不断丰富和延展谈心谈话内涵，为新时代外语人才的成长保驾护航。

作者简介：

商雨晴，外交学院外语系讲师、辅导员，研究方向为思想政治教育。

五育并举
WUYU BINGJU

基于CIPP模型的高校劳动教育课程评价研究

马 捷

（西安外国语大学）

【摘 要】 随着"劳动教育纳入人才培养全过程"的提出，新时代劳动教育已开展3年，德智体美劳全面发展"时代化"给高校劳动教育高质量发展提出了新要求。本文构建了高校劳动教育课程评价CIPP模型，该模型囊括一级指标4个、二级指标12个、三级指标30个，并综合使用层次分析法和模糊综合评判法，最终得出评价结果。在分析评价结果的基础上，本文总结出了高校劳动课程现存的问题并提出了相应的策略。

【关键词】 高校；劳动教育；CIPP课程模型；评价体系

中共中央、国务院印发《关于全面加强新时代大中小学劳动教育的意见》（以下简称《意见》）并对新时代大中小学劳动教育提出相关指导[1]，教育部亦在《大中小学劳动教育指导纲要（试行）》（以下简称《纲要》）中，对学校劳动教育做出了顶层设计和总体部署。[2]《意见》和《纲要》以概括性布局安排、明确性

---

[1] 中共中央国务院关于全面加强新时代大中小学劳动教育的意见[N]. 光明日报，2020-03-27（01）.

[2] 大中小学劳动教育指导纲要（试行）（教材〔2020〕4号）[EB/OL]. (2020-07-07)[2020-12-24]. http://www.gov.cn/zhengce/zhengceku/2020-07/15/content_5526949.htm.

独立学科地位强化了劳动教育的科学化发展。高校劳动教育研究的推进有助于科学化、体系化建构劳动教育理论，深化学校劳动教育实践，促进劳动教育贯彻落实，发展新时代马克思主义劳动观。

一、CIPP 模型与高校劳动教育课程的关联性

基于对泰勒"行为目标模式"的反思，美国学者斯塔弗尔比姆（Stufflebeam, D. L.）于 1967 年提出了 CIPP 模型。CIPP 是四种评价的缩写，即背景（Context）评价、投入（Input）评价、过程（Process）评价和结果（Product）评价。斯塔弗尔比姆认为，评价不应当过度注重结果，更重要的是在过程中进行全过程评价并不断改进。

《意见》强调，劳动教育应被纳入人才培养全过程。本文认为，CIPP 模型与高校劳动教育课程的评价研究相契合。首先，课程教学实施过程重在"过程"，CIPP 模型功能亦重视对过程和改进的评价。其次，不同于传统课程的总结性评价模式，CIPP 模型可以搜集师生、相关部门、用人单位等多主体信息，从多方面、多角度对教学过程体验进行反馈，甄别具体环节的具体问题并提醒相关主体对课程开展进行及时调整。再次，CIPP 模型深度融合宏观与微观视角，在追踪劳动教育全过程的同时聚焦细节，进而达成过程模式全覆盖。总而言之，CIPP 模型全面性、持续性和长期性的特点，决定了其适用于高校劳动教育课程评价体系的建构。

二、高校劳动教育课程评价体系中的 CIPP 模型应用

基于 CIPP 模型，本文从课程背景、课程投入、课程实施和课程效果四个方面构建课程评价指标体系，以具体评估高校劳动

教育课程。评价体系由 4 个一级指标（A1－A4）、12 个二级指标（B1－B12）和 30 个三级指标（C1－C30）组成。（见表 1）

表 1 基于 CIPP 模型的劳动教育课程评价体系

一级指标	二级指标	三级指标
课程背景（A1）	课程定位（B1）	符合国家劳动教育指导《纲要》（试行）总目标（C1）
		有清晰、明确、具体的劳动教育课程建设发展目标（C2）
	课程目标（B2）	大学生劳动价值观、劳动态度、劳动能力等方面的培养（C3）
		学校制定具体的劳动教育实施方案（C4）
	课程设计（B3）	总体方案符合新时代产业调整、科技发展、社会服务新变化（C5）
		课程内容符合大学生身心发展水平（C6）
课程投入（A2）	课程资源（B4）	劳动教育资源与时俱进，与国家政策和学校目标实时匹配（C7）
		建立劳动教育多类型元素资源库（C8）
		劳动教育资源与知识点紧密连接（C9）
	课程方法（B5）	建立课程质量监督体系，定期优化改进（C10）
		创新课堂教学组织形式，强化学生感受和体验（C11）
		利用信息化手段，打造劳动教育精品课（C12）
	课程保障（B6）	劳动教育实践场地能够满足开课需要（包括安全保护和应急管理等）（C13）
		授课教师团队满足劳动教育课程开设要求（C14）
		学校劳动教育课程实施专项经费（C15）

续表

一级指标	二级指标	三级指标
课程实施（A3）	教学过程（B7）	教学内容按教学计划按时、按量完成，且根据学生反馈及时调整和改进（C16）
		任课教师创设劳动情境激发学生劳动的参与热情（C17）
		教师劳动观念和劳动态度给学生启发（C18）
	学生参与（B8）	学生对课程目标的认可程度（C19）
		学生学习过程中各项活动的参与情况与行为表现（C20）
		用多样性教学方式培养学生独立思考、团队合作的能力（C21）
	教学考评（B9）	在对学生的思政课程考核中加入关于劳动教育内容的考核（C22）
		劳动教育课程实施前后学生劳动态度、劳动情感、劳动习惯的变化（C23）
	学生体验评价（B10）	学生习得与之身心相适应的劳动能力（C24）
		学生对自我发展的认知与未来规划（C25）
课程效果（A4）	学生发展评估（B11）	学生在日常的学习、生活中自觉践行劳动精神（C26）
		用人单位（实习单位）、家长对学生劳动素养满意度评价（C27）
	课程整体效果（B12）	劳动教育内容、方案、方法具有推广性（C28）
		劳动教育课程满意度提升（C29）
		劳动教育课程内容质量和学术氛围提高（C30）

为保证劳动教育课程评价体系指标权重的科学性、严谨性，本研究采用了层次分析法，以确定指标权重值，具体流程如下。

1. 构建判断矩阵

为最大限度保证数据的效度和信度，本研究邀请了不同主体，对指标进行重要程度打分并进行均分统计，以建立各级别指标判断矩阵。

2. 指标权重计算

（1）判断矩阵归一化：

$$b_{ij} = \frac{a_{ij}}{\sum_{i=1}^{n} a_{ij}}, i,j = 1,2,\cdots,n$$

其中，a_{ij} 表示第 i 个因素对于第 j 个因素的比较结果。

（2）按行求和：

$$V_i = \sum_{j}^{n} b_{ij}, i,j = 1,2,\cdots,n$$

（3）归一化处理，特征向量为：

$$W_i = \frac{v_i}{\sum_{i=1}^{n} V_i}, i,j = 1,2,\cdots,n$$

由以上公式计算得出一级指标的权重结果如下：

$$W = \begin{bmatrix} 0.1021 \\ 0.3531 \\ 0.3404 \\ 0.2044 \end{bmatrix}$$

3. 指标权重一致性检验

层次分析法表明，在评价指标的构建过程中，当 n 阶矩阵 $\lambda_{\max} = N$ 时，矩阵具有一致性，反之则不具有一致性，差距越大，差异性就大。当 $\lambda_{\max} \neq N$ 时，若 $C.R. \leqslant 0.1$，则矩阵具有可信度。

（1）计算矩阵 A 的最大特征根 $\lambda_{\max}$：
$$\lambda_{\max} = 4.1432$$

（2）计算一致性指标 $C.I.$：
$$C.I. = \frac{\lambda_{\max} - n}{n - 1} = 0.04773$$

（3）计算平均随机一致性比值 $C.R.$，根据判断矩阵的阶数得到平均随机一致性指标 $R.I$：
$$C.R. = \frac{C.I.}{R.I} = 0.05362 < 0.1$$

由于 $C.R. < 0.1$，因此得出的一级指标权重值可信。即，$W = (0.1021, 0.3531, 0.3404, 0.2044)$。

综上，基于CIPP模型，本文建立了一套可行的高校劳动教育课程评价体系，并结合层次分析法确定各级指标体系权重值（见表2）。其中，课程投入和课程实施占比相对较大，表明课程投入和课程实施对劳动教育课程教学水平的影响相对较大。评价指标的设定应侧重于教学资源的收集整理与教学方法的设计。

表2 基于CIPP模型的高校劳动教育课程评价体系权重

一级指标	权重	二级指标	权重	三级指标	权重
A1	0.1021	B1	0.0470	C1	0.0248
				C2	0.0258
		B2	0.0533	C3	0.0269
				C4	0.0261

续表

一级指标	权重	二级指标	权重	三级指标	权重
A2	0.3531	B3	0.0883	C5	0.1156
				C6	0.0312
		B4	0.1274	C7	0.0342
				C8	0.0484
				C9	0.0398
		B5	0.1125	C10	0.0302
				C11	0.0512
				C12	0.0363
		B6	0.1072	C13	0.0319
				C14	0.029
				C15	0.0386
A3	0.3404	B7	0.1075	C16	0.0321
				C17	0.0304
				C18	0.0292
		B8	0.0830	C19	0.0256
				C20	0.0313
		B9	0.0762	C21	0.0299
				C22	0.0251

续表

一级指标	权重	二级指标	权重	三级指标	权重
A4	0.2044	B10	0.0723	C23	0.0269
				C24	0.0261
				C25	0.0264
		B11	0.0658	C26	0.0255
				C27	0.0259
				C28	0.0249
		B12	0.0595	C29	0.0251
				C30	0.0262

三、高校劳动教育课程评价结果分析

1. 评价过程和结果

模糊综合评判法以模糊集合理论为基础，是一种合理综合多因素或多属性的总体评估方法。本研究对西安外国语大学劳动教育课程进行调研，邀请任课教师、教务处工作人员及学生主体进行打分。层次分析法评价的结果被设定为模糊综合评价的权向量 W_i（$i=1, 2, \cdots$），与模糊判断矩阵 R_i 合成模糊综合评价结果向量 $S_i = W_i R_i$（$i=1, 2, \cdots$），最终对该校劳动教育课程评价体系进行综合评分（见表3、表4）。

表3 西安外国语大学劳动教育课程评价体系一级指标综合得分

评价指标	综合评分
课程背景	1.5315
课程投入	2.2965

续表

评价指标	综合评分
课程实施	3.8080
课程效果	2.0440

表 4　西安外国语大学劳动教育课程评价体系二级指标综合得分

评价指标	综合评分
课程定位	3.5040
课程目标	3.2792
课程设计	2.4128
课程资源	2.0384
课程方法	2.7000
课程保障	1.7152
教学过程	3.4400
学生参与	1.9920
教学考评	3.0288
学生体验评价	2.3136
学生发展评估	2.5792
课程整体效果	2.4280

本研究根据以上方法，综合得出劳动教育课程的整体分值为2.92，这说明该劳动教育课程仍具有较大的改进空间。由综合得分结果可以看出，一级指标得分由高到低依次为课程实施、课程投入、课程效果和课程背景。二级指标中课程保障和学生参与得分较低，课程设计、课程资源、课程方法、学生体验和学生发展评估得分处于中等水平，这说明西安外国语大学劳动教育课程本身的设计、所用的资源和方法有待提高。

四、高校劳动教育课程现存问题

基于上述研究，本文总结了高校劳动教育课程现存的问题，具体如下。

1. 劳动教育培养目标不够清晰，课程缺乏统一标准

建设高校劳动教育课程体系，是推进高校劳动教育课程化的必要因素。要推动高校劳动教育课程化的发展，必须具备明确的培养目标和统一的课程标准。作为纲领性文本，课程标准阐述了一定国家或地区意在培养怎样的人、建构怎样的社会、传递怎样的知识。[①] 以遵循客观教育规律为前提，从课程定位、课程设计、课程内容、课程实施、课程评价等多方面、多角度、多层次设立统一标准，使得劳动教育课程有迹可循。然而，很多高校劳动教育体系仍在建设过程中，尚未形成明确的培养目标，课程标准也有待统一。

2. 劳动元素与劳动教育课程融合度尚不深

人工智能时代，社会发展水平提升，社会对劳动教育的需求也随之变化。然而，现有高校劳动教育课程中渗入的符合时代发展的劳动元素相对较少，且还未以一种恰当的方式深刻地嵌入劳动教育课程和平台之中。因此，运用现代信息技术挖掘劳动元素，协调多方协同的运行机制，引导学生了解生产劳动的科学和思维能力是必不可少的。

---

① 靳玉乐.课程论［M］.北京：人民教育出版社，2015：291.

3. 经费、师资等制度保障受限

专项配套经费、师资队伍建设、实践平台应用等条件的限制会使得课程资源和课程保障相对匮乏。目前，许多高校开设的劳动教育课程并没有安排系统的实践课程和课外实践活动，"实践性"教学模式的滞后性影响了劳动教育的效果。由于相对完善的劳动教育机制尚未健全，劳动教育实践内容的具体化实施仍需要大量人力、物力、财力资源投入，而许多高校资源缺乏，基础配备不齐全，无法为劳动教育课程的开展提供成熟的条件。所以，高校还需要从根源问题着手，加强劳动教育的制度保障，将多种力量"拧成一股绳"，充实劳动教育实践课程内容，完善劳动教育课程体系。

4. 教学方式单一、缺乏创新性

受传统思维定式影响，现有劳动教育课程教学方式单一，呈现固化趋势，缺乏新意。部分课程仍在摸索阶段，课程内容、教学模式都还陷于传统思维模式的囹圄之中。研究发现，大部分高校目前的劳动课程授课方式仍主要以教师讲授为主，课堂讨论、小组交流时间较少，课堂学习氛围不够浓厚，学生课程参与度不足，多数任课教师在讲课过程中没有充分调动学生学习的主动性和参与课堂活动的积极性。

五、高校劳动教育课程优化策略

高校劳动教育的进一步开展落实有利于新时代"全面发展"人才的培养。做好新时代高校劳动教育工作，不仅需要充分认识高校劳动教育课程的定位和模板，还要积极探索高校劳动教育课程优化的路径，既提出长远的方向性指导，也提出具体的规范性措施。

1. 优化劳动教育课程的标准和结构

实践是检验真理的唯一标准。高校应优化劳动教育课程的标准和结构，除了建设纳入学校教学计划内的劳动教育相关学科课程、显性课程、基础课程，还应当充分挖掘活动课程、隐性课程、拓展课程、创生课程的资源，整合并优化校内各类型学生组织，充分合理利用每一次实践机会（如图1）。

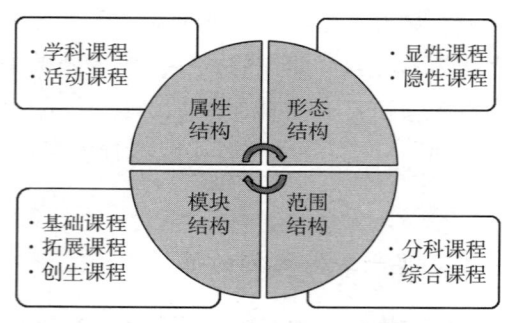

图1 高校劳动教育课程结构

2. 聚合劳动教育资源，拓宽劳动新形态

劳动教育与专业背景相融合才能取得更好的效果。劳动教育课程主要培育学生的劳动精神、劳动意识和劳动情感，辅以完善学生劳动法律、劳动心理、社会保障等方面的知识构架；而专业课程通过专业知识学习和专业技能培训，使学生形成不同的看问题视角，因而要遵循劳动教育嵌入具体专业的原则，通过对课程体系的完善，对教学模式、考评方式的改革，强调理论课程与专业课程的综合性。在劳动新形态下，高校要主动挖掘劳动教育资源，将学生劳动情感、劳动精神等和专业未来发展相结合。

3. 加大劳动教育课程的教育投入

作为教育事业发展的基础，教育投入需要培养专业人才，这也是劳动教育课程开展的关键。首先，需要增加高素质的劳动课程任课教师比例，加强他们的"劳动素养"培养。其次，要培养任课教师将与课程相关的劳动元素和案例生动形象地融入教学大纲和教学过程中。最后，高校要确保提供相应的劳动教育实践平台，让学生在实践中更好地理解劳动学科的理论和劳动精神。

4. 立足新时代大学生特点，创新劳动教育方法

大学生面对事情具有独到的个人见解，传统的"面对式教学"已不能满足其能力提升的需求，学生更期望"体验式""研讨式""探究式"的授课方式。教师在分组讨论、观点演讲、合作展示和书面总结等环节，运用"头脑风暴法"、德尔菲法、深度学习方法等会更受学生欢迎。此外，课程考核方式也不应拘泥于笔头，而是根据学生在整个案例课堂过程中的综合表现及课后的整体感悟进行考核。

5. 完善劳动素养评价体系，注重学生发展评估

高校学生的劳动素养直接影响着劳动教育的总体评价。劳动素养反映了学生通过多方面、多维度、多模块的劳动教育逐步形成的劳动价值观、劳动态度、劳动精神和劳动知识水平等综合状态。为了更好地引导学生成长，需要分阶段观察、记录和分析他们的劳动素养情况，并进一步完善劳动素养评价指标体系。因此，高校要依据学生身心发展状况细化具体评价指标，在劳动素养评价过程中，加强学生发展评估和课程整体效果。

六、结语

高校劳动教育课程在当下遇到的现实障碍及其原因是错综复杂的，厘清原因之间的相互关系，逐一分析后从小细节出发才能

找到解决问题的突破口。本文基于 CIPP 模型，构建了高校劳动教育课程评价指标体系，对劳动教育课程的开展进行了实证分析并提出相应的建议。CIPP 模型适用于高校劳动教育课程，评价指标的建立可以为提高教育教学质量提供参考，从而推进高校劳动教育建设和高水平人才培养，为我国劳动教育的良性实施和持久发展"保驾护航"。

作者简介：

马捷，西安外国语大学专职辅导员、讲师。

劳动教育促进大学生全面发展的内在依据与策略分析
——基于"时代新人"育人目标

韩 丹

(广东外语外贸大学)

【摘　要】 新时代劳动教育是中华民族优良传统与马克思主义劳动观的高度融合，也是适应时代经济社会发展需要的助推器。时代新人与劳动教育之间存在着必然的价值耦合，时代新人赋予劳动教育新的价值意蕴，劳动教育是将大学生培养成时代新人的重要途径。依托新时代劳动教育促进大学生全面发展的内在依据和关系，以"知情意行"各层面为逐步深化的目标，从而培养大学生对劳动有认识，对劳动有追求，对劳动有热爱，对劳动有行动，实现大学生全面发展。

【关键词】 时代新人；劳动教育；大学生；全面发展策略

中国特色社会主义进入新时代以来，党和国家明确了实现中国式现代化的奋斗目标。然而，在社会进步与时代转换的进程中，人才是关键变量。[1]习近平新时代中国特色社会主义的育人目标是培养担当民族复兴大任的时代新人。时代新人成长于中华

---

① 朱海龙. 论时代新人的生成视角：历史的视角[J]. 高教研究，2023（07）：49—53.

民族伟大复兴的进程中，他们不是片面瞬时的存在，而是历史性与现代性的统一。时代新人赓续了中华民族在各历史时期的精神品质，同时又顺应时代潮流，走在时代前列。习近平总书记在全国教育大会上把劳动教育重新确立为党和国家的基本教育方略，提出构建德智体美劳"五育并举"的教育方针。劳动创造人本身，可见新时代劳动教育是培育时代新人的重要内容，是引导当代青年努力成为时代新人主力军的教育基础。从培育时代新人的角度审视劳动教育的新时代内涵，会更加深入地会促进大学生的全面发展引向深意。

一、"时代新人"目标下大学生劳动教育的内涵

1. "时代新人"的育人目标赋予劳动教育新的价值意蕴

党的十九大报告中提出要培养时代新人，标志着我国在教育工作方面有了新的育人目标。新时代的劳动形态处在向智能劳动迭代的进程之中，时代新人顺应时代发展，从传统实践向智慧劳动、创造劳动的更高层次迈进。[①] 时代进步离不开时代建造者的劳动继承，历代劳动者的爱国精神、爱党精神、民族精神凝聚成时代新人建设社会主义现代化强国的价值情怀，奠定了深化劳动教育时代内涵的基石。新时代劳动教育不仅能从较高维度提升人的劳动技能，更能锻造新人的时代素养，是新时代人民创造美好生活，实现自由而全面发展的坚实基础。

---

① 曾天山，顾建军. 劳动教育论［M］. 北京：教育科学出版社，2020：45－46.

2. 培养具有正确劳动价值观的劳动者是劳动教育的重要使命

党的二十大报告中明确提出要"在全社会弘扬劳动精神",并将其作为未来一段时间内国家发展的战略任务与目标要求。[①]习近平总书记关于劳动教育系列重要论述明确指出,我们要把准劳动教育价值取向,引导青少年树立正确的劳动观,在劳动实践中塑造品性、报效国家、奉献社会,增强对劳动人民的感情。[②]新时代高校在开展劳动教育时必须强化学生对劳动本质的深刻认识,摒弃对单一劳动技能学习的偏颇观念,从人的发展本能、国家共同体、社会公共性三者的关系视角培育当代大学生。引导广大青少年积极参与劳动、热爱劳动、善于劳动,从而形成崇尚劳动的社会风尚,这无疑能够为培养时代新人提供强有力的支撑。

3. 劳动教育是培养大学生成为时代新人的重要途径

要培育时代新人,必须引导学生清晰地认识自身所处时代和自身角色的关系,勇于担当青年使命,到祖国需要的地方贡献青春力量。因此,劳动教育一方面能够培养学生树立正确的劳动价值观,让其懂得社会经济的发展都离不开千千万万的劳动人民辛勤奋斗,积极自愿地成为一名光荣的社会劳动者。另一方面,劳动教育能够帮助学生把握理论与实践相结合的规律,高校通过开设更多创造性劳动的平台,可以引导学生更早地走向基层,尝试

---

① 习近平. 高举中国特色社会主义伟大旗帜 为全面建设社会主义现代化国家而团结奋斗——在中国共产党第二十次全国代表大会上的报告(2022年10月16日)[R]. 中国人大,2022(21):6—21.

② 中共中央国务院关于全面加强新时代大中小学劳动教育的意见[N]. 人民日报,2020—3—26

用所学解决问题；帮助学生走向国际舞台，对外发出中国声音，讲好中国故事。劳动教育能让学生学有所成，学有所用，真正发挥时代新人的社会价值。

二、"时代新人"目标下劳动教育促进大学生全面发展的内在逻辑

"时代新人"的概念继承了马克思主义的自由全面发展思想，彰显中国共产党"育人为本"教育理念和"立德树人"育人思想，立足于中国特色社会主义新时代背景，反映新时代国家与社会发展对人才的需求。[①] 青年大学生作为中国特色社会主义建设的宝贵人才资源，肩负着实现中华民族伟大复兴的伟大使命。可见，"时代新人"的提出是党在实现中国现代化建设时期对青年培育的深切期望和明确指示，高校应以劳动为基础，遵循育人规律，把握劳动育人与德、智、体、美各育人环节的关系，厘清劳以养德、劳以益智、劳以强体、劳以育美、劳以创新的内在依据，从而促进"五育"相融互补。

1. 劳以养德：树立大学生的劳动价值观

育人之本，在于立德铸魂。"立德"既是高校对大学生的培养目标，也是大学生成长成才的立身之本。劳动教育的本质是培养劳动价值观，目的是让学生正确认识劳动，付诸劳动实践，养成符合社会进步道德准绳的道德素养。劳动不仅是教化方式，更是一种创造运动。劳动使人摒弃懒惰、散漫、无所事事的人生态度，转向勤劳、热忱、创造幸福的积极行动。在中国，劳动精神

---

① 刘铁芳. 培养担当民族复兴大任的时代新人：论新时代我国教育目的的蕴含[J]. 教育学报. 2018，14（05）：3—12.

自古以来就被作为美德加以弘扬,新时代劳动教育更是践行社会主义核心价值观的重要手段。劳动作为培养人、塑造人的重要手段,在劳动中不断强化责任感、使命感和荣誉感,通过劳动实现人生价值。

2. 劳以益智:提升大学生的生存技能

随着劳动教育逐步被人重视,劳动教育与智育之间的关系也被重新审视。新时代社会劳动形态的变革更替,对当代大学生的技能要求更加复杂化,大学生必须把科学理论知识与实践相结合,在这个过程中不断探索,在成功中获取经验,在失败中总结教训,达到灵活运用知识,发挥主观能动性,转变刻板学习经验为主动探索学习,切实顺应时代和社会发展所需,在新的时代要求下热爱劳动、敢于实践,向智慧劳动、创造劳动的更高层次迈进。

3. 劳以强体:强壮大学生的身心素质

从体育的最初动力和主要源头来看,体育起源于劳动。[①] 随着人类文明的发展,社会物质逐渐丰裕,合理的劳动不仅能创造社会财富,更成为促进个体健康的重要途径。大学生是推进实现中国式现代化的重要力量,应具备健康的体魄。大学生通过劳动,不仅可以达到强身健体的目的,还可以养成坚韧不拔的品格,努力为祖国的发展做贡献。大学生通过切身体会劳动的快乐,可以塑造理性平和的内心世界,从而更加从容地应对未来工作生活的压力与挑战。

---

① 沈明海. 浅析体育与健康课程与劳动教育融合的可行性[J]. 文体用品与科技. 2022(04):149−151.

4. 劳以育美：激发大学生追求真善美

马克思认为，劳动创造美。这里的"美"不仅仅是指外在美，更重要的是内在美。劳以育美，指的是青年学生在劳动实践中不断发现美、体验美、追求美的过程。[①] 高校要实现劳以育美，必须做到以下三点：一是通过劳动实践，让学生切身感受到"劳动最美丽"的理念，进而在劳动实践中发现劳动之美。二是让学生通过全面参与，感受劳动成果带来的喜悦，体验劳动之美。三是让学生通过辛勤劳动、诚实劳动和创造性劳动，在劳动实践中不断追求美，实现美的创造。

5. 劳以创新：培养大学生的创新精神

新时代经济发展转向创新驱动，科技进步更需要创新创造，创新已成为综合国力竞争中的关键因素。因此，高校要在开展新时代劳动教育的过程中大力弘扬劳模精神，培育本领过硬、勇于创新、具有创新精神和创新能力的创新型人才。在人类很可能进入的丰足时代，创造财富的生产劳动越来越成为劳动的一个部分，在日常生活劳动和服务性劳动之外，探索创造性劳动的重要性日益凸显。时代性是创造性劳动的显著特征，当代大学生走在时代的前沿，面对日新月异的科技和瞬息万变的世界局势，只有在实践中敢于求新求变，才能回应时代的号召，促进自身的发展。

---

① 李晓华，张琼. 平衡与融合：美育和劳动教育关系及构建［J］. 青海师范大学学报（社会科学版）. 2022，44（01）：10-15.

三、"时代新人"目标下劳动教育促进大学生全面发展的策略

"时代新人"是党在新时代对人才培养提出的总体要求与目标。高校通过劳动教育培育具有时代新人特征的青年大学生，对国家储备社会主义建设人才具有重大战略意义。高校要积极构建"五育融合"的育人体系，以"知情意行"各层面为逐步深化目标，使大学生对劳动有认识，对劳动有追求，对劳动有热爱，对劳动有行动，从而创造美好生活，实现自身的全面发展。

1. 引导大学生树立正确的劳动价值观

当代大学生多是"千禧"一代，他们的成长伴随我国经济社会的高速发展，受多元思潮冲击强烈。因此，对高校来说，开展新时代大学生劳动教育，教育仍是关键。一方面，要对进入大学的大学生进行劳动错误认知的纠偏；另一方面，要牢固树立大学生正确的劳动价值观。根据大学生的特点，价值观的树立首先是在理论上疏通疏导，即完善劳动教育课程。授课内容有针对性，结合劳动与人的发展关系、马克思主义劳动观、基本劳动常识等内容进行授课，使学生充分认识"劳动创造人"的深刻意义。其次，是创建劳动育人激励评价指标。评价体系是对劳动价值的直观反馈，在大学生教育管理工作中设立"劳动学时""劳动表彰"等激励评价指标，将学生参与劳动情况与评奖评优、榜样树立等方面挂钩，既向学生明确高校育人要求，同时也可激发大学生的劳动参与热情。

2. 强化大学生的劳动情感认同

辛勤劳动、创造美好生活是中华民族的传统美德，是中国人

普遍推崇的生活态度。大学生劳动精神培育是培育时代新人的重要途径，劳动精神对于大学生全面发展有一定的思想引领作用，能够激励大学生努力奋斗、积极向上。高校可从以下三个方面强化大学生的劳动情感认同：一是通过新媒体平台，如通过微信、微博等平台的微电影、微视频等宣传形式对劳动精神进行弘扬；二是结合学生的日常学习生活，在第二课堂、主题班会、校园活动等方面融入劳动主题元素，打造以弘扬新时代劳动精神为主题的校园文化产品；三是发挥榜样影响力，定期开展"劳动模范进校园"等劳动精神主题讲座，邀请杰出校友、社会劳动模范等嘉宾亲临校园，向大学生讲述劳动故事，用近距离接触真人真事的方式感化大学生对劳动内在情感的认同。

3. 加强大学生的劳动意志锻炼

在物质生活丰富的当下，部分大学生选择了"躺平""摆烂"的生活方式，劳动意志在大学生群体中存在感较弱，高校应通过劳动教育加强大学生的劳动意志锻炼，引导大学生学有所长、学有所用，放眼社会发展，立足国家建设，有意识地将个人劳动与社会劳动联系起来，为勤奋劳动、吃苦耐劳提供持久动力。首先，高校劳动教育要和专业课程实习实训相结合，这样做不但能够创新和丰富劳动实践形式，还能提升学生劳动技能。其次，高校劳动教育应与思政教育相结合，有目的、有组织地设计劳动实践内容，动员社会力量，组织学生参与"暑期三下乡""志愿服务"等社会实践活动，深入基层，感悟"社会主义是干出来的"这一伟大号召，激发大学生认识世界、探索世界、改造世界的内在动力。

4. 拓展大学生的劳动实践平台

新的历史时期，党着力培养有理想、敢担当、能吃苦、肯奋斗的时代新人，将"劳"作为青年人才成长的明确要求，不仅要求时代新人有才干，还要求其具备用脚丈量土地、用肩扛起职责的能力，实现德智体美劳全面发展。高校不仅要强烈烘托劳动氛围，还要大力填充劳动"土壤"，在劳动教育体系中努力拓展大学生的劳动实践平台，以生为本，与时俱进，丰富劳动实践内容，从而引导大学生参与劳动实践。高校可从以下三方面着手：一是与企业合作，建立校企合作平台，开阔学生视野。企业是社会创新的重要力量，学校积极与企业取得合作，建立学生实习基地，能让学生创新实践有平台。二是与社区合作，增强服务意识。参与社会服务，是劳动教育中关于人与社会关系最生动的体验课。三是与家庭协同合作，为学生全面成长保驾护航。高校与学生家长保持联系，可以形成良好的育人合力。综上，高校通过拓展大学生的劳动实践平台，可以提升学生在前沿劳动、服务劳动、基础劳动等各个层面的参与感，激发劳动自觉性，为大学生的全面发展"引路架桥"，创造有利条件。

作者简介：

韩丹，广东外语外贸大学英语语言文化学院辅导员、助教，研究方向为马克思主义理论与思想政治教育。

新时代外语院校实践育人新路径
——以北京外国语大学为例

窦一鸣

(北京外国语大学)

【摘　要】在实践中提升专业本领、深入总结家国情怀的价值意蕴，对新时代外语人才培养至关重要。本文对实践育人进行了理论和实践层面的探讨，结合北京外国语大学的实际情况，总结出"一项工程两个中心三个项目"的实践育人新路径，创新教育型实践、专业型实践、职业型实践、服务型实践、研究型实践新模式，为新时代外语人才培养献计献策。

【关键词】外语院校；实践育人；新路径

一、新时代外语院校实践育人的必要性和紧迫性

1. 深化高校实践育人工作实效，是高校全面贯彻落实党的教育方针、深入发展素质教育、增强育人质量的必然要求

《国家中长期教育改革和发展规划纲要》（简称《纲要》）指出，提高人才培养质量，着力培养信念执着、品德优良、知识丰富、本领过硬的高素质专门人才和拔尖创新人才，是高等教育的

目标和使命。《纲要》为新时代高校外语人才培育指明了前进的方向。专业基础决定起点，综合能力决定上限。实践育人是外语类院校提升学生综合能力的有效方式，通过教育型实践、专业型实践、职业型实践、服务型实践、研究型实践等模式，充分锻炼学生的语言能力、行动能力、沟通能力和研究能力。

2. 实践育人是新时代外语院校培养"三有"复合型人才的有效方式

打造新时代"三有"复合型外语人才的关键一步在于铸牢学生的社会服务意识。在社会服务中加强学生的家国情怀，铸牢学生的时代使命担当意识。以语言服务为路径，让学生的发展和国家、地方发展相一致，让学生的发展和国家、地方战略相匹配，为社会经济发展更好地服务，使学生的知识技能得到全面提升。

3. 实践育人是新时代外语院校将外语教学与思政教育有效衔接的重要途径

由于外语学科的特点，学生需要大量接触和学习西方的思想文化。在这个过程中，学生极大可能会受到西方思潮的影响。因此，培养学生的家国情怀和民族共同体意识，是外语院校人才培养的重中之重。我们需要帮助学生摆脱西方文化长期占据主导地位的影响，帮助学生树立坚定的民族自豪感和国家自信，建立对国外文化的选择性和批判性认同。[①]

---

① 于姗姗. 外语实践育人体系的探索［N］. 中国社会科学报，2022-09-20(005).

二、北外"一项工程两个中心三个项目"实践育人具体路径

习近平总书记强调:"要重视思政课的实践性,把思政小课堂同社会大课堂结合起来。"北京外国语大学(简称"北外")紧扣实践育人目标,依托办学优势和专业特色,突出"中国心、世界行",将红色基因和外语特色有机结合,加强"一项工程两个中心三个项目"即"歆语工程"、北京多语言服务中心(简称"多语")、大学生创业中心(简称"大创")、寒暑假社会实践项目、海外实习实践项目、大型赛会志愿服务项目在内的优质实践育人平台建设,打造具有北外特色的大学生实践教育体系(如图1)。专门设立社会实践学分、志愿服务学分、创新创业学分、劳动教育学分,推动实践育人取得新成效。

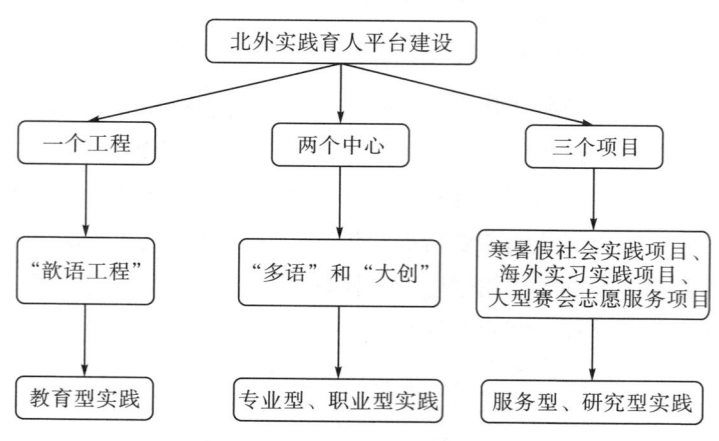

图 1 北外大学生实践教育体系

1. "歆语工程":以语言为媒介架设沟通桥梁

"歆语工程"是教育型实践的典型案例。2006 年,北外针对

中国现代化进程中出现的基础教育发展不平衡的现状，依托自身优质的外语教学科研力量，在基础教育相对薄弱的地区，启动以服务基础教育均衡发展为目标的教育扶贫系列计划——"歆语工程"，主要内容是支教帮扶、志愿服务、中小学英语师资培训。"歆语工程"已累计培训来自河北、湖南、广西等 10 余个省、直辖市和自治区从事基础教育教学的外语教师 8000 多人，并先后派出 3000 多名师生志愿者赴河北、河南、四川、陕西、甘肃、湖南、广西、福建、云南等省、直辖市和自治区开展语言文化志愿支教，直接受益人群达 8 万余人，产生了较好的社会效益和示范带动效应。通过搭建边缘社区与外界沟通的桥梁，"歆语工程"以语言为媒介架设沟通桥梁，充分展示了大学参与社区的重要性，是运用语言和跨文化交流使边缘群体成为全球化社区成员的优秀案例。

2023 年暑假，"歆语工程"实践团走进河南兰考第一中学开展支教帮扶活动，从知识视野、学习方法、朋辈辅导等方面支持中学英语学科教学教研工作。活动期间，实践团成员还参观了焦裕禄纪念馆，切身学习领悟"艰苦奋斗、无私奉献"的焦裕禄精神。北外通过"歆语工程""歆苗计划""歆才骨干""歆才团校"系列实践育人项目，把思想政治教育融入社会实践，引导学生深入了解国情世情，在志愿服务实习实训中厚植家国情怀。[①]

2. "多语"和"大创"：搭建校内实践基地

北外多语言服务中心的建设是专业型实践的典型案例，是检验专业语言能力的试金石，有效促进了语言的学习。该中心前身是 2008 年北京奥运会多语言服务中心，其后增设外语标识纠错、

---

① 王定华. 传承红色基因 培育堪当民族复兴大任的"三有"人才［J］. 思想政治工作研究，2023（02）：27-29.

高端语言陪同、应急语言服务等项目，形成国家战略引导、多语特色突出、师生全体参与的语言服务新模式，既提升了专业技能，又增进了对社会和工作岗位的了解，为首都"四个中心"建设持续贡献力量。多语言服务中心在 2020 年第五届中国青年志愿服务项目大赛中获得金奖，在 2021 年首都学雷锋志愿服务评选中获评最佳志愿服务项目。北京多语言服务中心自运营以来，实现 4000 余天不间断运行，3000 余名志愿者累计接听电话 7000 余个。

大学生创业中心的建设是职业型实践的典范，为学生提供了在正式步入社会前进行实践锻炼的机会。学校设立了"大学生创业基金"，并开辟了 1000 余平方米的场地作为创业教育与实践场所，为大学生创业项目提供入驻与运营的机会。学校无偿为创业项目提供办公基本设施与环境，并出台校内创业孵化政策和办法，保障大学生创业项目无障碍运转。学校始终坚持"创业教育与创业实践相结合，创业教育与大学生思想政治教育相结合，创业教育与大学生成才成长相结合"的工作思路。自创业中心成立以来，学校通过多种形式开展各类创业、创新教育活动 100 多场，使创业创新理念不断深入人心。[①] 这些活动的开展，不仅使学生的创业能力和创新意识得到了提高，而且使学校的实践教学制度焕发了新的生机。

多语言服务中心和大学生创业中心的建设，为北外学子搭建了校内实践基地，使其可以充分利用校内资源，为北外学子开展语言专业实践和职业创新实践活动搭建平台。

3. 以"三个项目"为抓手，讲好新时代大思政课

（1）将寒暑假社会实践项目作为发力点，让学生的知识技能

---

① 北京外国语大学. 北京外国语大学加强平台建设 推动实践育人[EB/OL]. http://www.moe.gov.cn/jyb_xwfb/s6192/s133/s141/201412/t20141230_182538.html，2022—03—07.

更好地服务于社会经济发展。为全面学习宣传贯彻习近平新时代中国特色社会主义思想，深入学习贯彻党的二十大精神，认真贯彻落实习近平总书记关于青年工作的重要思想和关于教育的重要论述，根据团中央和团市委相关文件要求，北外团委以"学习二十大 永远跟党走 奋进新征程"为主题，组织开展了2023年北外暑期社会实践活动。各实践团队在暑假期间广泛开展党史学习教育、乡村振兴促进、理论普及宣讲等各类型社会实践活动，取得丰硕成果，充分展现了北外学子的责任担当和精神风貌。利用寒暑假，实践团的学生走进了乡村，体味乡土人情，通过各大网络平台展示新时代新农村面貌，为乡村振兴献出自己的一分力量；他们了解了非遗，从刺绣、剪纸、茶文化中感知源远流长的中华传统，并发挥北外语言优势，以多语种宣传中华文明；他们走进了少数民族村落，情系红色土地，雁归五彩城镇。

（2）以大型赛会志愿服务项目为契机，因势利导把大型赛事变成思政大课堂，形成"四结合"思政教育模式。北外通过2022年北京冬奥会和冬残奥会，强化奉献精神、增强使命担当、深化集体主义教育，表现为以下方面：一是将志愿服务与教育引领相结合。弘扬志愿精神，青春助力冬奥，上好冬奥志愿服务这门生动的"大思政课"，开展"以史为鉴、开创未来""冬奥大讲堂"等主题教育，激发志愿者爱国情怀。二是将知识学习与实践体验相结合。举办冬奥嘉年华、"奔向冬奥"主题竞赛、原创作品大赛、冬奥在身边等活动，寓教于乐、以赛代练。三是将技能培训与体能训练相结合。充分考量冬奥赛时天气、环境等因素，为志愿者发放专属运动健身卡，激励志愿者强化体能储备，举行"燃动青春 奔向冬奥"志愿者长跑活动，将奥林匹克运动精神深植志愿者培训全过程。四是将服务内容与学科特色相结合。开展"用外语讲好中国故事"讲座及志愿者骨干训练营，发放《中华思想文化关键词365（汉英对照）》，鼓励志愿者发挥多语种优势与跨文化交际能力,通过文字、图片、短视频等形式,向世界讲好冬奥故事。①

(3)以海外实习实践项目作为抓手,把思想政治教育融入海外实践,打造全球思政大课堂。2020年,北外支持学生参与海外实践,鼓励学生赴"一带一路"国家进行调研支教等活动,不断拓宽国际视野,树立世界眼光。2023年北外派出43支队伍共500多名师生赴五大洲开展实习实践,彰显了北外在培养国际化人才、拓展学生国际视野方面的决心和实力。海外实习实践是北外学子发挥语言优势、夯实专业能力的重要抓手,同时还是弘扬和而不同的中华传统文化、宣介全球文明倡议、推动文明交流互鉴、增进国际理解的重要手段。海外实习实践作为北外开展"实践育人"的重要抓手,可以把思想政治教育融入海外实践,引导学生在海外实地走访调研,深入了解国情世情。此外,北外还注重打造全球思政大课堂,在具体教学和科研实践中体现北外特色,发挥北外优势。在海外实践中讲好中国故事、在海外实习中拓宽思维眼界、在志愿服务中厚植家国情怀。以北外"人类命运共同体公共外交实践团"为例,该实践团以深度考察马来西亚社会各界对中国提出的人类命运共同体方案的认知和传播状况为目标,与马来西亚社会历史、文化、教育和媒体等四个领域的专家人士访谈。通过走渔村、访议员,探学校、问校长,观非遗、察民情的方式,接触马来西亚普通民众,深入体悟中马文化的交往交流交融,为推动人类命运共同体的全球传播提供策略建议。通过海外实习实践,学校将外语人才培养与国家战略需要紧密结合,服务中国式现代化和中华民族伟大复兴。② 同时,北外学子

---

① 于姗姗. 外语实践育人体系的探索[N]. 中国社会科学报,2022-09-20(005).

② 窦一鸣. 培养"三有"复合型人才 北外探索实践育人新路径[EB/OL]. http://world.people.com.cn/n1/2023/0804/c1002-40050765.html,2023-08-04.

也在带队教师的指导下熟练掌握了调查研究方法，这正是研究型实践的特殊意义所在。

三、结语

本文对实践育人进行了理论和实践层面的探讨，并结合北京外国语大学的实际情况，总结出"一项工程两个中心三个项目"的实践育人新路径，创新教育型实践、专业型实践、职业型实践、服务型实践、研究型实践等新模式。

当前世界处于百年未有之大变局，新时代背景下，外语院校的教育工作者要帮助学生成为实践能力强、复合型、应用型的外语专业人才。因此，既要注重专业基础的夯实，又要重视综合能力的提升，更要立足国家战略需求，让学生的发展有效对接国家和地方战略，服务国家和地方经济社会发展。为讲好中国故事、传播好中国声音、塑造好中国形象提供人才支撑与储备。

作者简介：

窦一鸣，北京外国语大学亚洲学院、非洲学院专职辅导员、讲师，研究方向为科学传播、思想政治教育。

国际中文教育专业劳动教育课程设置路径探索

宋 文 王丽平

(大连外国语大学,北京语言大学)

【摘 要】 在大思政体系构建背景下,有必要将劳动教育融入国际中文教育人才的培养过程中。通过问卷调查,笔者发现部分高校国际中文教育专业劳动教育课程的实施过程存在问题,主要表现为劳动教育课程的开展有名无实,劳动教育未能与国际中文教育专业特色有机结合,以及学生自身劳动意识不强和教师引导不足。结合上述问题,笔者探索了国际中文教育人才培养目标下劳动教育实践的新路径:优化课程设置,使劳动教育课程体系化;与专业特色相结合,增加劳动教育课程多元性;做到"请进来"与"走出去"、校园内外实践相结合。

【关键词】 国际中文教育;劳动教育;人才培养

2020年3月,中共中央、国务院印发《关于全面加强新时代大中小学劳动教育的意见》(以下简称《意见》),要求坚持立德树人,把劳动教育纳入人才培养全过程,并建议设立劳动教育必修课程,系统加强劳动教育,除劳动教育必修课程外,其他课程结合学科、专业特点,有机融入劳动教育内容。[①]《意见》指

---

① 中共中央 国务院关于全面加强新时代大中小学劳动教育的意见[J]. 中华人民共和国国务院公报,2020(10):7—11.

出了劳动教育在人才培养过程中的重要性，并倡导将劳动教育结合专业特点融入课程中，这给国际中文教育人才培养提出了新的要求。

党的二十大报告要求"提炼展示中华文明的精神标识和文化精髓，加快构建中国话语和中国叙事体系，讲好中国故事、传播好中国声音，展现可信、可爱、可敬的中国形象"①。服务于国际中文教育事业的人才，要立足五千多年中华文明，发现中国的立体形象，而在中华文明发展的脉络中，劳动贯穿其中，勤劳是中华民族传统美德，中国精神倡导热爱劳动、尊崇劳动、勤奋地进行劳动实践，因此，将劳动教育融入国际中文教育专业人才培养过程中有利于加深该领域人才对于中国形象、中华美德的理解，并使其充分地内化吸收，筑牢其劳动观念，继而更好地向外传播推广。

一、国际中文教育人才培养过程融入劳动教育的必要性

立德树人成效在（专业学位水平评估）指标体系中的充分体现必将引导各专业学位点高度重视人才培养。② 劳动教育是立德树人的一个重要环节，国际中文教育专业人才肩负着传播中华文化、讲好中国故事的重任，高校在对其展开培养的过程中结合劳动教育，能更好地提升其道德修养，进而提高培养的效果。

此外，国际中文教育专业作为一门应用型、实践型学科，要求本专业人才具备良好的实践应用能力。对该专业学生开展实践

---

① 习近平. 高举中国特色社会主义伟大旗帜 为全面建设社会主义现代化国家而团结奋斗——在中国共产党第二十次全国代表大会上的报告［J］. 中华人民共和国国务院公报，2022（30）：4—27.

② 吴应辉. 专业学位水平评估对汉语国际教育硕士人才培养带来的影响及反思［J］. 天津师范大学学报（社会科学版），2021（02）：10—18.

创新能力培养的过程中，需要进行从纯知识传授到知识与实践能力相结合的转换，尤其要注重实践能力培养的转变，把人才培养与其未来职业发展有机地贯通起来[①]，而针对国际中文教育设置的劳动教育能够作为连接课堂理论知识学习和社会实践的桥梁，消除两者间的壁垒。因此，将劳动教育纳入国际中文教育人才培养过程不仅有利于锻炼专业人才的实践能力，提升专业人才的职业素养，还有利于满足国际教育专业人才向好发展的需求。

劳动教育作为高校人才培养的重要组成部分，对于国际中文教育专业的学生培养工作来说有着独特的意义。从现实意义来看，实践是创新的源泉，劳动是实践的途径，处于国际化视野下的国际中文教育专业学生应不断以劳创新，与国际社会接轨，成为符合新时代要求的与时俱进的人才。从现实情况出发，动手能力、实践能力、应用能力是国际中文教育人才必备的技能，高校在开展国际中文教育人才培养工作时可借助劳动教育提高学生的实践应用能力，提升其综合素养。因此，将劳动教育融入国际中文教育专业人才的培养过程中有其必要性、必然性和现实紧迫性。

二、国际中文教育专业人才培养过程中实施劳动教育的主要问题

国际中文教育人才培养需要与劳动教育课程紧密结合，但各院校在实施过程中的现状需要考察，为此，笔者设计了2套调查问卷，分别发放给国内21所院校国际中文教育专业的本硕学生和该专业的授课教师。学生版的问卷主要包括对于劳动教育的认

---

① 吴勇毅. 汉语国际教育本科专业建设刍议［J］. 国际汉语教育（中英文），2020，5（03）：5—11.

识和态度、院校开展劳动教育的情况及满意度、对于劳动教育课程的期待与建议等内容；教师版的问卷主要包括专业课程和劳动教育课程的结合情况、对于本专业学生参加劳动教育的满意度、对于本专业劳动教育课程建设的建议等内容。这次调查共回收学生版有效问卷 225 份，教师版有效问卷 68 份。下面，笔者结合前人的研究和问卷反馈的情况，探讨劳动教育融入国际中文教育人才培养过程的主要问题。

1. 劳动教育课程的开展有名无实

关于国际中文教育专业学生对于院校开展劳动教育的满意度，学生版问卷结果显示，仅有 9.33% 的学生表示非常满意，27.11% 的学生表示比较满意，一般满意的学生占比 34.67%，而 18.67% 的学生表示比较不满意，10.22% 的学生表示非常不满意。总体来说，国际中文教育专业学生对于院校开展劳动教育的满意度偏低。另外，有 75.11% 的学生反映学校并未开展专门的劳动教育课程，说明国际中文教育专业劳动教育课程的开展有名无实。

国际中文教育专业课程设置已初步形成体系，但多年来在实践中，各高校仍存在课程名不符实、课程结构不合理、课程不能反映当前第二语言教学的新教育理念或适应当前国际中文教育新形势新需求、理论与实践相脱节等诸多问题。[①] 在国际中文教育课程体系中，多数课程的设置目的在于提高学生的语言及教学理论知识，而实践课程却不常见，劳动教育更是未落实到具体课程，存在有名无实、流于形式的现象。在孔子学院汉语教师志愿者的岗前培训中，或有涉及中华传统手工艺或关于赴任国的衣食住行、

---

① 施家炜. 汉语国际教育专业人才培养的现状、问题和发展方向［J］. 国际汉语教育（中英文），2016，1（01）：13—17.

生存技能等方面的课程，旨在着力培养志愿者在海外生活和工作的必要能力，这些培训课程与劳动教育联系紧密。遗憾的是，这类课程多数仅存在于培训中，且呈现出零散式、碎片化的特点，未能落实到位。国际中文教育人才的培养离不开实践课程的设置，需要充分考虑劳动教育在课程中的重要性，并将劳动教育落到实处。

2. 劳动教育未能与国际中文教育专业特色有机结合

在回收的教师版问卷中，78.12%的教师反映未能有效将劳动教育与自己的课程有机结合，而学生版问卷中，18.67%的学生抱有将劳动教育与专业相结合的期待。据统计，学生具体想要开展的与专业相关的劳动教育活动有包饺子（155人）、插花（139人）、包粽子（125人）、剪纸（112人）、做中国结（83人）、刺绣（55人）、篆刻（47人）、拓印（21人）等。这说明，劳动教育未能有效融入学生生活的一大原因就是未能与专业特色相结合。国际中文教育专业学生培养过程中所存在的问题，主要是缺乏理想的培养平台和培养时间不足造成的，若细读各校的培养方案，便可以发现不少学校的课程设置与汉语言文学专业区分不是很明显，未能突出汉语国际教育专业的特色。[①] 国际中文教育专业的培养目标是对中国文化及中外文化有全面的了解，发现有进一步培养潜能的高层次对外汉语专门人才，可见，国际中文教育专业人才除了需要教授语言，还有传播文化这一重要职责。因此，在培养过程中，只有让该专业学生充分地内化吸收我国优秀文化，才能更好地对外传播。总的来说，与专业任务相结合，联系中华传统文化，这是目前劳动教育融入国际中文教育的一个突破口。

---

① 吴春相. 汉语国际教育人才培养中的转型和存在问题思考［J］. 枣庄学院学报，2019，36（01）：1—7.

3. 学生自身劳动意识不强与教师引导不足

学生版问卷也普遍反映出学生对于劳动教育存在认知偏差，部分学生认为劳动教育意义不大。同时，教师版问卷显示，国际中文教育专业教师对于本专业学生参加劳动教育的满意度总体处于偏消极的状态。

由此可见，劳动教育融入国际中文教育人才培养过程中出现的困难，也与学生本身劳动意识不强烈有较大的关系。学生对劳动教育的认知存在偏差，部分学生在进行劳动实践时表现出不理解、不情愿的态度，出现拖延怠慢的情绪，执行意愿不强，劳动意识有待提高。劳动意识的匮乏折射出的是学生主观能动性的缺失，劳动意识不强和劳动教育实行不力之间是一种恶性循环，要打破这种恶性循环，不仅需要学生从主观上接受劳动教育，也需要教师充分的引导。

三、国际中文教育人才培养目标下劳动教育的路径探索

针对劳动教育融入国际中文教育人才培养过程中出现的诸多问题，笔者发现，要改善当前的情况，需要院校、教师、学生等多方机动改变。本文尝试从课程设置、开展方式、具体实施三个方面提出以下建议。

1. 优化课程设置，使劳动教育课程体系化

劳动教育要融入国际中文教育人才培养过程，首先要做好的就是顶层设计，将其纳入人才培养方案和课程体系，搭建完备的课程结构体系。可按年级、分层次地设置劳动理论课、专业技能课、实验实践课和创新创业教育课等；从认知、情感和技能等三方面全方位培养学生的劳动知识；从政策、制度、师资、经费、

物质保障等多个层面为劳动教育课程提供支持。其次，要设置具体的课程和教学活动，也可以将劳动教育的相关元素融入其他课程或教学活动中，细化和量化学生的劳动活动。最后，劳动教育应该融入国际中文教育专业学生的课程思政，从主观上强化学生的劳动意识，在不同的时空维度涵养学生的劳动情怀，增强学生对于劳动的参与感和获得感，根植学生的劳动情怀。综上，笔者认为绝大多数课程都应承担起劳动教育的责任，协力打造一以贯之的课程体系。

2. 与专业特色相结合，增加劳动教育课程多元性

国际中文教育人才培养的一大特殊性在于，该专业人才直接服务于弘扬和传播中华优秀传统文化。由于该专业与中华传统文化的联系极为紧密，高校在融合劳动教育与该专业人才培养的过程中，应发挥中华优秀传统文化"脚手架"的作用。积极发挥该专业的特色和优势，通过中华传统手工艺、非物质文化遗产与劳动教育相结合的方式，深化学生对传统文化的理解，也为之后的工作打下基础，开拓以文化为主导、以劳动教育为依托的教学方式和课堂活动。随着时代的发展和技术的进步，专业特色与劳动的结合不局限于动手这一种形式，从体力劳动到脑力体力相结合的劳动、从机器劳动到数据劳动、科技劳动及智能劳动，都可作为国际中文教育劳动实践的内容范畴，部分院校创新开展了中华才艺系列课程，结合剪纸、书法、拓印、篆刻、包饺子、包粽子、绣香囊等活动，并以智能教学设备为工具，不断丰富劳动教育的创新型发展、趣味性发展、多元化发展，实现劳动教育与国际中文教育专业特色的有机结合。

3. 做到"请进来"与"走出去"、校园内外实践相结合

如今，校园内外的联动不断加强，学生的校外实践和校内实

践双向并行，不断整合社会思政资源，开辟思政教育主阵地。在这样的背景下，国际中文教育专业人才培养应不断加强外来资源的引入，充分利用社会资源，吸纳专业人才，聘请校外专业人员进入校园传授劳动技能，做到"请进来"。在此过程中，要结合具体落实过程中可能存在的问题，给予制度保障和物质支持，实现劳动教育在校园内的良性循环。学生也可以"走出去"，体验中华优秀传统文化，亲自动手。各院校要坚持培养学生的文化自信，通过劳动教育实现国际中文教育人才培养的创新性发展。

四、结语

新时代国际中文教育人才的培养离不开劳动教育的实践，让思政课与专业培养同向同行，实现劳动教育真正服务于国际中文教育人才培养，既离不开顶层设计的系统规划与高校的机制保障，也离不开专业资源的支持保障和学生的主动接纳，更离不开专业特色和劳动实践的融合及传统手工艺文化、地方特色文化的创造性转化、创新性发展。只有将劳动教育课程的设置与国际中文教育专业的培养需求紧密结合，才能更好地推进国际中文教育专业迈向高质量发展，最终实现培养担当民族复兴大任的时代新人的目标。

作者简介：

宋文，大连外国语大学副教授、团委书记，研究方向为思想政治教育、国际中文教育、语言经济学。

王丽平，北京语言大学硕士研究生，研究方向为国际中文教育、语言学及应用语言学。

整合资源构建高校实践育人共同体研究

张 荷

（四川外国语大学）

【摘　要】新时代背景下，社会各界对大学生综合素质的要求不断提高，实践育人成为高校教育教学改革的重要内容。在实践育人的过程中，要注重教育资源的整合和共享，以此提高实践育人的实效性。基于此，本文以整合资源构建高校实践育人共同体为研究对象，首先阐述了整合资源构建高校实践育人共同体的必要性，其次分析了整合资源构建高校实践育人共同体存在的问题，最后探讨了整合资源构建高校实践育人共同体的策略，以期为提高高校实践育人实效提供理论参考和借鉴。

【关键词】整合资源；构建；高校；实践育人；共同体

在全球化与知识经济时代，高等教育正在经历前所未有的转变，不再仅仅是单纯的知识传授，而更多地关注学生的综合素质和实践能力的培养。2014 年，我国结合高校人才培养状况，提出了"实践育人共同体"概念，此概念的核心点在于整合各方力量，打造资源共享实体，形成教育合力，提升高等院校大学生的创新实践能力与水平，促进更多大学生深入践行社会主义核心价值观。① 面对这样的背景，高校如何重新定位、整合并优化资源以培育能够适应社会和产业发展需求的人才，成为教育界的焦点问题。传统的高等教育模式很难满足当前的人才培养需求，因此，探索实践育人的新路径、新机制显得尤为重要。

一、整合资源构建高校实践育人共同体的必要性

随着社会发展和技术进步的加速，高校面临着越来越大的教育改革压力，从全球化的趋势来看，现代的高等教育已经不再是孤立的，而需要与全球的教育资源进行互联互通。一方面，通过资源整合，高校可以有效引入国际先进的教育理念和方法，打破传统教育的壁垒，实现教育的国际化和现代化。另一方面，面对日益激烈的社会竞争，高校肩负着培养未来社会的领军人才的重任，这需要高校更加注重实践教育，帮助学生形成扎实的理论基础与实践能力相结合的综合素质。而资源整合正是实现这一目标的关键路径，它能为学生提供更加丰富、多元的实践机会，帮助学生将理论知识与实际工作紧密结合，成为真正的应用型人才。此外，随着科技和产业的发展，跨学科的研究和创新已经成为趋势，高校需要整合各种资源，包括师资力量、研究设备、实验室等，形成强大的研究和创新团队，为学生提供更广阔的学术研究和创新机会，培养他们的创新思维和实践能力。整合资源构建高校实践育人共同体不仅可以提高教育质量，更能满足社会对高校人才培养的多元化、实践化和创新化的需求，是高校未来发展的必然选择。

---

① 郭顺. 高校实践育人共同体的内涵及发展路径[J]. 吉林省教育学院学报，2023（10）：68—72.

二、整合资源构建高校实践育人共同体存在的问题

1. 重视数量忽略质量,导致实践资源碎片化

面对外界的评价压力和学校间的竞争,许多高校盲目追求实践资源的数量增长,以实验室数量、实习基地数量、合作企业数量等为评价标准,并不关注实践基地作用是否发挥到位,或专业教师引领作用是否充分发挥。以实习基地为例,部分高校将对其责任要求停留在实习实践的资源联络方面,缺乏在实习实践过程中稳定、指导性地全程参与。[①] 这背后往往隐藏着对实践资源质量的忽视,对实践育人共同体的育人效果会产生不利影响。单纯追求数量的增长可能会导致资源的碎片化。许多实习基地和实验室可能只具备基本的功能,而缺乏深入的研究和教学能力。这意味着学生在这些场所得到的实践经验可能是有限的,难以满足深入研究和探索的需求。这种追求数量的策略可能忽视了学生的实际需求。每个学生的学习需求和兴趣都是独特的,单一的、数量化的实践资源往往难以满足所有学生的需求,从而导致实践教育的效果打折扣。真正的实践育人不仅仅是数量的累积,更重要的是如何进行深度的整合和优化,确保所有资源都能够真正发挥其效益,满足学生的实际需求,培养其实践能力和创新精神。

2. 跨专业资源碰撞不足,跨学科实践能力培养受限

在当今这个日益复杂和多元化的时代,跨学科的知识和技能变得愈发重要。然而,在整合资源构建高校实践育人共同体的过

[①] 张雯怡,万婕,王鑫. 实践育人共同体视域下高校实习实践基地的建设研究[J]. 传承,2022(04):63−68.

程中，跨专业资源碰撞不足的问题，制约了对学生跨学科实践能力的培养。首先，尽管各个学科都有其独特的实践资源，但这些资源在整合过程中往往被局限在各自的专业领域内，而缺乏有效的跨专业整合与交流。这种局限性的资源整合方式首先可能导致学生的知识和技能过于片面。在单一学科内部的实践资源碰撞固然能够培养出该学科的专家，但对于复杂的现实问题，往往需要跨学科的知识和视角来解决。如果学生仅仅局限在单一的学科实践中，其跨学科的实践能力和解决问题的能力可能会受到限制。其次，跨专业资源碰撞不足会导致实践资源的低效利用。在整合资源的过程中，不同学科的实践资源如果能够有效整合，不仅可以减少重复投资，还可以实现资源的互补和优化，从而提高实践教育的效果。再次，这种局限性的资源整合方式可能抑制学生创新精神和创新能力的发展。真正的创新往往来源于不同学科知识和技能的交融，如果学生在实践中缺乏这种跨学科的资源碰撞，他们的创新思维可能会受到限制。最后，许多高校更倾向于在已有的学科领域内进行资源整合，而忽视了跨学科资源的整合和利用。不同学科之间的壁垒和隔阂也使得资源的跨学科整合变得困难。

3. 实践资源与地域产业脱节，难以满足地方发展需求

高校在整合实践资源时，主要聚焦于校内资源以及与大型企业之间的合作，这使得高校与当地产业之间的联系日渐稀薄。这种脱节给学生的实践培养和地方经济的双重发展都带来了直接的影响。首先，从学生的实践教育视角来看，这种脱节导致他们的实践经验与地方产业的实际需求出现偏差。地方中小企业和产业集群在日常运营中，存在众多实际问题和挑战，这些都是宝贵的实践资源。但由于高校与地方产业的联系不足，这些实践资源往往被忽视，使得学生缺失了与实际产业紧密结合的实践体验，进

而影响其未来在职场的适应性和竞争力。其次，从地方经济发展的角度来看，实践资源与地域产业的脱节导致地方企业难以从高校获取适合的人才支持。理论知识固然重要，但对于地方产业特别是中小企业来说，实践经验和实际操作能力更为关键。由于高校实践资源的偏向性，毕业生在融入地方产业时将面临较大的挑战。再次，这种脱节还可能加剧地方产业的技术和知识滞后。高校作为知识和技术的集散地，如果能与地方产业紧密结合，无疑可以为地方经济注入新的活力。但现实情况是，由于缺乏有效的连接，地方产业难以及时获取和利用高校的先进技术和知识，导致技术更新缓慢，竞争力下降。最后，从高校自身的发展角度看，实践资源与地域产业脱节也会影响其社会服务功能的发挥。高校不仅仅是培养人才的场所，还应该成为服务地方社会和经济发展的重要力量。但这种服务功能的实现，离不开与地方产业的紧密合作。脱节意味着服务难以到位，这可能使高校在社会地位和影响力上受到挑战。

三、整合资源构建高校实践育人共同体的策略

1. 建立跨学科合作平台，促进知识交流与融合

在当今知识更新迅速、学科交叉频繁的时代，为了更好地整合资源，构建高校实践育人共同体，建立跨学科合作平台以促进知识交流与融合尤为重要。跨学科合作平台不仅能够打破学科间的壁垒，实现知识的深度整合，更能够为学生提供一个广阔的实践场所，助力他们形成综合性、创新性的思维模式。首先，建立跨学科合作平台有助于集中并优化教育资源。传统的学科体系中，各学科往往各自为战，资源配置存在较大的冗余，而跨学科合作平台则能实现教育资源的高效流通与共享，从而提高资源的

使用效率。更为关键的是，这种模式能够集聚来自不同学科的专家和学者，为学生提供丰富而多元的指导资源。其次，促进不同学科知识的碰撞与创新。在实践育人共同体中，跨学科的合作模式鼓励学生跳出自己的专业框架，与其他学科的同学共同探讨、解决问题。这不仅能培养学生的团队合作能力，还能激发他们的创新思维，使他们在实践中体会到知识交叉的魅力和价值。最后，建立跨学科合作平台还有助于增强高校与社会的联系。在这种模式下，高校可以邀请来自各行各业的实践导师参与合作，为学生提供更加丰富和接地气的实践机会。与此同时，学生在实践中积累的经验和成果也能够更好地回馈社会，从而实现知识与实践的双向交流。

2. 创设产学研一体机制，强化实践教学体系

面对日益复杂的全球经济环境和产业转型，高等教育所扮演的角色逐渐从传统的知识传授者转向实践能力的塑造者。在这一转变中，构建紧密结合的产学研机制成为关键的支点。通过产学研一体化，高校不仅能确保其教学内容与实际产业需求保持一致，更重要的是，它为学生打造了一个理论与实践并重的学习环境，为其日后融入社会、服务于产业提供了坚实的基础。首先，产学研一体机制能够为学生提供丰富的实践机会。通过与企业和研究机构的合作，学生可以参与到真实的研发项目中，变传统的单向灌输式教学为以项目为载体的项目式教学，这不仅能够加深学生对知识的理解，还能锻炼其解决实际问题的能力，激发学生的创新热情，使学生在创新创业中巩固专业知识。[1] 其次，促进了教师与企业、研究机构的深度合作。教师可以直接参与到产学

---

[1] 薛松，刘天琳，刘真真. 新农科视阈下地方农业高校"双创"实践育人共同体构建研究 [J]. 中国农业教育，2022（04）：25-30.

研项目中，与实际工作相结合，这样不仅能够更新教师的知识体系，还能提高其教学质量。最后，产学研一体机制还有助于高校获得更多的研究经费和项目机会。与企业和研究机构的深度合作意味着更多的研究项目和资金可以流入高校，为学术研究和技术创新提供强有力的支撑。创设产学研一体机制强化了实践教学体系，确保了教育教学的市场导向，为学生提供了丰富的实践机会，同时也加强了高校与外部组织的合作关系，共同推动了教育与产业的共赢发展。

3. 拓展地方企业合作网络，确保资源与需求契合

在全球化和地方化的双重驱动下，地方企业已经成为地区经济发展的核心力量。高等教育机构与这些企业之间的合作关系不仅决定了学生的就业前景，更与高校的实践教育质量密切相关。因此，拓展地方企业合作网络，确保资源与需求契合，对于构建高校实践育人共同体至关重要。首先，地方企业是实践育人资源的主要提供方。与企业建立稳固的合作关系不仅为学生提供了真实的工作环境并加深其对行业发展趋势的了解，更重要的是，这种合作能够帮助学生培养团队合作、项目管理、沟通协调等实际工作中的关键能力。其次，通过与地方企业合作，高校不仅可以准确把握地区产业发展的需求，还能与企业共同开展研发项目，推进技术创新。[1] 这种共同研发的模式可以有效地提高学校研究的应用性，使科研成果更好地转化为实际的生产力，同时也培养学生的创新精神和研发能力，为他们未来的创新创业打下坚实基础。最后，地方企业的参与促进了学校与社会、产业的深度融合。这种融合不仅带来资金和技术的支持，也为高校创造了一个

---

[1] 赵淑明. 基于实践育人共同体构建高校创新创业实践育人体系[J]. 集宁师范学院学报，2022，44（02）：10—15.

开放、共享的学习生态环境。在这样的环境中，学生可以随时与企业、社会接轨，随时获取行业最新的信息和技术，形成快速的知识更新机制。而对于企业来说，与高校的紧密合作使其在许多方面具有更大的灵活性，能够更好地应对市场的变化和挑战。拓展地方企业合作网络为高校的实践育人工作带来了新的机遇和挑战，只有确保教育资源与地方产业需求的紧密结合，深入挖掘其内涵，才能真正实现高校教育与社会、经济发展的共同进步，更好地服务于学生的成长和社会的发展。

四、结语

整合资源构建高校实践育人共同体是响应当下教育发展趋势和市场需求的关键措施。在培养学生面对现实挑战、实现自身价值的过程中，高校与产业、社会的深度结合成为不可或缺的环节。未来，高校应进一步梳理和优化资源配置，确保教育资源与社会需求相契合，从而培养出更符合市场要求、具备创新精神和实践能力的人才。这将为我国高等教育的持续发展和社会经济的蓬勃进步提供有力支撑。

作者简介：

张荷，四川外国语大学商务英语学院辅导员、助教。

"五育并举"视域下大学生生命教育有效路径探究

刘申琦

(天津外国语大学)

【摘　要】 生命教育在引导大学生形成科学的生命观,实现个人全面健康发展以及维护社会和谐稳定方面具有重要意义。结合新时代教育改革的要求,本文融合德育、智育、体育、美育、劳育教育理念,通过加强顶层设计,形成生命教育课程体系;针对学生发展特点,探索全程多维度教育模式;整合教育资源,构建家校社会、大中小学一体化教育格局等路径,旨在提升生命教育的实效性,帮助学生健康成长成才。

【关键词】 五育;大学生;生命教育

生命教育是教育的基点,生命个体的全面和谐发展是教育的使命。系统开展生命教育,引导大学生深刻理解人与人、人与社会、人与自然的辩证统一性,正视生死问题,加强自我认知,实现自我价值,努力构建乐观、多彩、幸福的人生,是新时代高校教育改革的必然要求。

一、大学生生命教育的内涵

人力资源和社会保障部中国就业培训技术指导中心于2012年5月推出的职业培训课程"生命教育导师"中对生命教育进行

了如下诠释:"生命教育,即是直面生命和人的生死问题的教育,其目标在于使人们学会尊重生命、理解生命的意义以及生命与天、人、物、我之间的关系,学会积极的生存、健康的生活与独立的发展,并通过彼此间对生命的呵护、记录、感恩和分享,由此获得身心和谐、事业成功、生活幸福,从而实现自我生命的最大价值。"①

大学生生命教育是高等教育学校针对大学生群体的特点,按照学生经历的探索期、定向期、冲刺期、实现期四个教育阶段的不同侧重点,以生命为核心,以教育为手段,通过专门化、系统化教育的实施,整合高校教育资源,对大学生进行有关生命存在、生命价值、生命发展和生命责任等方面的教育,以帮助大学生形成正确的生命认知、丰富生命情感和锻造生命意志等,并促进其积极地进行生命实践,以推动大学生生命获得更好的发展。

二、"五育"教育思想与大学生生命教育

国务院发布的《国家中长期教育改革和发展规划纲要(2010—2020年)》中提出:"学会生存生活""重视安全教育、生命教育、国防教育、可持续发展教育,促进德育、智育、体育、美育有机融合,提高学生素质,使学生成为德、智、体、美、劳全面发展的社会主义建设者和接班人"。由此可见,生命教育在国家教育发展战略决策中占有重要地位,"德智体美劳"全面发展是教育的终极目标,因而"五育融合""五育并举"的教育思想与开展生命教育密切相关。

---

① 刘芳,赵庆鸣. 社会工作视野下大学生青春健康教育的理论与实践[M]. 昆明:云南大学出版社,2019:62.

1. 以德育滋养生命之善

高校的立身之本在于立德树人，德育是素质教育的重中之重。高校德育坚持以人为本，遵循个体全面发展与社会发展相统一的准则，培养具有科学"三观"（即马克思主义世界观、人生观、价值观），秉承"三义"（即爱国主义、集体主义、社会主义）精神，蕴含"三德"（即社会公德、家庭美德、职业道德）品质的德才兼备、全面发展的人才，为建设中国特色社会主义、实现共产主义而奋斗。因而，德育与生命教育密不可分，生命教育只有建立在德育基础之上，才能真正实现"立德树人"这一高等教育根本任务，促进大学生的全面发展，提升大学生的生命质量，实现当代大学生的社会价值。

2. 以智育激发生命之真

著名教育思想家和理论家苏霍姆林斯基认为，"智育是在获取科学知识的过程中进行的，但又不能仅仅归结为一定知识量的积累。只有当知识在变为个人信念，变为人的精神财富，从而影响到他生活的思想方向和他的劳动、社会积极性及兴趣时，知识的获取过程和知识的深化过程才能成为智育的要素"[1]。智育不仅仅是知识的获得，而且强调人的智能发展、心性的培养以及内在精神的升华。生命教育的实施贯穿教与学的始终，教授学生知识的同时也会让他们认识到自己生命价值的真谛。

3. 以体育彰显生命之坚

人们对生命的尊重和敬畏使得体育的价值不断提升。体育教

---

[1] 蔡汀，王义高，祖晶. 苏霍姆林斯基选集：第4卷［M］. 北京：教育科学出版社，2001：327－328.

育在培养学生身心健康、生命安全、体育精神、团队精神等方面具有重要作用。在增强体质、锻炼体能、展示健美外，很多体育竞技项目都重视诠释生命的力量与坚韧，也培养了人的勇敢果断、坚韧不拔和勇于克服困难的意志品质和拼搏精神，从而养成在规则意识下不断战胜自我的思维习惯，有助于学生在现实社会中独立健康地成长，深挖自己的潜能，不断超越自我，提升生命的价值。

4. 以美育焕发生命之彩

美育是鉴赏美的教育，也是生命情感的教育。它不仅陶冶情操，提高学生感知美、欣赏美、辨别美和创造美的能力，引导学生把自己的感情融入外界之美，成为美的综合体，从而形成积极的人生态度；更培养人的纯真、至善、悲悯之心，促进人格的完善。在审美和创造美中，获得对人生的关切，对生命的关怀，体会生命之美的可贵与伟大，彰显生命的壮丽，展示生命的活力。

5. 以劳育升华生命之贵

劳动教育（劳育）的意义就是强调"劳必有获""获必先劳"的因果逻辑法则，笃信"劳动是幸福的源泉"的道理，践行"因劳称义"的劳动精神，在劳动实践中提高本领、增长见识、磨炼意志、知行合一，激发人以自己的创造力、智慧、劳动力去征服自然和改变生活。高校劳动教育是让大学生在实践活动中肯定自己、正确估量自己的力量和才干，并从劳动成果中认识自己对社会的价值，产生作为个人精神核心的自尊心和荣誉感，而这种乐趣将促使大学生再次超越自己、成为更好的自己，从而升华生命的意义。

三、"五育并举"开展生命教育的有效途径

贯彻新时代党的教育方针,实现生命教育与德育、智育、体育、美育、劳育的有效融合,不是简单地叠加,而是经过有机的聚集、渗透后,构建起完整的生命教育生态系统,实现全课程、全师资、全过程、全方位的人性化、个性化、多元化、艺术化,以提升生命教育的系统性、实效性、生动性、协同性。

1. 整合资源完善课程体系,提升生命教育的系统性

"五育并举"开展生命教育要求学校与时俱进,主动整合教育资源、整体规划、协调推进。建立专门的领导机构,明确分工,专人专责,实现有效领导,加强顶层设计,健全基于"五育"教育的评价机制;深挖全课程潜力,将生命教育不仅作为思政课程的重要内容,更应融入各专业课程的课程思政建设之中,对融入生命教育元素的课程思政实施统一设计、合理规划;凝聚全员力量,提高思政课教师、专业课教师、辅导员等高校师资队伍的生命教育意识和课程思政设计水平,建立良好的沟通协作机制,实现知识传授与价值引领的高度统一。

2. 以人为本的全过程、全方位育人,提升生命教育的实效性

针对大学生发展特征,结合各学科专业特点,按照大学四年各阶段教育目标,开展全过程的生命教育,实现生命发展进程的连续性、持久性和上升性;同时集理想信念教育、心理健康教育、安全教育、励志与挫折教育、艺术教育、体育与健身教育、职业生涯教育等于一体,综合多学科教育方法,丰富生命教育的内涵。如结合"本我、自我、超我"的心理动力学理论开展生命

教育，促使大学生对人与人、人与自然、人与社会的关系有深刻理解，实现内在与外在的协调统一，塑造健全的人格，确立自己的人生追求和理想目标，实现身心和谐发展。

3. 丰富载体的多元化、多维度拓展，提升生命教育的生动性

"五育并举"视域下，除了需要生命价值观的思想政治教育体系的德育先导式、多学科课程思政的智育内涵式，更应有体育的竞技式、美育的感染式、劳育的体验式。高校应丰富教育载体、创新教育模式、拓展教育平台，努力使生命教育生动、活泼起来。一是营造良好生命教育校园文化环境，利用新媒体技术守好教育宣传的主阵地，打造生命教育相关主题的演讲、辩论、访谈、舞台剧等课外品牌活动，组建个性化体育类、艺术类学生社团；二是拓展搭建校外社会实践与志愿服务平台，通过参观医院、烈士陵园、自然博物馆等让学生思考生命的尊严，参加帮扶弱势群体、服务社会等公益性活动，提升精神境界、培养社会责任；三是树立"人与自然是生命共同体"的意识，引导学生认识大自然、热爱大自然、回馈大自然，实现"以人类为中心"向"以生态为中心"的转变，促进人与自然的和谐相处。

4. 形成合力构建一体化格局，提升生命教育的协同性

一是构建家、校、社会教育共同体。在生命教育中，家庭教育作为学生的启蒙教育，处于基础性地位；学校教育是专门性的教育形式，应发挥主导作用；社会教育是学校教育的延伸，为大学生生命教育的开展提供有益的补充。高校应该发挥桥梁纽带作用，开展家长与学生同上一堂生命教育课的活动，加强父母对子女生命教育的认知与关注。社会应当尊重因人而异、个性化教育，而不是整齐划一，要给孩子一个健康、宽松的成长环境。学

校与家庭、社会形成教育合力，推动生命教育发展，提升生命教育效果。二是构建大中小学生命教育一体化格局。按照个体不同学段的特点，大中小学实现横向协同、纵向衔接的生命教育一体化体系，大中小学教师协同作战，完成好教育接力赛，使得生命教育循序渐进、螺旋式上升、增加协同性。

坚持"五育并举"开展生命教育，让德育滋养生命之善，让智育激发生命之真，让美育焕发生命之彩，让体育彰显生命之坚，让劳育升华生命之贵。

作者简介：

刘申琦，天津外国语大学讲师（高级政工师），日语学院党委副书记，研究方向为大学生思想政治教育。

心理健康
XINLI JIANKANG

高校研究生心理健康教育现状与对策研究
——以西安某高校为例

刘一静

(西安外国语大学，陕西师范大学)

【摘　要】 随着我国研究生群体规模的不断扩大，研究生群体心理健康问题也逐渐增多。本文通过对研究生面临压力的现状调查，客观分析研究生群体产生心理问题的原因，进而探索研究生心理健康危机预防机制存在的问题，并尝试提出进一步解决研究生群体心理健康问题的可行性路径。

【关键词】 研究生；心理健康教育；对比；危机预防机制；路径

《2019年全国研究生招生调查报告》显示：1978年至2017年，研究生招生数量增长了74倍[1]，截至2020年，全国在学研究生总规模达290万人（包括全日制和非全日制研究生）。[2] 与研究生群体数量快速增加相对应的是，出现心理问题的研究生人数日益增长。有数据表明，在研究生退学或休学原因中，心理因

---

[1] 中国教育在线. 2019年全国研究生招生调查报告[EB/OL]. (2018 - 12 - 20) [2018 - 12 - 29]. https://www.eol.cn/html/ky/2019report/index.htm.

[2] 人民网. 2020年，我国在学研究生总规模将达290万人[EB/OL]. (2017 - 01 - 20) [2018 - 12 - 29]. http://edu.people.com.cn/n1/2017/0120/c1053 - 29038543.html.

素占到了 30％，研究生群体心理健康状况低于全国成人水平。[①] 2019 年全球研究生院联合会（CGS）发布的《全球研究生心理建设行动指南》指出了研究生现存心理建设的局限性以及未来行动的指导方案。综上，开展心理健康教育是研究生群体的需求，是促进研究生个性发展、顺利完成学业和步入社会的必需教育，也是中国高等教育发展的需要。

一、我国研究生群体的心理现状

我国学者早就开始关注研究生群体的心理健康。1995 年，武晓峰、梁永明运用 UPI 对某大学一年级研究生心理健康状况进行了测量，超过 40％的学生存在不同程度的心理障碍，且在恐惧感这方面差距十分显著。[②] 史清敏等用 SCL-90 量表对某师范院校研究生做了心理测量，发现研究生群体在"抑郁""强迫""恐惧""焦虑"和"神经病性"等几个因子方面显著高于全国常模。[③] 2005 年，上海高校心理咨询协会第十三届年会上发布了一组数据，在校硕士研究生中抑郁状态者为 6.53％，焦虑状态者达到 5.74％。到了 2019 年，研究显示已有 26.96％的研究生群体存在不同程度心理问题，并有 11.42％存在抑郁状态，6.55％存在焦虑状态。[④] 两组数据对比可知，研究生群体的心理健康问题发生率正在逐年上升，形势不容乐观。

---

① 黄鸿，李雪平. 国内关于研究生自杀问题的研究述评 [J]. 民族高等教育研究，2013（03）：38-41.

② 武晓峰，梁永明. 研究生心理健康状况的调查与思考 [J]. 学位与研究生教育，1995（03）：47-49.

③ 史清敏，王增起，王永丽. 研究生心理健康状况调查与分析 [J]. 现代教育科学，2002（02）：27-29.

④ 王姣锋，姜鑫，保志军等. 上海某高校医学研究生心理健康评估及其影响因素分析 [J]. 中国健康教育，2019，35（06）：542-545.

本文以西安某高校为例,通过对研究生心理压力现状的调查,分析研究生心理健康问题产生的原因及其预防机制存在的问题,进而提出解决研究生群体心理健康问题的优化策略,以期促进研究生身心健康全面发展。

二、研究对象与方法

1. 研究对象

本研究随机选取西安某高校196名研究生,对其心理压力现状进行调查。表1反映了被调查对象的基本情况。鉴于该校专业特色,女生比例远高于男生;年级分布中,研二数据来自专硕和学硕两类学生,学硕研三学生样本较少,符合实际调查情况。

表1 被试基本情况（N=196）

变量	选项	频率	百分比
年级	研一	86	44%
	研二	94	48%
	研三	16	8%
性别	女	192	98%
	男	4	2%

2. 问卷的信效度检验

根据表2信度分析结果,可以看出总体压力标准化信度系数为0.812。因项已删除的信度系数大于0.6,问卷题目不需要调整。总体压力标准化信度系数取值范围为0~1,越接近1可靠性越高,这说明本次问卷的信度较好。

表 2　信度分析

选项	项已删除的刻度均值	项已删除的刻度方差	校正的项总计相关性	项已删除的信度系数	总体压力标准化信度系数
经济压力	13.010	13.174	0.575	0.783	0.812
就业压力	12.110	14.845	0.376	0.821	
人际交往	13.670	13.318	0.592	0.780	
婚恋压力	13.650	12.371	0.548	0.793	
家庭问题	14.090	12.285	0.722	0.750	
健康问题	13.910	12.607	0.65	0.766	

根据探索性因子分析结果可以看出，抽样适合性（KMO）检验系数为 0.810，这说明本次问卷效度较好。根据 Bartlett 球形度检验显著性也可以看出本次问卷具有良好的效度。

表 3　效度分析

KMO 和 Bartlett 的检验		
取样足够度的 KMO 度量		0.810
Bartlett 的球形度检验	近似卡方	399.296
	自由度 df	15.000
	Sig.	0.000

三、结果分析

1. 研究生各方面压力现状分析

根据调查结果，本研究发现研究生群体存在多方面压力，具体描述见表 4。

表 4 研究生各方面压力的描述统计

项目	经济压力		就业压力		人际交往压力		婚恋压力		家庭压力		健康压力	
压力程度	频率	百分比	频率	百分比	频率	百分比	频率	百分比	频率	百分比	频率	百分比
没有压力	12	6.1	3	1.5	39	19.9	58	29.6	81	41.3	61	31.1
不太大	32	16.3	6	3.1	55	28.1	34	17.3	44	22.4	56	28.6
一般	97	49.5	42	21.4	87	44.4	75	38.3	63	32.1	66	33.7
比较大	38	19.4	86	43.9	12	6.1	19	9.7	6	3.1	9	4.6
非常大	17	8.7	59	30.1	3	1.5	10	5.1	2	1	4	2.0

有 74% 的研究生认为就业压力较大，担心毕业后找不到理想工作，可见就业是研究生首要关注的话题。近 28% 的学生感经济压力较大。此外，人际交往、婚恋、家庭、健康等方面压力较大的学生人数占比分别为 7.6%、14.8%、4.1%、6.6%，可见，相较于就业压力和经济压力，学生在其他方面承受的压力较小。

2. 研究生各方面压力的相关性分析

根据表 5 可以看出，各种压力均存在 99% 水平的显著性相关，而且相关系数都大于 0，均为正相关关系，可见各压力之间存在相关性。其中家庭压力与健康压力、人际交往压力、婚恋压力的相关系数较高（分别为 0.702、0.578、0.562）且呈正相关。说明家庭压力较大的学生，会面临更大的健康压力、人际交往压力以及婚恋压力。另外，就业压力与婚恋压力、家庭压力、健康压力的相关系数较低（分别为 0.219、0.238、0.238），可见研究生的就业压力对其婚恋压力、家庭压力及健康压力的影响较小。

表 5　各种压力的相关性分析

选项	项目	人际交往压力	婚恋压力	经济压力	就业压力	家庭压力	健康压力
人际交往	Pearson 相关性	1					
婚恋压力	Pearson 相关性	0.400	1				
经济压力	Pearson 相关性	0.412	0.359	1			
就业压力	Pearson 相关性	0.305	0.219	0.456	1		
家庭问题	Pearson 相关性	0.578	0.562	0.448	0.238	1	
健康问题	Pearson 相关性	0.465	0.466	0.451	0.238	0.702	1

3. 不同年级研究生压力的差异性比较

根据表 6 可以看出，在 6 个压力维度中，人际交往压力的显著性为 0.036，小于 0.05，可见只有人际交往压力在不同年级研究生间存在差异。根据多重比较结果看，在人际交往压力方面，研一学生的压力大于研二学生，研二学生的压力大于研三学生，这说明随着年级增长，研究生与老师同学的交往更加密切，更加能够适应学校生活，人际交往方面的压力逐渐下降。

表 6　各种压力在不同年级的差异性比较

选项	年级	N	值	标准差	F	显著性	事后比较
经济压力	研一	86	2.95	0.919	1.365	0.258	/
	研二	94	3.19	0.965			
	研三	16	3.13	1.258			
就业压力	研一	86	3.97	0.926	0.181	0.835	/
	研二	94	4.01	0.849			
	研三	16	3.88	0.885			
人际交往压力	研一	86	2.52	0.904	3.389	0.036	1＞2, 2＞3
	研二	94	2.40	0.931			
	研三	16	1.88	0.885			

续表

选项	年级	N	值	标准差	F	显著性	事后比较
婚恋压力	研一	86	2.37	1.218	1.447	0.238	/
	研二	94	2.55	1.123			
	研三	16	2.06	0.998			
家庭压力	研一	86	1.88	0.870	1.552	0.214	/
	研二	94	2.13	0.964			
	研三	16	1.88	0.957			
健康压力	研一	86	2.12	0.987	1.097	0.336	/
	研二	94	2.28	1.020			
	研三	16	1.94	0.854			

四、研究生心理健康教育工作机制存在的问题

目前，高校心理健康教育工作机制大多以危机预防机制为主。危机预防机制提倡"普及心理健康教育；充分发挥导师作用；完善心理异常筛查体系；建立朋辈支持系统"[1]。但研究生心理危机预防机制仍存在以下问题。

1. 心理健康管理方面

各高校对研究生群体和本科生群体心理健康管理方式较为趋同，忽视了研究生群体的独特性。此外，研究生导师对于研究生心理健康管理的参与度也有待提高。高校需要进一步完善现有机制，不仅要结合研究生群体特点开展心理健康管理，还要强化导师在研究生心理健康管理中的作用，从而更好、更有针对性地为

---

[1] 杨娟. 研究生心理健康危机预防体系初探 [J]. 江苏教育，2019（88）：54—56.

研究生心理健康教育服务。

2. 心理健康反馈方面

各高校对研究生心理状态的测评多使用 SCL－90 症状自评量表，且大部分高校只在研究生一年级入学的一个月内进行测量。但研究生所面临的压力在不断变化，其心理状况也在不断变化，仅在入学时进行心理测评难以准确反映其整个求学期间的心理状态。此外，部分研究生本科期间就读于其他高校，学校并未对这部分学生本科阶段和入学之前的心理健康状况加以了解。因此，高校需要建立长期和定期的心理健康反馈机制。

3. 心理健康教育方面

就教师层面来说，较少有高校面向教师群体开设系统的心理健康教育课程。就学生层面来说，除教育类、心理学类和医学类等专业，其他专业大多未开设心理学相关课程，心理健康讲座也不如专业知识讲座有吸引力，导致大部分研究生群体对于心理健康知识了解不足，忽视了自身心理健康状况。

4. 心理健康机构方面

高校逐步建立心理咨询机构，如心理咨询中心等，但由于宣传力度不足、平台维护不及时、师资队伍不完善等原因，学生向心理咨询机构寻求帮助的积极性和主动性不足。

五、研究生心理健康教育路径探析

1. 加强落实导师负责制，强化导师在研究生心理健康管理中的作用

2020 年教育部发布的《研究生导师指导行为准则》中明确指出

"导师是研究生培养的第一责任人,肩负着培养高层次创新人才的崇高使命",导师应"关注研究生学业、就业压力和心理健康"。[①] 因此研究生导师需要明确并积极承担起研究生心理健康教育的责任,加强落实"八条准则",配合学校提高研究生心理教育质量。

2. 进一步建立长效反馈机制,提高研究生心理健康反馈机制的持续性

(1) 加强研究生心理健康测量的持续性

一是将心理测量开展时间从研究生新生期间转变为跟踪整个研究生求学期间,形成长期机制,并将本科和研究生机制加以衔接沟通,形成连贯持续的长效机制。二是在首次测量前对学生之前的心理状况加以了解,进而有针对性地灵活安排心理测量。

(2) 形成完整的研究生心理健康反馈机制

构建"三全育人"格局,建立健全"家—校""宿舍—班—院—校""学生—宿舍心理联络员—心理委员—辅导员、导师"反馈机制(如图1),随时掌握研究生心理健康状况,及时介入并给予帮助。

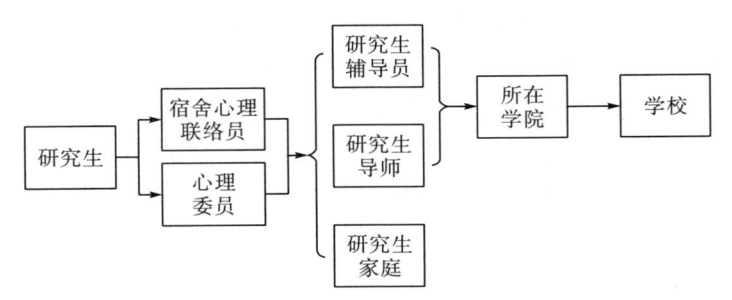

图1 研究生心理健康反馈机制流程图

---

① 中华人民共和国教育部. 研究生导师指导行为准则[EB/OL]. (2020-11-04) [2023-04-29]. http: www. moe. gov. cn/srcsite/A22/s7065/202011/t20201111_49942. html.

3. 加强教师群体和研究生群体的心理健康教育

（1）教师群体

从问卷调查结果看，导师对于研究生的指导主要集中在学业课程、论文写作和就业指导三个方面，但研究生期望导师从更多方面进行指导和帮助。所以，对教师群体开展心理健康教育以及一般心理问题应对处理训练十分有必要。

（2）研究生群体

①将心理健康课程作为必修课程。心理健康教育的缺乏，使研究生不能很好地关注自身状况，同时也难以及时察觉他人的心理健康问题，使得信息反馈和朋辈关怀都具有迟滞性。因此，建议将基础的心理健康教育课程作为必修课纳入学习体系。同时，开设与婚恋相关的课程和讲座，更好地帮助学生平衡家庭与学业的压力。

②建立"三段体验式"[1]差异化教学体系。黄勇明将研究生（主要指三年制学术硕士）整个学习过程分为三段，即"入学迷茫与探索阶段（研究生第一学期）、心理适应与稳定阶段（研究生第二、三学期）和论文压力与就业焦虑阶段（研究生第四到六学期）"[2]。各个阶段的心理健康教育目标都会有所差别。第一阶段的心理健康教育目标是帮助学生尽快适应研究生环境并制定学习规划。第二阶段应积极鼓励研究生进行社会互动和人际互动，开展心理和情绪调控方面的教育。第三阶段应重视挫折教育，做好相应的职业规划。

---

[1] 黄勇明. 研究生心理健康"三段体验式"教学改革探析［J］. 教育教学论坛，2020（36）：171-172.
[2] 黄勇明. 研究生心理健康"三段体验式"教学改革探析［J］. 教育教学论坛，2020（36）：171-172.

4. 进一步完善高校心理健康机构建设

（1）鼓励支持建立高校心理健康机构

一是建立健全心理健康机构，在心理咨询中心、心理教育中心等机构基础上，增设情绪释放室等，解决学生心理健康教育、心理状况咨询及心理问题治疗相关问题。二是聘请有资历、有资格的心理咨询师来校对学生进行心理疏导和教育，尽量提高所聘心理咨询师的质量和多样性。

（2）促进高校心理健康机构宣传及反馈手段多样化

一是搭建高校心理健康智慧平台，满足"宣传—预约—咨询"系列功能。二是开设心理讲座和定期宣传教育，对学生进行心理健康教育和心理健康机构功能宣讲。三是定期向二级学院提供咨询学生状况反馈，并提供专业意见与建议和相应的指导与帮助。同时，做好学生个人隐私的保护工作。

六、总结

研究生培养是国家高层次人才培养的主要途径，高校要坚持全员、全过程、全方位育人，落实立德树人根本任务，加大对研究生心理健康状况的关注，促进研究生全面健康发展，培养能担当民族复兴大任的时代新人。

作者简介：

刘一静，西安外国语大学讲师，英语师范学院·教育学院党委副书记兼副院长，陕西师范大学教育学博士在读，研究方向为教育领导与管理。

大学生心理健康素养的现状分析及提升策略

柴佳琪

(对外经济贸易大学)

【摘　要】近年来,各高校在开展大学生心理健康教育方面进行了有益探索。为进一步了解大学生心理健康素养现状,本文以 B 大学的 236 名学生为研究对象,进行了问卷调查和访谈。调查发现:大学生心理健康素养整体处于一般水平,通过态度、能力和资源感知水平可显著预测大学生心理健康状况。高校应着力提升大学生心理健康素养,全面普及心理健康教育知识,加强顶层设计,创新活动形式,丰富心理资源供给,建立心理育人新机制,推动高校学生心理健康教育工作高质量发展。

【关键词】大学生心理健康素养;心理健康教育;心理健康状况

一、加强大学生心理健康教育的重要性和紧迫性

1. 大学生心理健康问题日益突出

研究表明,大学生是心理疾病高发群体。[①] 一方面,他们处

---

① 马洁. 大学生心理健康研究进展 [J]. 中国慢性病预防与控制,2011,19(06):659-661.

于青春发育的中后期,心理得到快速发展但并未完全成熟,这一时期,其自我意识发展逐渐转向认识并评价内在的自我,自我意识的冲突和矛盾迅速凸显①;另一方面,大学生需要面对学业、生活、情感和就业等巨大压力,心理问题日益突出,导致长期处于"精神亚健康"状态。② 当前,我国大学生心理健康素养整体处于中等偏低的水平。③ 因此,减少大学生心理健康问题的发生,提高大学生心理健康素养,已经成为高校开展心理健康工作的重要需求之一。

2. 国家高度重视高校心理健康工作

2018年,中共教育部党组印发了《高等学校学生心理健康教育指导纲要》(简称《纲要》),提出"心理健康教育的覆盖面、受益面不断扩大,学生心理健康意识明显增强,心理健康素质普遍提升;常见精神障碍和心理行为问题预防、识别、干预能力和水平不断提高;学生心理健康问题关注及时,心理疾病发生率明显下降"的目标,并明确提出推进知识教育、开展宣传活动、强化咨询服务和加强预防干预四项主要任务。④《纲要》不仅指明了高校心理健康教育工作的发展方向,而且表明了国家对高校心理健康教育工作的重视和关注。

---

① 戴梅竞,刘新军,王蓓等. 大学生心理健康状况的追踪观察[J]. 中国心理卫生杂志,1998(03):46—47.
② 黄希庭,郑涌,罗鸣春等. 中国大学生心理健康服务需要调查与评估[J]. 西南大学学报(社会科学版),2011,37(3):1—5;林扬千. 精疲力竭的突围:大学生内卷化现象的表现、危害及应对[J]. 当代青年研究,2021(03):88—93.
③ 丁闽江,苏婷茹. 大学生心理健康素养现状分析及提升策略[J]. 扬州大学学报(高教研究版),2020,24(02):66—72+111.
④ 中共教育部党组. 关于印发《高等学校学生心理健康教育指导纲要》的通知[A/OL]. [2022-07-12]. http://www.moe.gov.cn/srcsite/A12/moe_1407/s3020/201807/t20180713_342992.html.

3. 思政工作体系下心理育人的要求

心理育人是高校思政工作的重要组成部分，也是新形势下加强思想政治教育工作的重要内容。[①] 2017 年，中共教育部党组印发了《高校思想政治工作质量提升工程实施纲要》，将心理育人纳入十大育人体系之中，并提出要"着力培育师生理性平和、积极向上的健康心态，促进师生心理健康素质与思想道德素质、科学文化素质协调发展"[②]。因此，心理育人不仅能够提高我国大学生心理健康水平，进而提高我国人才培养质量，也有助于增强高校思政育人的针对性和实效性。

二、大学生心理健康素养理论模型的探索

基于已有学术成果，本文主要借鉴了国外学者库彻（Kutcher）等人和我国学者陈祉妍等人提出的心理健康素养的概念，并以此提出本文中大学生心理健康素养的 VKACS 模型。该模型将大学生心理健康素养分为内部和外部两个方面。内部因素主要包含观念水平（Values）、知识水平（Knowledge）、态度水平（Attitude）、能力水平（Capability）四个方面。其中，观念水平是指个体对心理健康重要性的正确认识。已有研究表明，心理健康观念与心理健康状况存在显著相关。知识水平是指知晓并理解心理健康问题、心理疾病及其治疗等相关知识和原理。已有研究表明，心理健康知识水平与心理健康状况正相关。态度水平

[①] 马建青，杨肖. 心理育人的内涵、功能与实施 [J]. 思想理论教育，2018 (09)：87−90.

[②] 中共教育部党组. 关于印发《高校思想政治工作质量提升工程实施纲要》的通知[A/OL]. [2022−07−12]. http://www.moe.gov.cn/srcsite/A12/moe_1407/s3020/201807/t20180713_342992.html.

是指心理疾病预防及治疗的态度、减少病耻感和向外求助的积极心理态度等。已有研究表明，当遇到心理困扰时，心理求助态度积极的人会及时寻求心理帮助，缓解焦虑和抑郁，从而改善心理健康状况。能力水平是指情绪觉察、情绪调控和寻求支持的能力。已有研究表明，心理疾病识别能力和情绪调节能力是影响并促进心理健康状况改善的重要因素。[①]

外部因素主要是指学生感知到的心理健康资源（Sources）的支持。大学的心理健康资源主要包含心理健康课程、讲座、团体辅导、心理咨询服务等面向大学生群体的心理资源。众多研究表明，心理辅导训练活动是改善大学生心理健康的有效途径。[②]

对以上内容进行整合后，本文认为大学生心理健康素养是指大学生所拥有的心理健康知识、对待心理健康的观念、对心理求助与治疗的态度、促进心理健康的能力和感知到的心理资源的总称。基于以上分析，我们得出大学生心理健康素养 VKACS 结构模型图（如图1）。

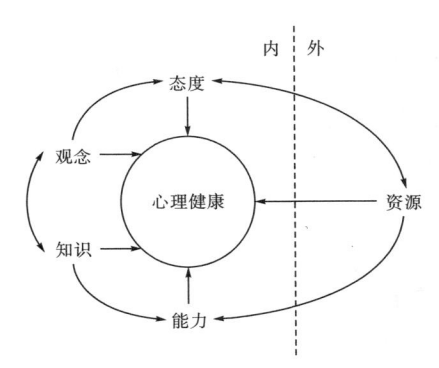

图1 大学生心理健康素养 VKACS 模型图

[①] 中国科学院心理研究所. 2018年国民心理健康素养调查报告［R］. 北京：中国科学院心理研究所，2019.

[②] 邢秀茶，王欣. 团体心理辅导对大学生人际交往影响的长期效果的研究［J］. 心理发展与教育，2003（02）：74—80.

三、研究方法

1. 研究对象

本文以 B 大学在读学生为研究对象。通过电子问卷的方式进行在线调查，共收集到问卷 236 份，其中有效问卷 217 份，有效率为 91.9%。

2. 研究工具

本文结合已有研究，筛选出符合实际情况的大学生心理健康素养问卷（包括观念、知识、态度、能力、资源等 5 个子问卷）和心理健康状况问卷，问卷使用 Likert 5 点计分。通过对问卷进行初测、筛选和提炼，形成最终版问卷，并经过分析，发现问卷的信效度良好。

3. 数据处理及分析方法

本文采用量化与质性相结合的研究方法。在处理分析数据的同时，结合访谈对数据结果进行补充，探究大学生心理健康素养和现状。

四、研究结果

1. 大学生心理健康素养的整体情况

总体来看，大学生心理健康的观念与知识处于良好水平，心理能力与心理资源感知处于中等水平，心理求助与治疗的态度和心理健康状况处于中等偏下水平。

2. 回归分析

回归结果如表 1 所示。在模型 I 中，放入了大学生心理健康素养的 5 个核心要素，结果显示，能力、态度和心理资源感知可显著预测心理健康状况：心理资源感知水平越高以及心理问题识别和自我调控能力越强，抑郁焦虑等心理症状越弱；病耻感态度越强，抑郁焦虑等心理症状越强。模型 II 为全模型估计结果，在同时加入控制变量和核心解释变量后，发现能力、态度和资源三个因素仍可显著预测心理健康状况，且与模型 I 中的影响效应一致。

表 1　心理健康素养对大学生心理健康状况的影响效应

因变量：心理健康状况（well-being）

自变量	模型 I	模型 II
性别		0.116 (0.693)
学段		−0.055 (−0.892)
专业分类		−0.142 (−.940)
是否修读心理学课程		0.277 (1.624)
是否接受专业的 心理辅导或心理咨询		−0.077 (−0.581)
是否担任心理委员		−0.180 (−0.945)
观念水平（Values）	0.048 (0.325)	0.050 (0.332)
知识水平（Knowledge）	0.103 (1.103)	0.103 (1.097)

续表

自变量	模型Ⅰ	模型Ⅱ
能力水平（Capability）	−0.235* (−2.197)	−0.218* (−1.992)
态度水平（Attitude）	0.353*** (4.888)	0.355*** (4.869)
心理健康资源（Sources）	−0.349** (−3.338)	−0.350** (−3.314)
常量（Constant）	2.970*** (4.305)	3.147** (3.553)
R^2	0.278	0.294
调整 R^2	0.261	0.256
F 值	16.262***	7.774***

注：* 表示 $p<0.05$，** 表示 $p<0.01$，*** 表示 $p<0.001$。

五、研究讨论

1. 大学生心理健康素养现状

通过分析，本文认为大学生心理健康素养整体处于一般水平。结合访谈发现，一方面，学生对个人心理健康问题比较关注，也有一定的心理健康知识，但有时无法正确识别心理问题，也缺乏必要的自我调节和求助能力。另一方面，不少学生由于个人隐私感和自尊心较强，当发生心理问题时，会产生消极情绪和病耻感，拒绝寻求专业帮助。这些都严重影响着学生的心理健康水平。

2. 回归分析

（1）观念因素。

一般而言，对心理健康越重视，心理健康水平越高。但本文与前人研究结果并不一致，这并不能说明观念不重要，而是说明对心理问题的重视程度高可能并不会直接作用于心理健康状况，其影响之间可能存在中介作用机制，需要我们进一步探讨。

（2）知识因素。

本文发现，心理知识水平对大学生心理健康状况不具有显著预测作用。但这并不代表掌握更多心理健康知识不会提高个体的心理健康水平，学生可以在短期内掌握大量的心理健康知识，而解决心理问题则需要经历一个较长的过程，仅采取横截面数据的研究可能无法反映两者间的因果关系，未来还需要通过干预或追踪研究进一步检验。

（3）态度因素。

本文认为，态度水平可以显著正向影响大学生心理健康状况，即病耻感越强，抑郁焦虑情绪越严重。这一结果与前人研究相一致。例如，有学者在对抑郁症和精神疾病患者的研究中发现，病耻感越重的人，生活质量越差。

（4）能力因素。

本文发现，情绪识别调控和寻求支持的能力越强，心理健康状况越好。这一结果与前人研究一致。例如，有学者认为，如果个体的心理问题能够被自我及时识别，那么个体的应对行为模式将会得到激发和调整，否则将可能延误心理治疗。针对大学生群体的研究发现，个体的识别能力会随着抑郁程度的不同而发生变化，抑郁程度重的个体抑郁识别能力会更低。

（5）资源因素。

根据访谈结果，学生非常需要心理健康资源的支持，但当前学生对于心理健康资源的感知程度较低。造成这种现象的原因主要有三点：一是心理课程等资源宣传力度还不足，覆盖面不够广；二是心理辅导、心理咨询等资源较为紧张；三是心理咨询质量不高、效果较差。

六、提升大学生心理健康素养的路径和策略

1. 普及心理知识，系统开展心理健康教育

多渠道宣传、普及心理健康知识对于提高大学生心理健康素养具有关键作用。首先，高校要发挥课堂教学主渠道作用，推动心理课程全覆盖。学校应定期组织校内外专家根据学生需求开足开全心理健康类课程，尤其聚焦心理问题识别、自我调节和心理疾病的基本知识，对于课程结构、教学模式和内容等要注重结合实际，力求解决实际问题。通过运用案例教学、素质拓展、行为训练、体验活动等不同手段提升课程教学质量。其次，要充分动员朋辈心理骨干力量。加强年级长、班长和宿舍长等各级心理委员的培训，积极引导心理骨干在主题班会、学生活动和生活交往中宣传普及心理健康知识。再次，建立网络心理知识宣传新阵地。要充分运用互联网优势，打造具有关注度和影响力的微信公众号、微博、抖音等宣传平台账号，结合学生日常学习和生活实际推送高质量的心理学内容、推荐易读有趣的心理学书籍、发布喜闻乐见的心理学类短视频等。通过多媒体融合运用宣传普及心理学知识，让学生在潜移默化中掌握基本的心理疾病知识、心理问题识别及自助与互助技能。[1]

---

[1] 丁闽江，苏婷茹. 大学生心理健康素养现状分析及提升策略 [J]. 扬州大学学报（高教研究版），2020，24（02）：66-72+111.

2. 加强顶层设计，完善心理健康教育体制机制

心理健康教育工作涉及学校各个领域、不同人员、多个方面，我们要转变心理健康教育的工作理念，将心理育人工作进行通盘考虑，在体制机制上进行和完善。首先，要健全心理育人工作新机制。强化心理健康教育课程和活动体系建设，例如，建立心理预警四级网络机制（学校－院系－班级心理委员－宿舍长）和心理危机干预机制，完善心理健康教育课程体系，强化心理教师队伍建设，探索家校互动新模式和"心理＋思政"协同育人机制等。其次，高校要保障经费投入和人员配备。如对学校心理咨询中心和院系二级心理辅导站的经费支持、场地建设和人员配备，加强专兼职教师业务培训和能力提升工作，形成有效的心理危机干预机制。[1] 再次，要建立朋辈心理辅导机制。将各级心理委员纳入学院二级心理辅导站统一管理，建立定期报告制度、危机事件反馈制度、工作例会制度和保密制度，完善人员的选拔、培训、使用、管理和考核等运行机制。

3. 创新活动形式，丰富心理健康服务资源供给

根据访谈发现，大部分学生学习或科研压力较大，但因感知不到有效的心理支持和心理活动，只能依靠自我解压，焦虑抑郁情绪无法得到有效缓解。同时，学生更愿意参加集体形式的心理文化活动，在和同伴共同参与上述活动的过程中，他们的心理压力能够得到很好的释放。因此，学校要加大心理文化建设，通过开展内容丰富、形式多样的心理文化活动促进大学生参与人际交往、释放压力、缓解焦虑，消除对心理问题的误解。同时，要依

---

[1] 李春华. 大学生心理健康素养的提升策略研究 [J]. 黑龙江教师发展学院学报，2022，41（03）：105－108.

托班级、党团和学生组织，从学生的年龄和心理等实际需求出发，设计并开展能够让学生"看得见、摸得着"且乐于参与的心理文化活动，提高学生参与率。① 要定期开展团体游戏活动，建设排压室，实施运动健心项目，建立心理互助小组等。通过开展集体运动、主题交流、解压游戏等喜闻乐见、直抵人心的活动，培育学生理性平和、积极向上的健康心态，让学生心理健康素养在课程全面覆盖、活动精准对接、学生主动参与的过程中不断得到提升。

作者简介：

柴佳琪，对外经济贸易大学国际关系学院助教、辅导员，研究方向为高等教育管理。

---

① 朱敏，廖友国，陈敏. 新时代大学生心理健康素养的内涵、功能与提升路径［J］. 锦州医科大学学报（社会科学版），2022，20（03）：46－49.

大学生积极心理品质对心理健康的影响：
心理韧性的中介作用

张桂馨　陈志森

（广东外语外贸大学）

【摘　要】本研究采用中国大学生积极心理品质量表、青少年心理韧性量表和SCL-90症状自评量表对广州某高校1032名大学生进行了调查。结果表明：积极心理品质对心理健康有显著的正向预测作用；心理韧性对心理健康有显著的正向预测作用；心理韧性在积极心理品质和心理健康之间存在部分中介作用，且个人力的中介效应大于支持力。本研究表明，积极心理品质的培育对大学生心理健康意义重大，积极心理品质增加了大学生的心理韧性，提升了大学生的心理健康水平。

【关键词】积极心理品质；心理韧性；心理健康；中介作用；大学生

《心理健康蓝皮书：中国国民心理健康发展报告（2021-2022）》指出，当前我国青年为抑郁的高风险群体，其中18~24岁年龄组的抑郁风险检出率高达24.1%，显著高于其他年龄组，且50%为在校学生。[1] 大学生面临学业、人际交往、就业等多重

---

① 傅小兰，张侃. 中国国民心理健康发展报告（2021—2022）[M]. 北京：社会科学文献出版社，2023.

压力，已成为心理健康高危人群，高等院校的心理健康工作遇到巨大挑战。2023年4月，由教育部等十七部门联合印发的《全面加强和改进新时代学生心理健康工作专项行动计划（2023—2025）》通知，部署了"五育并举促进心理健康"的主要任务[①]，心理健康工作成为大学生发展教育的重要工作。本研究旨在于"健康中国"战略引领下，以大学生积极心理品质为议题，积极开拓高校心理健康教育的新渠道，发掘影响大学生心理健康的因素，并从积极心理学角度出发，探讨积极心理品质的作用机制。目前，心理韧性在积极心理品质和心理健康之间的中介作用尚未清晰，这一问题的阐明有助于促进积极心理品质培育的路径与机制研究，为高校开展积极心理干预及心理健康工作提供理论支持。

积极心理学作为一个研究领域的形成，以2000年塞利格曼（Seligman）等学者发表的《积极心理学导论》为标志。塞利格曼倡导研究人们积极正面的心理品质，从多方面探讨积极心理品质能促进个体产生积极状态的各种心理因素。[②] 孟万金、官群研究和总结了积极心理品质的相关内容，自主编制了"中国中小学生积极心理品质量表"，填补了国内该领域基础教育阶段的空白。[③]

心理韧性（resilience）也叫心理复原力或心理弹性，指的是个体对生活压力和挫折的"反弹"能力，强调个体在生活中遇

[①] 教育部等十七部门联合印发《全面加强和改进新时代学生心理健康工作专项行动计划（2023—2025）》[EB/OL].［2023-4-27］. http://it.sohu.com/a/672551055.

[②] 孟万金，张冲，Richard Wagner等. 中国小学生积极心理品质测评量表研发报告[J]. 中国特殊教育，2014（10）：62-66.

[③] 孟万金，官群. 中国大学生积极心理品质量表编制报告[J]. 中国特殊教育，2009（08）：71-77.

到逆境、创伤和威胁性情境时的良好适应性。① 大学生面临多重压力，诸如高强度的学习任务、严峻的就业形势、变化的社会环境，等等。这些因素增加了大学生的心理负担，使其心理健康受到了严重威胁。而心理韧性的补偿模型认为，心理韧性作为一种心理健康的保护性因素，能够缓冲威胁性因素给个体带来的负面影响②，因此，了解并关注大学生群体的心理韧性十分重要。目前，对心理韧性心理健康和积极心理品质三者关系的研究较少。基于此，本研究从积极心理学角度出发，探讨心理韧性在积极心理品质与心理健康间的中介作用，以期为大学生积极心理品质培育的路径与机制研究提供理论支持。

一、研究对象与方法

1. 研究对象

本研究采用方便抽样法对广州某高校1032名大学生进行问卷调查，共回收有效问卷972份（有效率为94.18%）。其中，男生276人，女生696人；大一学生221人，大二学生362人，大三学生281人，大四学生55人，研究生53人。

---

① 李正东，商梦童，胡梦晨. 中国青年大学生个体韧性的热点主题及发展演变：基于2000—2020年三大中文数据库的可视化分析［J］. 中国健康心理学杂志，2022，30（07）：1092−1100.

② 李正东，商梦童，胡梦晨. 中国青年大学生个体韧性的热点主题及发展演变：基于2000—2020年三大中文数据库的可视化分析［J］. 中国健康心理学杂志，2022，30（07）：1092−1100.

2. 研究工具

（1）中国大学生积极心理品质量表。

本研究以孟万金、官群编制的"中国大学生积极心理品质量表"[1]为工具。该量表包括62个条目，共6大维度，分别为认知、情感、人际、公正、节制和超越，每个维度得分越高，说明调查对象积极心理品质发展越好。

（2）青少年心理韧性量表。

本研究以采用胡月琴、甘怡群编制的"青少年心理韧性量表"[2]为工具。该量表由个人力和支持力2个分量表组成，共27个题目，采用5点计分，得分越高代表调查对象心理韧性越强。

（3）SCL-90症状自评量表。

本研究以由德若伽提斯（Derogatis）编制、王征宇翻译的"SCL-90症状自评量表"[3]为工具。该量表共有90个项目，包括躯体化、强迫症状、人际关系敏感等10个因子，采用Likert 5级计分，总得分越高代表调查对象心理症状越严重。

2. 统计处理

本研究使用"统计产品与服务解决方案"软件（SPSS 26.0）对收集的数据进行分析，使用SPSS宏程序的Process组件的模型4和偏差校正的非参数百分位自举（Bootstrap）法对中介效应进行检验。

---

[1] 孟万金，官群. 中国大学生积极心理品质量表编制报告［J］. 中国特殊教育，2009（08）：71-77.

[2] 胡月琴，甘怡群. 青少年心理韧性量表的编制和效度验证［J］. 心理学报，2008（08）：902-912.

[3] 王征宇. 症状自评量表（SCL-90）［J］. 上海精神医学，1984（02）：68-70.

二、结果分析

1. 积极心理品质、心理韧性、心理健康人口学差异性分析

独立样本 t 检验与单因素方差分析结果显示：不同性别的大学生的积极心理品质 [$t=1.148, p>0.05$] 不存在显著差异；心理韧性 [$t=-2.580, p=0.01$] 存在显著差异，男生得分低于女生；心理健康 [$t=2.080, p=0.038$] 得分存在显著差异，男生得分高于女生。不同年级大学生的积极心理品质 [$F=1.187, p>0.05$] 不存在显著差异；心理韧性 [$F=3.853, p=0.004$] 得分存在显著差异，研究生心理韧性得分高于大二学生；心理健康 [$F=3.139, p=0.014$] 得分存在显著差异，研究生得分显著低于本科生（见表1）。

表1 积极心理品质、心理韧性和心理健康人口学差异性检验结果（M±SD）

变量		积极心理品质	心理韧性	心理健康总分
性别	男	239.68±36.12	92.22±16.06	133.05±44.12
	女	236.87±30.00	97.05±13.58	126.53±38.45
独立样本（t）		1.148	-2.580*	2.080*
年级	大一	238.34±30.60	97.42±14.42	124.90±38.99
	大二	234.99±32.87	94.09±14.03	132.14±33.64
	大三	239.46±31.75	97.04±14.54	129.03±30.18
	大四	242.24±33.16	97.82±16.30	129.27±40.65
其他		238.91±28.90	100.26±11.75	112.83±22.74
心理韧性（F）		1.187	3.853**	3.139*

注：* $p<0.05$，** $p<0.01$，*** $p<0.001$，"其他"表示研究生及以上学历学生。

2. 积极心理品质、心理韧性、心理健康的相关分析

本研究各变量的皮尔森（Pearson）相关分析结果见表 2。结果显示，积极心理品质与心理韧性呈显著正相关、积极心理品质与心理健康总分呈显著负相关；心理韧性与心理健康总分呈显著负相关。

表 2　积极心理品质、心理韧性、心理健康的相关分析结果

变量	$M \pm SD$	积极心理品质	心理韧性	个人力	支持力
积极心理品质	3.83 ± 0.51				
心理韧性	96.25 ± 14.38	0.64***			
个人力	3.63 ± 0.55	0.69***	0.88***		
支持力	3.55 ± 0.65	0.45***	0.88***	0.56***	
心理健康总分	128.38 ± 40.85	−0.52***	−0.63***	−0.60***	−0.51***

注：* $p<0.05$，** $p<0.01$，*** $p<0.001$。

3. 心理韧性在积极心理品质和心理健康之间的中介作用分析

本研究根据温忠麟等的中介效应检验理论[①]，以积极心理品质为自变量、心理健康为因变量、心理韧性为中介变量进行中介效应检验。结果显示，积极心理品质对心理健康的预测作用降低，但仍能显著预测心理健康。三步检验均显著，说明心理韧性在积极心理品质和心理健康之间具有部分中介效用（见表 3）。

---

① 温忠麟，侯杰泰，张雷. 调节效应与中介效应的比较和应用［J］. 心理学报，2005（02）：268−274.

表3 心理韧性在积极心理品质与心理健康之间的中介效应检验程序

项目	自变量	因变量	标准化回归方程	β	SE	t
第一步	积极心理品质	心理健康	$Y=-0.528X$	-0.528^{***}	0.04	-19.363
第二步	积极心理品质	心理韧性	$M=0.644X$	0.644^{***}	0.07	26.215
第三步	积极心理品质	心理健康	$Y=-0.205X$	-0.205^{***}	0.04	-6.453
	心理韧性		$-0.501M$	-0.501^{***}	0.09	-15.745

注：$^{*}p<0.05$，$^{**}p<0.01$，$^{***}p<0.001$。

为验证大学生心理韧性在积极心理品质对心理健康中的影响作用，本研究采用5000次随机抽样的自举法进行检验，结果表明，积极心理品质到心理健康的间接效应存在、直接效应存在。检验结果还证明，心理韧性在积极心理品质和心理健康之间具有部分中介效应，中介效应占总效应的61%（见表4与图1）。

表4 心理韧性的中介效应检验

效应	效应值	$Boot$标准误	95%下限	95%上限	占总效应比率
总效应	-0.67	0.04	-0.75	-0.61	
直接效应	-0.26	0.04	-0.34	-0.18	
间接效应	-0.41	0.03	-0.48	-0.35	61%

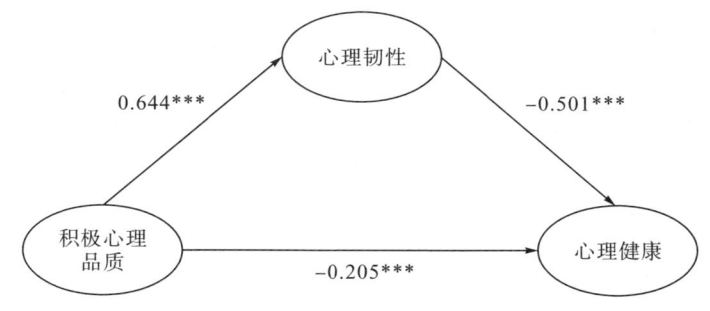

图1 心理韧性在积极心理品质对心理健康影响中的中介作用图

为进一步研究心理韧性的中介效应的影响因素，本研究分别以个人力与支持力为中介变量M，以积极心理品质为自变量X，以心理健康为因变量 Y，分别建立两个中介效应模型。采用 Process 程序的模型 4 分别进行个人力与支持力在积极心理品质与心理健康之间的中介效应检验。结果显示，个人力在积极心理品质和心理健康之间存在部分中介效用，中介效应占总效应比率的 59.7%，支持力在积极心理品质和心理健康之间存在部分中介效应，中介效应占总效应的 29.8%（见表 5）。

表 5　个人力和支持力的中介效应分析

路径	总效应	中介效应	95%CI	中介效应占总效应比例
积极心理品质－个人力－心理健康	－0.67	－0.40	[－0.47，－0.33]	59.7%
积极心理品质－支持力－心理健康	－0.67	－0.20	[－0.25，－0.16]	29.8%

三、讨论

1. 广州地区大学生心理健康情况

在本研究中，以广州某高校为例调查的广州地区大学生心理健康总体状况良好。在性别上，本研究数据存在显著差异，男生得分显著高于女生，这可能与社会对男性期望与要求较高有关。[①] 在年级分布上，研究生得分显著低于本科生，这可能与研究生所面临的升学压力与就业压力比本科生小有关。

---

　① 石玮，丁书姝，丁蕾等. 某医学院校大学生网络依赖与心理健康相关性分析[J]. 中华疾病控制杂志，2018，22（11）：1156－1159.

2. 大学生积极心理品质、心理韧性与心理健康之间的关系

本研究发现广州地区大学生的积极心理品质和心理韧性处于中上水平,这与以往的研究结果一致。[①] 在性别上,女生得分显著高于男生,这可能与女生遇到困难更倾向以多途径解决,例如寻求周围的帮助,且容易得到外界的支持有关。[②] 在年级上,研究生得分显著高于大二年级学生,推测随着年级升高,学生知识积累增加,自我认知逐渐清晰,当面临挫折时能采取更积极的方式解决,促进自身心理韧性水平的不断提高。

积极心理品质和心理韧性均能预测大学生心理健康。已有研究表明,积极心理品质有助于帮助个体采取更加积极有效的应对策略,更好地解决生活中的各种困难和压力。[③]本研究表明,大学生积极心理品质发展水平越高,其面临的心理症状水平越低。个体心理韧性水平越高,其所面临的心理症状水平越低。该结果提示,鼓励大学生参加社会实践活动,使其在实践中增强心理韧性,可以促进积极心理品质的养成。

3. 心理韧性在积极心理品质与心理健康间的中介作用

本研究显示,心理韧性在积极心理品质和心理健康间存在部分中介作用,且个人力的作用大于支持力,即积极心理品质更多地通过个人力对心理健康产生影响。根据心理韧性的过程模型,

---

① 刘小英,李英华,栗文敏.大学生心理韧性对主观幸福感的预测研究[J].中国健康教育,2020,36(03):234−237.

② 曾强.郑州大学生生活满意度和心理韧性状况调查及关系分析[J].现代预防医学,2018,45(12):2195−2199.

③ 吴九君,廖清林,韩力光.积极心理学背景下高校心理健康教育有效模式探究[J].黑龙江高教研究,2019,37(03):113−117.

积极心理品质作为个体的独特品质，属于内部保护性因子，积极心理品质水平高的大学生，能更好地发掘自身积极内在潜能和人格[1]，形成积极稳定的心理特质，在应对不平衡状态的过程中提升自身心理韧性水平，从而减缓心理症状，达到新的平衡。本文在以往研究的基础上，引入心理韧性作为中介变量，结果说明，发挥积极心理品质对心理健康的影响，需要培养学生的目标专注能力、情绪控制能力以及积极认知能力，提升学生的心理韧性，从而提升学生心理健康水平。

综上所述，基于个体的心理韧性，本研究以积极心理品质为主题，调查研究当下大学生的心理健康状态与水平，进一步厘清了个体积极心理品质对于心理健康的作用机制。对于高校而言，应坚持在大学生的思想政治教育中以立德树人为目标，多途径地开展大学生心理健康工作。[2] 通过主题班会、主题团体辅导、素质拓展活动、社会实践活动等多种方式培养学生的专注能力、情绪控制能力、积极认知能力，锻炼大学生的心理韧性，不断加强劳动实践对大学生积极心理品质建构的研究与应用，提升大学生的心理健康水平，为高校协同育人机制提供新思路[3]，实现为党育人、为国育才。

作者简介：

张桂馨，广东外语外贸大学辅导员、助教。

陈志森，广东外语外贸大学学生。

---

[1] 吴九君，温小平，何莉. 大学生积极心理品质对心理健康的多元回归分析[J]. 中国健康心理学杂志，2015，23（12）：1885−1888.
[2] 李媛. 大学生合唱素养对积极心理品质的影响：社会支持与主观幸福感的链式中介作用[J]. 中国健康心理学杂志，2023，31（12）：1910−1914.
[3] 李媛. 大学生合唱素养对积极心理品质的影响：社会支持与主观幸福感的链式中介作用[J]. 中国健康心理学杂志，2023，31（12）：1910−1914.

积极心理学视角下高校二级心理健康辅导站心理育人机制研究

宋 璐

(四川外国语大学)

【摘 要】随着经济社会不断发展,学生成长环境快速变化,大学生心理健康问题日益凸显,大学生心理健康教育与服务的内涵更加广泛,仅仅依靠高校一级心理健康教育中心很难完成所有任务。因此,高校二级心理健康辅导站的有效建设成为高校迫切需要解决的难题。本文以积极心理学为理论基础,通过对高校二级心理健康辅导站建设的意义探讨、现状分析,提出了加强二级心理健康辅导站心理健康队伍建设、创新二级心理健康辅导站心理健康教育工作内容、提升二级心理健康辅导站帮扶力度等三个方面的实践建议。

【关键词】积极心理学;二级心理健康辅导站;心理育人

大学生心理健康是党中央关心关切的重大社会课题,为进一步落实高校立德树人根本任务,坚持健康第一的教育理念,教育部等十七部门印发《全面加强和改进新时代学生心理健康工作专项行动计划(20232—2025年)》。[①] 培养心理素质过关的人才不

---

① 教育部等十七部门关于印发《全面加强和改进新时代学生心理健康工作专项行动计划(2023—2025年)》[EB/OL](2023-04-27)[2023-05-29]. http://www.mov.gov.cn/Srcite/A17/moe_943/moe_946/202305/t20230511_1059219.html.

仅是大学人才培养的重要环节，也是大学生思想和政治教育工作的重要组成部分。因此，高校必须积极拓宽大学生心理健康教育的覆盖范围和受益群体，使大学生加深对心理健康的理解，提升其心理健康水平，并引导他们热爱生活，保持自尊、自信和乐观积极的心态。

积极心理学理论由美国心理学家马丁·塞利格曼于1998年提出，它研究从生命开始到结束的各个阶段如何使生命更有价值、更有意义。[①] 将积极心理学理论与高校心理健康工作相结合，有助于提升大学生的幸福感、帮助大学生树立美好生活为发展目标，摆脱当前的心理困境，更好地适应大学的学习和生活环境。将积极心理学理论与高校二级心理健康辅导站相关工作内容有机结合，有助于提升高校对于大学生心理健康问题的解决实效，强化心理健康教育教学实践，为后续更好地开展多元化教育实践工作夯实基础。

一、高校二级心理健康辅导站建设的意义

作为大学生心理健康教育的主力军，高校一级心理健康教育中心持续发力，服务大学生心理健康教育、提供心理咨询、参与危机事件干预，推进大学生心理健康教育工作良好发展。但近年来，大学生对于心理健康教育需求不断扩大，且大学生人数呈现逐年增多的趋势，仅靠一级心理健康教育中心已无法满足大学生对心理健康教育的期待。基于此，为进一步提升大学生心理健康水平，高校必须建设高校二级心理健康辅导站。

二级心理健康辅导站属于学院层级的学生心理工作平台，在

---

① 薛春艳. 生命教育视野中的大学生心理健康教育研究［M］. 武汉：华中科技大学出版社，2020：26.

校级心理健康教育工作部门的指导和学院的直接领导下，根据学院专业特色和实际情况开展心理育人工作。在积极心理学视角下，高校二级心理健康辅导站的建设有助于开发大学生的积极心理资源，通过适当的价值观干预调动大学生积极的心理特质，深化对大学生心内环境的探索，研究影响大学生心理健康的核心要素，并激发大学生的幸福感、荣誉感、使命感及对美好生活的向往，帮助大学生摆脱负面因素对其心理健康的影响。

二、高校二级心理健康辅导站建设现状分析

根据查阅文献、实地走访其他高校、同行访谈等形式，笔者发现当前已有很多学校在进行二级心理辅导站建设，以期能发挥其服务教育的作用。但根据调研，笔者发现高校二级心理健康辅导站的建设仍然存在较大不足，主要面临硬件建设投入不足、软件建设重视不够、服务需求评估不清晰、服务成效有待提高等困境。

首先，二级心理健康辅导站承担了一对一心理辅导和团体辅导的重要功能，但部分二级心理健康辅导站面临咨询师配置不规范、专业设施配备不完善、学院经费支持有限等问题，制约心理服务水平，无法为来访学生提供充足的安全感、体验感。其次，部分高校仍存在对二级心理健康辅导站重视不够的问题。因思想认识不到位、制度建设不健全以及队伍专业性不强等情况，无法满足学生的期待，影响了学生对于二级心理健康辅导站的服务评价。再次，不同的学生群体对于二级心理健康辅导站的服务内容、形式、需求有差异，部分二级心理健康辅导站在开展服务之前，未能对服务群体进行充分调研和分层分类，笼统地面向全院所有同学开展无差别的心理服务活动，影响了心理辅导效果。最后，二级心理健康辅导站大多以完成校级心理健康教育工作指导

部门规划和安排的任务为目标，很少结合学院实际情况和专业特色开展心理健康活动，导致服务成效不显著。

基于以上四点，笔者认为，只有正确地分析、研判目前高校二级心理健康辅导站建设过程中存在的问题和难点，才能持续加强组织建设、优化服务的内容和形式，帮助二级心理健康辅导站有效运行，有针对性地开展具有时效和实效的心理活动，促进高校二级心理健康辅导站发挥心理育人功能。

三、积极心理学视角下高校二级心理健康辅导站的心理育人机制

1. 全院参与，加强学院心理健康教育队伍建设

（1）完善组织架构。

二级心理健康辅导站领导小组应由所在学院党政领导组成，以全院师生为服务对象，以年级辅导员为核心、专任教师为主体，并由团总支学生会、专业协会、班级心理委员等学生骨干共同组成，其目的在于引领学生将自我心理品质的提升当作大学生活的主动需求，不遗余力地使每个学生健康成长、全方位发展，以实现其潜能的最大开发。

（2）加强队伍建设。

二级心理健康辅导站应注重专业队伍建设，壮大队伍力量，在条件允许的情况下，每一个二级心理健康辅导站应至少配备一名具有心理学专业相关背景或心理咨询师证书的心理辅导员，负责学院整体心理健康教育工作。同时，二级心理健康辅导站应积极联系医院专家和校级心理健康中心专家定期到学院面向骨干成员、心理委员、全院学生开展宣传、培训和督导工作，向全院教师普及积极心理学相关的理论知识，促进心理健康教育与思想政

治教育、专业教育进一步融合，通过形成心理育人矩阵提振二级心理健康辅导站工作的专业性、科学性、有效性。另外，二级心理健康辅导站要借助学生组织、学生团体和专业机构的力量，以心理健康教育为主要驱动，有效地激发学生的自我管理、自我教育和自我服务的潜能。

（3）提供经费保障。

专项经费为大学生心理教育、心理知识普及、心理咨询、危机干预、骨干培训等活动的顺利开展提供了重要保证，也是二级心理健康辅导站顺利运行的前置条件。学院应将二级心理健康辅导站建设经费纳入年度经费预算，为心理辅导员、年级辅导员等心理教育骨干力量参加心理相关培训提供支持与保障，并为二级心理健康辅导站设备的购置、督导聘请以及多元化的心理健康活动的开展给予支持。

2. 全面覆盖，创新学院心理健康教育工作内容

（1）开展广泛的宣传教育活动。

二级心理健康辅导站开展的宣传活动应覆盖三个方面：首先，通过年级大会和主题班会，提高学生对心理健康的认识，使他们理解其重要性；其次，为学生提供畅通的求助路径，以便那些出现心理问题的学生能够及时获得帮助；最后，为学生提供一个成长的空间，引导其在活动中取得进步。为了营造出全员参与的浓厚的心理健康教育氛围，学院应持续引导全院教职工和各年级学生参与到心理健康知识的普及中，通过组织心理知识竞赛、微视频拍摄比赛、心理健康知识答题等活动赋能学生和教师。另外，为充分发挥学生自助和助人功能，二级心理辅导站可通过"心理树洞""给自己的一封信""我的心情日记""捕捉身边小确幸""读书分享会""观影会""正念冥想打卡"等活动为学生提供多渠道、多层次的帮助。

(2) 提供分类指导和帮助。

二级心理健康辅导站的一个重要功能就是帮助学生提高情绪感知能力和自我调适能力，可从以下几个方面为学生提供分类指导和帮助。首先，二级心理健康辅导站可通过开放预约，开展一对一咨询，有针对性地帮助学生解决当下的心理困扰。其次，为扩大受益群体范围，学院二级心理健康辅导站要充分发挥年级辅导员的作用，定期由获得心理咨询师证书的工作人员对年级辅导员进行培训和指导。年级辅导员在年级内部开展团辅、一对一谈话，对发展性问题通过心理咨询和辅导进行帮助，及时帮助学生处理好情绪和问题，将障碍性问题及时转介到上级心理健康教育中心。再次，要按照大学生常见问题分类，组织主题明确的团体咨询和辅导，进一步提升心理健康教育实效。团体咨询和辅导相较于一对一咨询覆盖面更大，小组成员的互动、互勉也能进一步巩固咨询效果，并且能让参与学生在团队中感受人际交往和组织的力量。针对新生适应问题、人际关系技巧提升的话题，二级心理辅导站可开展成长帮扶项目，利用各种资源，提供多渠道的服务方式。

(3) 推进家校联通。

良好的社会支持系统能给人提供物质、精神的重要支撑，而家庭则是社会支持系统中必不可少的一环，能影响大学生心理健康水平和发展。为联合家人一道关注学生心理健康，二级心理辅导站利用心理专题家长会、"给家长的一封信"等形式与家长群保持紧密联系，重点与家庭经济困难学生、需重点关注学生的家长保持联系并顺畅沟通，如有必要可邀请家长来校商榷或以上门家访等方式开展工作。

(4) 建立预防为主、干预为辅的工作机制。

二级心理健康辅导站应与学生保持最直接、最紧密的关系，在处理大学生心理问题的机制中，起到承前启后的作用，同时也在心理问题的预防教育及早期预警中产生决定性的影响。高校可在每年 9 月新生入学之后,组织学院二级心理辅导站配合学校心理健康教育中心在大一年级开展心理普测与筛查,确保覆盖率为 100%。根据学校心理健康中心反馈的普测结果,组织辅导员对重点关注的学生进行一对一谈话,并持续关注其心理状态,如有异动应及时转介至上级心理健康教育中心。

为构建完整、快速、高效的院级心理危机干预和处置系统,学院二级心理辅导站还应积极联动学院领导班子、专业教师、辅导员、心理委员、学生骨干,完善心理危机干预流程,紧密依靠学校心理健康教育网络,同时畅通学院、学校到专业精神卫生机构的转介通道。

3. 全程陪伴,提升学院心理健康教育帮扶力度

全程陪伴是指学院心理健康教育过程贯穿大学生在校学习生活的始终,并通过系统的活动具体落实。二级心理健康辅导站不能各自为战,应充分调动家长、医院以及朋辈的积极性,并发挥协同作用,全过程关注大学生心理健康。此外,二级心理健康辅导站应为面临心理危机的大学生提供便利的转诊治疗服务,并定期深入学生群体进行心理健康宣传活动,推动和加强大学生的心理健康教育。

大学生心理问题具有较大的突发性和随机性,因此在工作实践中,二级心理健康辅导站不仅要关注"5·25 心理健康日(月)"、"12·5 心理健康日(月)"等关键节点,也要注重日常的心理健康教育管理。二级心理健康辅导站应持续、多角度地关注大学生心理健康教育状态,持续追踪学生在各个阶段出现的困境和疑惑,提升大学生心理健康教育工作的精准度和颗粒感。二级心理健康辅导站应构建积极的心理健康教育模式,通过心理知识的普及,推动大学生心理发展;还应通过扩大覆盖面,进一步

加强工作实效。

综上所述，大学生心理健康教育是高校人才培养的重要一环，做好大学生心理健康教育工作不仅是高校维护安全稳定的基础，更是提升人才培养素质的重要举措。积极心理学理论不仅能为高校二级心理健康辅导站的建设提供理论指导，也为大学生心理健康教育提供了新视角。本文通过对高校二级心理健康辅导站建设的意义探讨、现状分析，提出了加强二级心理健康辅导站心理健康队伍建设、创新二级心理健康辅导站心理健康教育工作内容、提升二级心理健康辅导站帮扶力度等三个方面的实践建议，助力营造健康的学校环境，推动落实"五育并举"促进大学生心理健康发展。

作者简介：

宋璐，四川外国语大学国际工商管理学院团总支书记、讲师、辅导员，研究方向为思想政治教育、大学生心理健康教育、学生干部队伍建设。

就业创业
JIUYE CHUANGYE

生涯教育融入思政教育一体化建设的思考

岑盈盈　张志华

（浙江外国语学院）

【摘　要】党的二十大报告强调，教育、科技、人才是全面建设社会主义现代化国家的基础性、战略性支撑。生涯教育是高校人才培养的重要一环，对促进学生成长成才、高质量就业乃至推动社会发展有着重要意义。然而，目前高校生涯教育普遍存在"供需失调"的问题。立足新发展阶段，生涯教育实践亟需本土化的理论探索和构建，树立实现学生德才兼备、全面发展和终身发展的工作目标，推动生涯教育深度融入思政教育，构建"融合、引领、协同、推动"的"生涯—思政"教育一体化模式，稳步推进思想政治工作质量提升。

【关键词】生涯教育；思政教育；一体化建设

党的二十大报告强调，教育、科技、人才是全面建设社会主义现代化国家的基础性、战略性支撑。[1]科教兴国、人才强国、创新驱动，离不开高质量的人才培养，而生涯教育则是人才培养的重要一环，对促进学生成长成才、高质量就业乃至推动社会发

---

* 本文系浙江省教育规划课题资助项目（项目号：2022SCG403）、"新时代大学生劳动教育质量提升路径及其支持系统研究"（项目号：Y202353841）阶段性成果。

① 习近平. 高举中国特色社会主义伟大旗帜　为全面建设社会主义现代化国家而团结奋斗［N］. 人民日报，2022-10-26（001）.

展有着重要意义。"00后"大学生思维活跃、价值多元,如何将生涯教育和思政教育一体实施,对于引导学生明确生涯目标、实现人生价值,把充分就业同中国式现代化建设有机结合至关重要。在全面建设社会主义现代化国家新征程中,高校生涯教育应基于中国特色生涯发展理论,着重培养学生生涯选择及发展的意识和能力,有计划、分阶段、全过程提升学生生涯适应力,将生涯教育打造成高校思想政治工作的重要载体,推动学生个人发展与行业人才需求、国家及区域协调发展战略同向同行。

当前高校生涯教育普遍存在"供需失调"的问题[①],主要表现在以下三方面:从价值导向上看,生涯教育理念相对滞后,缺乏本土化理论创新,教学内容陈旧,学生课堂参与度较低、抬头率低;从供给能力上看,生涯教育教学形式单一、教师水平参差不齐,实践平台和活动载体不足,缺乏社会感知、职场体验,个性化、专业化咨询辅导薄弱,学生认可度不高;从实际效能上看,在引导学生合理调整就业预期,树立正确的择业观、就业观,破解"慢就业""缓就业""不就业"堵点难点等方面乏力。

归纳起来,当前高校生涯教育存在"三个脱节"。

一是理论与实际脱节。生涯教育在理论指导上还停留在对西方经典理论的借鉴、消化、吸收阶段,鲜有中国特色的高水平创新性理论,本土化理论支撑不足。西方文化背景与价值体系下产生的生涯教育理论更聚焦于个体特质和职业需要等微观因素,难以培养学生的理念信念、家国情怀和敢担当、能吃苦、肯奋斗的精神品质,难以满足新时代高校落实立德树人根本任务的要求。亟须在紧密联系中国国情、历史文化、时代所需和"00后"大学生生涯发展实际的基础上,大力推进生涯教育本土化研究与实

---

① 刘义. 核心素养视角下生涯发展教育的本土化路径研究[J]. 四川轻化工大学学报(社会科学版),2020,35(01):68-84.

证分析。

二是供给能力与培养要求脱节。在社会评价体系和就业率指标的约束下，高校更注重通过就业指导来保障学生的学习动机与未来就业[①]，在资源有限的情况下，部分高校往往把生涯教育等同于职业规划辅导，严重忽视了生涯教育本质内涵的丰富性、动态性、发展性。生涯教育多由辅导员承担，专业化师资短缺，部分教师过于依赖职业测评工具，对外部世界、社会文化环境以及学生成长成才规律的把握缺乏深度和广度，如此难以有效发挥生涯教育自我觉察的作用。

三是生涯教育与思政教育脱节。实践中，生涯教育往往自说自话，和思想政治教育存在相脱离的现象，难以形成一体化的育人体系，在知识传授与价值引领的理念上存在一定程度的"孤岛效应"。在已有的探索中，高校教师在开展生涯教育时往往只是片面化借助课程思政方法，将"生涯教育＋思政教育"简单相加，生硬楔入家国情怀和主流价值等问题，致使"两层皮"现象突出，与立德树人贴合不紧，难以发挥生涯教育的价值引领作用。

党的二十大报告再次强调，为谁培养人、怎样培养人、培养什么人是教育的根本问题。高等教育育人的根本在于落实立德树人根本任务，培养德智体美劳全面发展的社会主义建设者和接班人。

一、为谁培养人：把价值引领作为生涯教育深度融入思政教育的逻辑起点

党的二十大报告指出，培养造就大批德才兼备的高素质人

---

① 高静. 从职业决策到社会自立：日本生涯教育及启示[J]. 高教探索，2021（09）：95－101.

才,是国家和民族长远发展大计。高等教育肩负着为党育人、为国育才的崇高使命,是培养德智体美劳全面发展的社会主义建设者和接班人的主阵地。生涯教育是落实立德树人根本任务的重要途径,在学生人生观、价值观、职业观的塑造上发挥着直接作用。当前,我国正在加快探索人才自主培养新路,对高校生涯教育提出了新的要求。中国特色生涯教育要以习近平新时代中国特色社会主义思想为指导,用社会主义核心价值观铸魂育人,锚定为党育人、为国育才目标,自觉对标推进中国式现代化对高校人才培养的需求,教育引导学生树立远大理想、锻造过硬本领、强化使命担当,把握新时代的发展机遇,提升服务国家和区域发展战略的意识和能力,自觉融入中国式现代化的火热实践,勇做走在时代前列的奋进者、开拓者、奉献者。习近平总书记指出,"青年的人生目标会有不同,职业选择也有差异,但只有把自己的小我融入祖国的大我、人民的大我之中,与时代同步伐、与人民共命运,才能更好实现人生价值、升华人生境界"。生涯教育是面向学生的全程化、全员化、专业化的成长成才教育、个人发展教育,要实现从就业指导到就业育人、从静态职业规划到动态全面发展的历史性转变,就必须以"为谁培养人"为逻辑起点,以品德和能力的养成为核心指标,实现知识传授、技能培养与价值引领有机融合,为全面建成社会主义现代化强国提供有力的人才支撑。

二、怎样培养人:把课程思政作为生涯教育深度融入思政教育的实施路径

"怎样培养人"不仅是专业教育要思考的根本问题,也是生涯教育需探索的关键。围绕这一问题,生涯教育课程需要紧跟时代步伐,融入马克思主义中国化时代化的最新理论成果,积极进

行课程思政探索和改革,把立德树人融入教学实践的各个环节,帮助学生在生涯探索、社会认知、环境适应的基础上,将个人追求和发展合理地融入社会和国家的需求中,在生涯塑造上实现立德与树人的统一。①

第一,深挖思政教育元素,塑造职业价值观。生涯教育是培养担当民族复兴大业的时代新人、造就德智体美劳全面发展的建设者和接班人的重要途径,生涯教育课程设置要基于"立德树人",遵循"00后"大学生成长成才的基本规律,根据学生在不同阶段、层面的生涯教育工作重点,打造全过程育人链条,推动生涯教育课程思政建设。体系化探索研究,在实践中形成规范的教学目标、课程设计和实施评价系统。生涯规划中,职业价值观是影响职业决策与行动的关键因素,要在职业价值观的确立与澄清环节下功夫,有机融入"价值引领""工匠精神""责任担当"等思政资源,引导学生把个人的发展融入国家和社会的发展,使生涯教育能够引领学生到国家和地区发展急需的岗位工作,同时要围绕国家战略需要,结合宏观国际形势、国家和区域经济形势、国家对就业创业工作的指导意见,注重贡献导向、目标导向、时效导向,体现教育的人本化和个性化。②

第二,协同推进,赋能生涯教育课程思政教学。生涯教育首先须通过理论教育传递生涯发展理念,讲授自我探索与外部世界认知的途径,学习生涯决策与计划制定的科学方法,树立终身学习的理念等。秉承以人为本的理念,尊重学生的价值诉求,增强生涯教育课程思政教育的吸引力、影响力和说服力,让学生在潜移默化中接受教育并达到引领学生行为的目的。教学中,要不断

---

① 侯士兵. 高校思想政治理论课与大学生职业教育初探[J]. 思想理论教育导刊, 2018(02): 141-144.
② 岑盈盈, 陈婧, 王雯琪. "00后"大学生生涯适应力现状及生涯教育启示[J]. 黑龙江工程学院学报, 2023, 37(02): 68-72.

改进讲授、案例研讨、问题教学、情景模拟等教学方法，积极探索"互联网+"、翻转课堂、慕课等多种教学手段，在合适的环节充分运用引导式教学、案例式教学、互动式教学。此外，需要通过实践教育验证知识，如指导学生通过访谈、调研、参观、实习、实践等途径使用知识。通过亲身参与和深度思考，涵养学生的职业价值观，实现对学生的思想引导和价值引领。企业、社区、乡镇和学校之间要充分利用各方所长，协同推进，共建生涯育人共同体。① 结合地方文化特色开展合作与互动，尽可能提供实践活动平台或相关课程，让学生投入真实、广阔的世界，在了解自我、了解社会的过程中思考、定位、规划、调整，有效提升学生生涯适应力。

第三，构建多层次、全方位的教学考核评价。通过教学考核来评价、反思生涯教育课程思政教学内容和教学方法是否有效，重点考查学生知识内化和价值认同，进一步完善教学成果评价标准体系，引入"OBE（Outcomes-based Education）理念"，建立以教学成果为导向、学生就业为中心的生涯教育与思政教育相统一的科学评价体系。② 采取过程与结果相结合的全过程评价模式，将学生平时的课堂讨论、实践活动纳入综合成绩，适度提高平时考核成绩比例，增加生生互评，充分发挥学生在教学评价中的能动性。

第四，强化保障机制，深化"三全育人"机制。首先，课程思政要求教师同时具备过硬的政治素质、精湛的业务能力与较强的理论研究能力。结合学校师资力量的特色建设一支专业的"教研"一体课程思政队伍，发挥团队的主观能动性，整合生涯教育

---

① 王乃弋，王晓，严梓洛等. 生涯发展的系统理论框架及其应用评析[J]. 比较教育研究，2020，42（03）：89—96+104.
② 韩佳颖，张墨贵. 基于OBE理念的创新创业项目教学模式研究[J]. 实验技术与管理，2020，37（02）：209—211.

课程、科研、生涯咨询等要素，是"课程思政"开展并取得实效的核心。其次，要引导教师提高思想政治素养和专业情怀。在精通专业知识的前提下，提升教师实施生涯规划课程和课程思政的资源整合能力。再次，要将课程思政纳入教师培训的各个环节，常态化思想政治教育知识培训，引导教师将思政元素贯穿并渗透到生涯教育的各个环节。

三、培养什么人：把培养担当民族复兴重任的"时代新人"作为生涯教育深度融入思政教育的价值归属

培养拥护中国共产党领导和我国社会主义制度、立志为中国特色社会主义事业奋斗终身的有用人才，是教育的根本任务。党的二十大报告明确了全面建成社会主义现代化强国、全面推进中华民族伟大复兴的使命任务。立足新时代新征程，习近平总书记寄语青年："坚定不移听党话、跟党走，努力成长为担当民族复兴重任的时代新人。"当前，世界之变、时代之变、历史之变正以全新的方式展开，高校生涯教育应完善本土化理论建构，把接稳握紧强国建设、民族复兴的接力棒作为方向目标，提升学生生涯适应力，赋予学生成长成才和人生探索的价值意义，为学生个体发展提供更多的引导和支持。[1]

生涯教育的本质是终身学习，学生本体价值的实现取决于其终身性是否得到充分认知与切实保障。[2] 面对急剧发生的社会变革和职业迭代，"00后"大学生往往对生涯选择保持开放和灵活的态度，如何引导其积极面对生涯的不确定性，培育终其一生的

---

[1] 任丹，田甜. 对优化高校生涯教育的几点思考［J］. 学校党建与思想教育，2022（02）：70—72.

[2] 何珊云，吴玥，陈奕喆. 为了更好的工作还是更好的生活——美国前100名高中生涯教育实践的比较研究［J］. 比较教育研究，2021，43（06）：65—73.

生涯适应力、生涯建构力，勇担强国建设、民族复兴重任，已成为高校生涯教育必须解答的时代课题。高校必须把培养担当民族复兴重任的时代新人作为生涯教育的价值归属，深入系统研究"00后"学生群体的成长成才规律，将思想政治工作纳入学生综合竞争力的构建中，培养学生矢志不渝的理想信念、爱国为民的家国情怀、勤奋好学的进取精神、吃苦耐劳的优秀品格，引导学生自主应对各种变化，选择合适的职业目标和明确的发展方向，为个人生涯发展负责，从而使生涯教育真正发挥育人功效。① 此外，还要以发展性思维推进教育理念转向，深入开展高校毕业生生涯发展状况调查，从教育学、社会学、管理学、统计学等跨学科角度进一步加强大学生生涯发展教育理论研究，持续推动生涯教育融入思政教育一体化建设，让生涯教育能够引领学生找准人生坐标、把握青春航向，成长为有理想、敢担当、能吃苦、肯奋斗的时代新人。

作者简介：

岑盈盈，浙江外国语学院讲师，中国语言文化学院学生工作办公室主任，研究方向为大学生思想政治教育、生涯教育。

张志华，浙江外国语学院讲师，校党委宣传部主管，研究方向为大学生思想政治教育。

---

① 于永达."00后"大学生就业心态与职业发展对策［J］. 人民论坛，2023（16）：75—78.

党团建设
DANGTUAN JIANSHE

新时代高校基层"党建+就业"的"五维一体"模式构建与探索

潘　庆　邵子怡

（四川外国语大学）

【摘　要】 就业是新时代最大的民生工程，是社会稳定的重要保障。随着大学毕业生人数不断增加，就业环境不断发展，就业观念也更加多元，大学生除了面临就业环境的变化，在意识形态方面也面临着挑战。高校就业育人模式存在对就业教育的重要性认识不足、毕业生就业观念存在偏差、缺乏有效的就业教育实践体系等亟待解决的问题。新时代高校基层"党建+就业"的"五维一体"模式从思想引领、生涯规划、平台搭建、比赛实践、校友资源五方面进行构建，积极探索和加强党建引领就业新形态群体合力，促进大学生高质量就业和大学生的成长、成才、成器。

【关键词】 大学生；党建；高质量就业

一、新时代高校基层"党建+就业"育人模式的背景

教育部统计数据显示，2020—2023 年，我国高校毕业生人

---

* 本文为四川外国语大学 2020 年度党建和思想政治教育项目"新时代高校党建带团建促班建研究"（项目号：sisu202077）阶段性成果。

数分别为 874 万、909 万、1076 万、1158 万，可见，随着高校多轮扩招，我国高校毕业生规模持续稳步增长。这使就业市场的人才竞争变得更加激烈，伴随经济发展新情况以及新一轮信息技术革命，新时代的高校毕业生正以前所未有的态势，对传统的择业就业观念发起挑战与冲击。当前世界正处于百年未有之大变局，国际环境错综复杂，各种思潮交织影响，而高校扮演着跨文化交际的纽带角色，是多元思潮的交汇点，是接触外来思想文化的先行者，是现代科技应用较多的地方，是意识形态工作的前沿阵地。作为年轻一代，大学生群体思想活跃，对新事物的好奇心较强，但心智尚未成熟，缺乏社会经验，人生观、世界观、价值观仍未完全成熟，对外来诱惑抵抗力较低，所以大学生要成长为对中国特色社会主义事业有用的人才，那么在大学期间，他们不仅要围绕未来就业方向积极储备扎实的专业知识并锻炼实践技能，还必须打下坚实的思想政治基础和知识理论基础，从而达到思想和行动的统一。①

二、新时代构建高校基层"党建＋就业"的"五维一体"育人模式的意义

就业是最基本的民生，也是最大的民生工程、民心工程、根基工程，是社会稳定的重要保障。就业工作是高校思政工作的重要组成部分，是高校发挥育人作用、学生实现个人价值、社会满足育人需求的重要阵地。高校毕业生是国家宝贵的人力资源财富，青年人才如同国家战略人才力量的源头活水，因此，高校要增强就业服务意识，提高就业育人能力和本领，提升学生的就业

---

① 刘鲁峰，唐世乔，朱仁俊等. 地方高校学生"党建＋就业"融合联动机制研究［J］. 云南农业大学学报（社会科学版），2020（06）：113－116＋149.

竞争力，助力毕业生实现更加充分、更高质量的就业。高校党组织作为承担学生教育和管理的核心力量，以及实施思想政治教育的关键主体，构建"党建＋就业"的"五维一体"模式有助于其充分发挥党建的引领作用。高校党组织具有强大的凝聚力，党支部通过开展活动，密切联系党内外群众，组织党员做好"我为群众办实事"，服务师生，从而发挥党员的先锋模范作用，而就业指导是其中的重要组成部分，通过有针对性的就业指导将大学生紧密团结在一起，让学生既有个人能力的提升，又能感受到党的关怀。"党建是基础，就业是生命线，二者结合以相互促进，是高校学生党支部党建工作的开展和创新"[①]；通过基层党组织的引领，创新党建服务模式，培养符合时代所需的人才，也是高等教育发展的内在要求。

三、新时代构建高校基层"党建＋就业"的"五维一体"育人模式的难点

1. 高校对就业教育的重要性认识不足

教学始终是高校的中心工作，增强大学生在就业方面的竞争力，高校办学是关键环节。但部分高校过于看重学生专业知识的学习，对就业教育重视不够。随着经济的快速发展和科技创新浪潮的不断冲击，就业单位所需要的人才不仅要具备丰富的专业素养，同时也应拥有良好的思想道德素质和熟练的实际应用能力。部分高校在就业教育上过于追求短期的就业率数据，而对毕业生的就业质量及其长期发展缺乏足够的重视，缺乏就业过程中的针

---

① 张佳铭，孙金海，王敏等."党建就业"模式 助推大学生实现高质量就业创新举措探索[J]. 求贤，2021，(01)：56－57.

对性指导和帮助，导致学生毕业后短期内"跳槽"现象频发，"技不对岗"现象突出。部分高校将就业教育与就业指导混为一谈。就业教育指的是"帮助人们选择并准备从事一项适合自己的职业的过程。通过采用科学方法，帮助人们了解自己，培养和发展生理和心理的适应能力；帮助他们了解五花八门的职业世界和获得职业信息，学会做出职业决策，即根据社会需要和自身特点选择职业、预备职业、获得职业和改进职业"①，其根本目的在于引导学生深入认识自我和探索自我潜能，树立正确的世界观、人生观、价值观，从而构建基于理性思考的就业观，培养学生更好地适应就业环境，适应社会发展。但一些高校只针对新生开设职业生涯规划课程，或在毕业生就业时突击开展应聘相关指导，未能充分重视和发挥大学生就业课程的育人功能，其在引导学生将个人职业发展与国家主流价值相融合方面的作用不够显著。

2. 毕业生就业观念存在偏差

部分毕业生职业规划不清晰，过分关注收入，忽视其他重要的职业发展因素。同时，部分毕业生认为只有大城市、大企业才能提供广阔的发展空间，这些可能会限制个人的职业选择和发展机会。部分毕业生过度追求知名企业、"大厂"等，对自身的职业定位不准确，忽视了职业兴趣、发展前景和个人成长，容易错过具有潜在成长力的单位和职位。此外，"慢就业""灵活就业"的态势持续升温，成为越来越多毕业生的就业新选择，智联招聘发布的"2023大学生就业力调研报告"中，"慢就业"比例也从去年的15.9%上升到18.9%。② 可见，近年来，毕业生就业的

---

① 顾明远. 教育大辞典[M]. 上海：上海教育出版社，1991：274.
② 智联招聘. 2023大学生就业力调研报告[EB/OL]. (2023-05-11)[2023-07-22]. https://special.zhaopin.com/2022/shz/szqh090253/file/2023%E5%B9%B4%E5%B0%B1%E4%B8%9A%E5%8A%9B%E6%8A%A5%E5%91%8A. pdf.

"求稳"心态愈发凸显。此外，随着互联网经济的快速发展，部分毕业生选择灵活就业，如成为网络主播、线上翻译等。

3. 缺乏有效的就业教育实践体系

《大学生职业发展与就业指导课程教学要求》明确指出，就业教育要注重实效，内容应力求实践性，突出理论联系实际。就实践教学现状来看，当前高校就业教育实践体系仍存在以下不足：一是师资队伍较为薄弱，就业教育团队中兼职教师占多数，他们往往身兼数职，如就业部门人员或辅导员，需要处理大量的事务性工作，因此，他们很难腾出足够的时间和精力来主动为学生提供个性化的就业指导。同时，专业教师在就业教育中的积极性也未得到充分的激发和调动，部分高校即使调动了专业教师的积极性，但因为没有接受过专业的就业教育培训，只能为学生提供专业上的相关建议。[1] 二是课程设置对实践教学重视不够，受传统理论教学模式的惯性思维、实践平台建设资金短缺等因素的制约，部分高校教学培养模式仍停留在"满堂灌"的知识讲授阶段，理论化内容比重过高，学生参与度与积极性偏低，导致部分学生对就业教育课程的定位仍处于"水课"。[2] 目前高校就业教育授课形式多为大班授课，以教师进行单向理论输出为主，缺乏学生实际体验和实践环节，学生对职场体验感不强，无法深入学习到就业所需的实际技能，无法准确且充分地把握当下就业市场对毕业生的素质要求。三是校企合作流于形式，校内实训平台建设不足，校外校企合作仅限于参观企业、聆听企业讲座等形式，缺乏实质性的有机整合，未能形成有效的产学结合教育模式，教

---

[1] 于祥成，万浩. 新时代大学生就业教育的价值意蕴、现实审视及创新路径[J]. 中国大学生就业，2023（02）：37—42.
[2] 谢危，贲培云，应英等. 新文科背景下高校商务英语专业"CPGE"创新创业人才培养体系建构[J]. 滁州学院学报，2023，25（01）：122—127.

育资源利用率不高，致使学生的实践能力与创新意识未能得到培养。

4. 就业工作组织力度尚待加强

高校基层党组织覆盖各个二级学院，由学生组成，常与学生沟通交流，对学生情况有一定的了解，在就业工作中有着天然的优势。但目前高校基层党组织对于责任承担的划分仍不明确，大多是被动等待上级安排或分配任务，在就业工作方面基层党支部的积极性和主动性不足，没有将支部的组织优势转化为就业优势，不能将党员的模范引领作用、基层党组织的战斗堡垒作用转化为就业推进动力。对部分毕业生党员来说，面对严峻的就业压力和就业过程中遇到的压力、挫折、困难，自身易产生"慢就业""懒就业"等情况，不能很好地发挥一名党员应有的模范带头作用。比如一些高校重视物质条件的改善，却忽视软件建设的配套升级，许多高校从大一起就设置了职业生涯规划相关课程，但课程过度理论化，不能很好与当下就业环境、学生就业意向相结合，任课教师自身在职业教学中缺乏互动性，存在"自说自话"的情形，导致学生不愿意参与职业生涯课程，进而导致就业创业意识较为薄弱。

四、新时代高校基层"党建＋就业"的"五维一体"模式构建路径探索

在深入开展学习贯彻习近平新时代中国特色社会主义思想主题教育，学习贯彻习近平总书记关于做好高校毕业生就业工作的重要指示精神，聚焦落实立德树人根本任务，牢记"为党育人、为国育才"的使命指引下，新时代高校着力构建与探索基层"党建＋就业"的"五维一体"模式，有助于引导学生坚定理想信

念，激励学生将个人的职业追求与国家、民族的伟大事业紧密相连，在就业奋斗中实现人生意义，再通过优秀的就业创业毕业生典型传授就业经验、树立就业观念、提供就业途径，形成良性循环。

1. "党建＋思想引领"促就业

高校要坚持以"党建＋思想引领"促就业，可主要从以下三个方面入手：一是聚焦政治引领。通过积极互动开展就业主题团日、党日活动，引导学生充分了解国家就业政策，提高政治生活参与度；注重学生思想教育，立足课堂，把就业育人贯穿于新生入学教育、政治理论课、党课团课、学生活动等各个环节，助力学生树立正确的就业观，引导学生克服"不就业""慢就业"心理，争当"奋进者"、不做"躺平人"。二是聚焦价值引领。加强"西部计划""三支一扶""特岗教师"等基层就业项目的政策倡导，鼓励学生以客观视角审视自身条件与社会需求，树立实际可行的目标，保持平和谦逊的心态，投身基层实践，树立以国家建设需要为导向的就业观念，践行习近平总书记对青年人的嘱托："到基层和人民中去建功立业，让青春之花绽放在祖国最需要的地方。"三是聚焦典型引领。学生党员是学生群体中思想较为先进者，深谙广大学子所思所想、所盼所愿，能为学校党建工作和就业工作的政策、决策提供宝贵的基层信息和建议，应充分调动学生党员的主动性和积极性，组建校、院、班级三级联动就业服务学生党员组织，同时还要深度整合校内外教育资源，围绕学生高度关注的问题，发挥身边人、身边事的榜样带动作用。

2. "党建＋生涯规划"促就业

职业生涯规划教育是高校人才培育的重要环节，也是高校立德树人的重要体现。高校应当丰富就业指导课程，引导学生主动了解就业现状，了解自我，理解"人职匹配"的个性化职业发展规律，形成正确的择业观，从而调整就业心态，更为积极主动地寻找适合自己的岗位。[①] 教师要基于生涯发展视角，通过生涯内部探索，让学生了解自己，激发成长内生动力；通过生涯外部探索，让学生尽早规划未来的就业方向。从新生入学开始，高校就可以开展"党建＋就业"系列活动，充分发挥党建带团建促班建优势，通过朋辈导师的亲和力、吸引力、感染力，让高年级的党员和积极分子积极发挥引领作用，携手新生一同探索适合自身的未来职业方向和职业价值观。

3. "党建＋平台搭建"促就业

习近平总书记指出："要运用大数据促进保障和改善民生"，"要推动各领域数字化优化升级"。基层党组织要着力完善就业工作信息化建设，深化数据融合，构建开放、共享、便捷的就业管理服务平台。例如，充分发挥微信、视频号等线上阵地作用，打造党建与就业共同发展的网络平台，通过设置就业工作信息共享栏目，开展多元化就业指导。在平台上发布最新的招聘信息、求职技巧、就业环境分析和就业先进事迹等，给学生提供丰富的就业信息来源，以学生喜闻乐见的形式将就业教育融入日常、"学在经常"。此外，针对毕业生党员因实习、求职等原因无法按时参加党组织活动的情况，也可以通过网络平台及时发布相关学习内容，为党员提供随时随地学习党的最新文件精神的机会。同时，平台也可以邀请有不同职业规划、想在不同岗位就业的党员、发展对象、入党积极分子撰稿，分享真实的求职经验教训，潜移默化地引导学生树立正确的就业观和择业观。

---

① 马力，邓阳. 高校毕业生"慢就业"探析及其对策［J］. 中国青年社会科学，2019，38（05）：93－99.

4. "党建＋竞赛实践"促就业

近年来，从中央到地方高度重视竞赛实践的作用，坚持以竞赛带动创业，以创业促进就业，积极开展丰富多样的竞赛活动，营造崇尚技能、尊重人才的良好氛围，助力高校毕业生实现高质量充分就业，同时也为推动高质量发展、全面建设社会主义现代化国家贡献智慧和力量。高校可以通过举办大学生创新创业比赛、职业生涯规划大赛、简历大赛、职场模拟大赛等活动，开展访企拓岗、模拟面试等职场体验活动，激发学生对职业兴趣、职业理想、职业需求、职业发展的思考，培养协作意识、团队精神，让大学生尽早做好自己的职业生涯规划，同时也在实践中不断提升就业竞争力，为实现高质量充分就业提供助力。①

5. "党建＋校友资源"促就业

校友作为学校的宝贵财富，是高校实现高质量招生就业、教学科研、校企合作、情感凝聚的重要力量。高校要将优秀的毕业生转化为宝贵的校友资源，为学院提供多元化、宽领域的就业服务，以利于提升就业工作质量，促进就业工作。高校应当深入挖掘校友资源，建立健全有效的校友沟通机制与交流平台，让学生了解各单位和地区的招聘信息，提高就业信息的时效性。校友也可以提供就业指导工作，协助学生撰写简历，让学生明确求职目标，避免盲目求职。此外，可以通过校友向相关用人单位定点推荐优秀毕业生，在双方双向选择的基础上相互沟通、了解，增加就业成功率。学院可以根据学生未来的发展意向，组织开展不同类型的"校友党课"活动，邀请各行各业的优秀校友现身说法，与在校生面对面交流、点对点沟通，帮助毕业生明确自己的职业

---

① 赵耀，张禹石."慢就业"现象下高校党建工作引领大学生就业指导服务对策研究［J］. 就业与保障，2022，（04）：109－111.

目标，并结合自身优势和特长做出选择，让党课活动具有适用性、针对性、实效性，让有不同就业意向的学生各取所需并学有所获。① 通过校友搭建深入的校企合作，作为人才供应链首末两端共同体，可持续深化校企双方合作的广度和深度，实现"大学生就业实习基地"等项目的互融互通、赋能增效。

五、结语

大学生就业工作是高校人才培养的出口，党建工作是高校思想政治教育的重要抓手。中心工作推进到哪里，党的建设就要跟进到哪里。积极探索和加强党建引领就业新形态群体合力，已经成为新时代全面建设社会主义现代化国家背景下高校的新课题。通过建立"党建＋就业"的"五维一体"的育人模式，基层党组织可以将党建引领与学生发展深度融合，这样不仅能够引导大学生坚定信仰、忠诚于党，还可以助力他们树立正确的就业观念，积极开拓多元化的就业渠道。通过这种方式，基层党组织将有效促进大学生实现高质量就业，并在他们的成长、成才、成器的道路上发挥关键性的引领作用。

作者简介：

潘庆，四川外国语大学商务英语学院副教授，辅导员、学生第二党支部书记，主要研究方向为大学生思想政治教育和党团班一体化建设。

邵子怡，四川外国语大学商务英语学院2024届本科生、学生第二党支部原组织委员。

---

① 倪杨. 高校基层党建与大学生就业工作融合的路径探索[J]. 江苏商论, 2019（09）：138－141.